俄语专业社会与文化系列教材

总主编 孙玉华 彭文钊 刘宏

## ИСТОРИЯ РУССКОГО ИСКУССТВА
# 俄罗斯艺术

主编 安利红

编者 安利红 〔俄〕А. А. Бочкарев

И. В. Таюрская

图书在版编目(CIP)数据

俄罗斯艺术/安利红主编. —北京：北京大学出版社, 2017.6
（俄语专业社会与文化系列教材）
ISBN 978-7-301-28332-5

Ⅰ.①俄… Ⅱ.①安… Ⅲ.①俄语—阅读教学—高等学校—教材②艺术—俄罗斯—高等学校—教材 Ⅳ.①H359.4:J

中国版本图书馆CIP数据核字(2017)第114353号

| | |
|---|---|
| 书　　名 | 俄罗斯艺术<br>ELUOSI YISHU |
| 著作责任者 | 安利红　主编 |
| 责任编辑 | 李　哲 |
| 标准书号 | ISBN 978-7-301-28332-5 |
| 出版发行 | 北京大学出版社 |
| 地　　址 | 北京市海淀区成府路205号　100871 |
| 网　　址 | http://www.pup.cn　新浪微博:@北京大学出版社 |
| 电子信箱 | pup_russian@163.com |
| 电　　话 | 邮购部62752015　发行部62750672　编辑部62759634 |
| 印刷者 | 北京大学印刷厂 |
| 经销者 | 新华书店 |
| | 787毫米×1092毫米　16开本　16印张　250千字<br>2017年6月第1版　2017年6月第1次印刷 |
| 定　　价 | 35.00元 |

未经许可，不得以任何方式复制或抄袭本书之部分或全部内容。
**版权所有，侵权必究**
举报电话: 010-62752024　电子信箱: fd@pup.pku.edu.cn
图书如有印装质量问题，请与出版部联系，电话: 010-62756370

# 总 序

俄语专业社会与文化系列教材是一套基于语言国情学教学法，以介绍俄罗斯与中国社会文化知识为导向，以传授学生背景知识与提高语言技能为目标，以培养跨文化交际能力为目的的新一代教材。教材编写完全依据《高等学校俄语专业教学大纲》规定的各年级学生知识与技能指标要求，按照主题循序渐进地在第三至八学期分别引入俄罗斯和中国社会文化知识，各册主题分别为：

1. 俄罗斯当代社会生活
2. 俄罗斯历史
3. 俄罗斯地理
4. 俄罗斯艺术
5. 俄罗斯文学
6. 俄罗斯政治
7. 中国当代社会生活（俄文版）

本套教材有别于传统的国情教材，贴近课堂、贴近教学是它的突出特点。每册教材的编写者都是具有多年教学经验的俄语专业教师，多年来一直承担相应课程的实践教学工作，这保证了这套教材来自教学一线，服务教学一线。我们知道，外语教学的最终目的是使学生能运用这种语言进行交际。以往，我们在教学中片面强调语言技能、语言形式的训练，而忽略了语言外壳所要承载的内容。本套教材在编写过程中，充分贯彻了语言国情学教学法，将文化知识导入语言教学之中，在解决学生"怎么说"问题的同时，潜移默化地让学生知道"说什么"，以达到语言技能和知识水平同步提高的目的，从而可以大大改善学生在学会语言表达之后却无话可说的尴尬。在编写方式上，与以往的俄语国情文化教材重视以大语篇负载大容量知识不同，本套教材以短小课文为主，语言生动，难度适中，图文并茂，兼顾知识性与趣味性，十分适合课堂教学。尤为重要的是，本套教材的练习体系同样按照语言国情学教学法原则精心设计，分为课前和课后练习。题目紧扣课文，灵活多样，语言技能训练与知识点考察分别进行，重点突出，易于掌握和操作，使学生在获得系统国情知识的同时，不断提高语言技能。本套教材在结构上也有所创新。与以往教材以"课"或"单元"做形式序列划分不同，本系列教材按照主题划分序列进行主题内容推进。每一本教材划分为若干主题（тема），每一主题包括若干课（урок），每一课包含二至三篇课文（текст），每一课文后都有俄汉的百科注释，所有的课结束之后有课后练习，按照知识性练习和语言技能练习形式顺序编排。

本套教材全部用俄语编写，每册都由俄罗斯专家和中国教师合作完成。在充分保证语言规范、地道的基础上，编写团队考虑最多的是如何让这套教材发挥最大效益，做到实用、好用、管用。我们希望除了能让学生学到纯正地道的俄语，系统掌握相关国情文化知识，提高阅读能力和口语表达能力，还能够培养学生的跨文化交际能力，从而形成第二语言个性，使学生能说、会说、有的说，能更好地为中俄交流与合作做出应有的贡献，这也是我们编纂这套教材最大的心愿。

由于本套教材是按照不同知识主题分别编写的，同时也考虑到学生兴趣与接受度，所以还不可能做到面面俱到。除上述已经编写的教材外，其他相关主题内容我们会在今后根据教学需要陆续推出。

由于时间仓促，加之编者水平有限，书中不当之处在所难免，恳请专家学者和各位读者批评指正。

编者<br>
2011年11月20日

# ИСТОРИЯ РУССКОГО ИСКУССТВА

## Пояснительная записка

Настоящий учебник по курсу «История русского искусства» входит в состав серии учебно-методических пособий по страноведческим дисциплинам, разрабатываемых авторским коллективом Даляньского университета иностранных языков. Предлагаемый учебник представляет собой универсальный методический инструмент, который можно применять как в условиях систематической аудиторной работы, так и для самостоятельной внеаудиторной работы учащихся.

Учебное пособие рассчитано на учащихся третьего-четвертого курсов языковых специальностей. Отличительной особенностью данного пособия является его доступность для учащихся любого уровня в совокупности с высоким уровнем информативности. Все учебные тексты и задания являются авторскими и написаны специально для настоящего пособия. Каждый учебный текст и предлагающиеся упражнения адаптированы для учащихся третьего курса. Данные особенности соответствуют принципам доступности, универсальности и аутентичности, заявленных для всех учебников серии.

Настоящий учебник на ознакомительном уровне рассказывает китайским учащимся об истории русского искусства от древних времён до конца XX века. Учебный курс рассчитан на работу в течение двух семестров в объеме 68 аудиторных часов, однако может быть освоен и в течение одного семестра в режиме 34 часа аудиторной работы + 34 часа самостоятельной работы. Структурно учебник состоит из одной вводной и шести основных частей, каждая из которых рассчитана на изучение в объеме 10-12 академических часов (вводная тема рассчитана на 4 академических часа). Каждая из шести частей учебника называется «Тема», разделение на темы определяется различными видами искусства. В первых двух темах рассматриваются виды изобразительного искусства, в последующих трёх – виды исполнительского искусства.

Каждая тема состоит из структурных единиц, которые называются «Урок». Урок является основной методической единицей данного пособия. Каждый урок включает в себя учебный текст, языковые и терминологические комментарии, а также речевые и творческие задания. В настоящем учебнике речевые и творческие задания занимают приоритетное место. В тексте присутствуют и традиционные для серии языковые задания, сгруппированные в блоки в количестве 2-3 на каждую тему.

Мы подчеркиваем, что настоящее пособие представляет собой комплексную методическую систему, направленную не только на формирование знаний по изучаемому курсу, но ина повышение уровня языковой и, в первую очередь, речевой компетенции учащихся, что приобретает первостепенную важность на продвинутом этапе обучения.

Учебное пособие богато иллюстрировано как графически, так и дополнительным материалом – цитатами, языковыми комментариями и т.п. Кроме того, авторами составлен словарь реалий русского искусства, в который включены все упомянутые в учебных текстах названия произведений искусства, а также имена выдающихся художников.

Авторы отбирали для настоящего пособия только те произведения искусства, которые прочно вошли в культурный код Русского мира. По этой причине в учебнике не рассматривается современное российское искусство. Ещё одной принципиально важной особенностью учебника является прослеживаемая в каждом уроке связь с известными учащимся фактами культуры и искусства Китая. Пособие построено таким образом, что данная связь особенно активно реализуется на уровне речевых и творческих заданий. Таким образом, в рамках изучения учебного курса «История искусства России» китайские учащиеся параллельно учатся рассказывать об искусстве и культуре Китая.

Авторы настоящего учебного пособия подчёркивают, что оно, как и все ранее вышедшие учебники серии, основаны на принципах активного, коммуникативно-ориентированного подхода к изучению иностранных языков. Авторы категорически не рекомендуют использовать предложенные учебные тексты для запоминания наизусть.

Настоящее учебное пособие может применяться как основной методический материал в рамках изучения курса «История русского искусства», а также как дополнительное пособие для освоения курса «Страноведение России» и подготовки к заданиям по страноведению в рамках Единых экзаменов по русскому языку IV и VIII уровней для студентов языковых специальностей.

# Содержание

**ТЕМА 1  В мире прекрасного: об искусстве вообще** ......... 1
   УРОК 1.  Потому что это красиво ......... 1
   УРОК 2.  Жители мира искусства ......... 3
   УРОК 3.  Все жанры хороши ......... 5
   Языковые упражнения (по урокам 1-3) ......... 8

**ТЕМА 2  Как остановить время: история русской живописи** ......... 12
   УРОК 1.  Живопись в храме ......... 12
   УРОК 2.  Живопись во дворце ......... 16
   Языковые упражнения (по урокам 1-2) ......... 20
   УРОК 3.  Живопись стремится на свободу ......... 22
   УРОК 4.  Живопись приходит к народу ......... 28
   УРОК 5.  Лучшие из лучших ......... 34
   Языковые упражнения (по урокам 3-5) ......... 39
   УРОК 6.  Живопись ищет себя ......... 43
   УРОК 7.  Советская живопись ......... 49
   Языковые упражнения (по урокам 6-7) ......... 55

**ТЕМА 3  Камень, дерево и металл: история русской скульптуры и архитектуры** ......... 58
   УРОК 1.  Что такое зодчество? ......... 59
   УРОК 2.  Два лица русской архитектуры ......... 64
   УРОК 3.  Советская архитектура ......... 68
   Языковые упражнения (по урокам 1-3) ......... 72
   УРОК 4.  «Младшая сестра» живописи ......... 74
   УРОК 5.  Как живые ......... 80
   УРОК 6.  Народ-художник ......... 85
   Языковые упражнения (по урокам 4-6) ......... 90

**ТЕМА 4  Прекрасный и понятный всем язык: история русской музыки** ......... 93
   УРОК 1.  Душа народа ......... 94

УРОК 2. Рождение русской классической музыки ·················· 98
УРОК 3. «Могучая кучка» ················································· 102
Языковые упражнения (по урокам 1-3) ······························· 105
УРОК 4. Солнце русской музыки ········································ 108
УРОК 5. Новые времена – новая музыка ······························ 112
УРОК 6. Нам песня строить и жить помогает! ······················ 117
Языковые упражнения (по урокам 4-6) ······························· 122

## ТЕМА 5  Приглашаем вас на танец! ······································· 125
УРОК 1. Берёзка – дерево или танец? ·································· 126
УРОК 2. Нерусский русский балет ······································ 130
Языковые упражнения (по урокам 1-2) ······························· 133
УРОК 3. «Русский балет» приходит в Европу ······················· 135
УРОК 4. Национальная гордость ········································ 139
Языковые упражнения (по урокам 3-4) ······························· 144

## ТЕМА 6  Любите ли вы театр? ················································ 147
УРОК 1. Театр начинается с площади ·································· 148
УРОК 2. Большая роль Малого театра ································· 153
УРОК 3. Чайка – это не только птица ·································· 156
Языковые упражнения (по урокам 1-3) ······························· 160
УРОК 4. Театр не может стоять на месте ······························ 162
УРОК 5. Золотой век советского театра ······························· 166
УРОК 6. Театр кукол и цирк ·············································· 172
Языковые упражнения (по урокам 4-6) ······························· 176

## ТЕМА 7  Волшебный мир кино ·············································· 179
УРОК 1. Без звука и цвета ················································· 181
УРОК 2. Всенародная любовь ············································ 186
Языковые упражнения (по урокам 1-2) ······························· 191
УРОК 3. Военное и послевоенное кино ································ 193
УРОК 4. Великая весна ····················································· 198
УРОК 5. Хорошая привычка ·············································· 204
Языковые упражнения (по урокам 3-5) ······························· 208
УРОК 6. Эпоха телевидения ·············································· 211
УРОК 7. Мультфильм – это серьезно ·································· 218
Языковые упражнения (по урокам 6-7) ······························· 222

## Список имён авторов и названий произведений искусства,
упоминаемых в учебных текстах ·········································· 225

# В мире прекрасного: об искусстве вообще

Мы все – счастливые люди. Каждый из нас в любой момент может почитать интересную книгу, послушать красивую песню, сходить в кино. Каждый день появляются сотни новых песен, десятки фильмов, открывают свои двери театры и музеи. Мы даже часто забываем о том, как много делается для того, чтобы никому не было скучно. Мы привыкли к этому богатству книг, фильмов, песен, картин и памятников - ко всему, что называется «произведения искусства». Искусство – это целый мир красоты, мир огромный и интересный, поэтому у слова «искусства» есть синоним «мир прекрасного». Перед тем, как начать наше путешествие в этот мир, нам нужно понять, что такое искусство, кто им занимается и зачем оно нужно человеку.

## УРОК 1. Потому что это красиво

В любом учебнике по истории искусства можно прочитать такие слова: «Искусство существовало **во все времена**». Конечно, у древнего человека не было такого богатства произведений искусства, какое есть у нас, но люди всегда, даже в самые древние и трудные времена, стремились к прекрасному. Когда люди еще не умели строить дома и не знали, что такое колесо, они уже **создавали** первые **произведения искусства**. Зачем они это делали? Когда древний человек смотрел на первые картины или слушал первые песни, он **испытывал** необычное **чувство** – чувство радости от встречи с красотой. Красоту можно встретить и в природе: мы и сейчас испытываем это чувство, когда приходим в осенний лес или на берег моря. А первые произведения искусства – это та красота, которую человек создал сам. Потому что древний человек понимал, что в трудном мире есть не только голод, холод и злые тигры, но и что-то прекрасное.

> Еще в древние времена появилась мудрая пословица «Жизнь коротка, а искусства вечно». Люди старались сохранять великие произведения искусства – для своих детей, внуков, для будущих поколений, для нас с вами. Во все времена люди были уверены: искусство не только радует человека, но и делает его лучше.

Понимание красоты – великая победа в истории развития человека. В одном замечательном китайском фильме есть такие слова: «Люди отличаются от животных тем, что любят пекинскую оперу». Это очень мудрые слова. Животные, даже самые умные, равнодушны к музыке и к любому другому искусству. Человек перестал быть животным и стал человеком, когда научился работать и когда научился ценить красоту. Он научился видеть красоту не только в цветах, в пении птиц и в голубом небе, но и в своих человеческих делах. То, что человек

Даже приготовление лапши может быть настоящим искусством!

научился **делать** хорошо, с **душой**, тоже казалось ему красивым. Поэтому о работе любого мастера мы можем сказать: «Это настоящее искусство!». Бывает искусство водителя, повара, врача, учителя, бывает даже искусство находить себе друзей. Человек быстро понял, что настоящее искусство обязательно требует большого труда.

Стремление к красоте – это важная часть души человека, поэтому искусство не может никого **оставить равнодушным**. Но часто мы видим, как в театре некоторые молодые люди зевают, а в музее перед прекрасной картиной говорят: «Ну и что? Я тоже так могу». Это происходит потому, что не все умеют понимать настоящее искусство. Для того, чтобы понимать искусство, надо учиться – изучать его историю. К счастью, это не очень сложно, но очень интересно! Мы рады, что наш учебник вам в этом поможет.

 Запомните слова и выражения (работайте со словарем!):

**Времена** (во все времена; в древние времена; в самые трудные времена) *Во все времена настоящее искусство будет нужно людям. В те времена, когда я был совсем маленьким, ещё не было компьютеров и Интернета. Русский народ известен своим сильным характером, в трудные времена русские всегда продолжали стремиться к лучшей жизни.*

**Создавать** (создать) (произведение искусства; что-то прекрасное; что-то ценное; что-то нужное) *Если человек в своей жизни не создал ничего ценного и полезного для других людей, жизнь он прожил зря. Художник всегда радуется, когда создаёт новое произведение искусства. В наши дни каждый год специалисты создают новые модели телефонов, которые становятся всё лучше и лучше.*

**Испытывать (испытать) чувство** (чего?) *Когда я сдала все экзамены, я испытывала огромное чувство радости: мне хотелось обнять всех людей. В жизни каждый из нас хотя бы раз испытывает чувство разочарования. Когда мы видим маленького ребёнка, мы испытываем чувство умиления.*

**Красота** (создавать красоту; понимать красоту; видеть красоту; ценить красоту) *Мы должны учиться видеть красоту в том, что нас окружает. Эстетика - это наука о том, как нужно ценить красоту. Люди часто слишком жестоко относятся к природе, не ценят её удивительную красоту.*

**Делать** (что?) **с душой** (без души) *У моей мамы все блюда получаются очень вкусными, потому что она делает их с душой. Егор занимается музыкой без желания, без души, поэтому и не добился никаких успехов.*

**Оставлять (оставить)** (кого?) **равнодушным** (чаще в форме: не оставлять (оставить) (кого?) равнодушным) *Я прочитала эту книгу, но не могу сказать, что я довольна, книга оставила меня равнодушной. Красота русской природы не может оставить никого равнодушным: каждый, кто видел Россию, обязательно полюбит её! Если этот фильм оставит тебя равнодушным, значит, ты ничего не понимаешь в искусстве.*

■ **Обратите внимание!**

Слово «искусство» имеет несколько значений и может использоваться по-разному.

| Значение: | (1) Искусство – создание прекрасного. | (2) Искусство – знание дела, умение, мастерство. |
|---|---|---|
| Примеры: | Искусство – это важная часть нашей жизни. Картина – это произведение искусства. Я ничего не понимаю в искусстве. | Искусство врача, искусство повара, искусство учителя. Владеть искусством перевода (искусством переводчика). |

# УРОК 2. Жители мира искусства

Чтобы вкусно пообедать, нужно сначала приготовить обед. Чтобы почитать интересную книгу или послушать песню, нужно сначала написать такую книгу и спеть песню. У любого произведения искусства есть автор, то есть тот, кто создаёт произведения искусства.

> Великое произведение искусства можно назвать словом «шедевр». Запомните это слово! Роман Цао Сюэциня «Сон в Красном Тереме» - это шедевр китайской литературы. Режиссёр Чжан Имоу – автор многих шедевров китайского кино.

Не все студенты учатся одинаково хорошо, всегда находятся студенты более сильные и более слабые, но всех мы называем словом «студент». Так и в мире искусства, есть произведения слабые, неинтересные, о них быстро забывают, а есть произведения прекрасные, великие, **бессмертные**. О хорошем авторе мы говорим «**выдающийся**» или «**талантливый**», значит, у такого автора есть талант. В мире искусства такого автора часто называют словом «художник». Художник – это не только человек, который пишет картины. Лев Николаевич Толстой писал романы, а Пётр Ильич Чайковский писал музыку, но оба они – настоящие художники, потому что они стали авторами прекрасных произведений русского искусства.

Русский хоровод – народный танец – тоже пример народного искусства

Для автора любого произведения искусства очень приятно слышать слова «Вы настоящий художник».

Часто говорят: «Талантливый человек талантлив во всём». Любой настоящий поэт эпохи Тан в Китае, как правило, был сильным художником, мастером каллиграфии, а также неплохо понимал музыку. Для настоящего художника любой вид искусства – не чужой. Кстати, художник – это не всегда один человек. Художником может быть и целый народ: например, все русские дети знают и любят русские сказки «Репка», «Колобок», «Теремок», хотя мы не знаем, кто написал эти сказки, поэтому и называем их «народными». *Народное искусство* – тоже богатый и интересный мир.

Художники создают произведения искусства не для себя, а для людей. Поэтому в мире искусства кроме художников еще есть читатели, зрители, слушатели (их всегда намного больше, чем настоящих художников). Тех читателей, зрителей и слушателей, которые хорошо понимают искусство, мы называем словом «ценитель». Некоторые ценители серьёзно изучают искусство, таких учёных называют словом «*искусствоведы*». Другие ценители пишут о произведениях искусства статьи в газеты и журналы, таких специалистов называют словом «*критики*». Искусствоведы и критики могут не только хвалить, но и критиковать художников, поэтому художники их не очень любят.

 Запомните термины:

| народное искусство | 民间艺术 |
| искусствовед | 艺术学家 |
| критик | 评论家 |

В мире прекрасного: об искусстве вообще **ТЕМА 1**

 **Запомните слова и выражения (работайте со словарем!):**

**Бессмертное** произведение искусства (синоним = шедевр)*Эта песня сейчас очень популярна, но станет ли она бессмертной, станет ли она шедевром? С бессмертными произведениями А.С. Пушкина мы знакомимся ещё в детстве. Мультфильм "Ну, погоди!" был создан 50 лет назад, однако этот бессмертный шедевр и сегодня радует и детей, и взрослых.*

**Выдающийся**(талантливый)**автор** *Этот молодой писатель, без сомнения, очень талантливый автор. Среди выдающихся композиторов советского времени обязательно нужно назвать имя Александры Пахмутовой. Выдающийся автор не обязательно создаёт только выдающиеся произведения: и у талантливых людей бывают ошибки, и неудачи.*

**Ценитель**(чего?) *Пушкин был не только великим писателем, но и известным ценителем искусства, особенно он любил балет. Антон считает себя ценителем кино: он готов рассказывать об этом виде искусства целыми днями. Эта картина кажется не очень красивой, но ценители готовы заплатить за неё огромные деньги.*

**Обратите внимание!**

Слово «художник» имеет два значения и может использоваться по-разному.

| Значение: | (1) Художник – человек, который пишет картины. | (2) Художник – человек, который создаёт произведения искусства (не только картины, но и фильмы, книги, музыку и др.) |
|---|---|---|
| Примеры: | - Каких русских художников вы знаете?<br>- Я знаю Илью Репина и Исаака Левитана. | Лев Николаевич Толстой – талантливый писатель, мастер слова, настоящий художник! |

# УРОК 3. Все жанры хороши

Искусствоведы и критики – тоже важные люди в мире искусства (кстати, некоторые великие художники были и великими искусствоведами, например, писатель Лев Толстой или режиссёр Константин Станиславский). Они немного похожи на переводчиков – помогают людям лучше понимать язык великих художников. Например, искусствоведы помогают нам понять, чем **отличаются** разные виды искусства, которые называются словом «жанры».

**Мир искусства** очень сложен: прекрасный танец Белого Лебедя в балете «Лебединое озеро» и памятник Пушкину в Москве, пейзаж Левитана«Золотая осень» и песня «Подмосковные вечера» - вот какими разными бывают произведения искусства! Здесь мы вспомнили только четыре разных жанра – танец, памятник, картину и песню, но всего в мире искусства существуют сотни разных жанров.

Пекинская опера – это тоже один из жанров искусства

Учёные-искусствоведы считают, что весь огромный мир искусства можно **разделить на три** большие **части**, на три маленьких мира: литературу, *изобразительное искусство и исполнительское искусство*. Литература занимает отдельное место, потому что она очень сильно связана с языком. Пейзаж Левитана (произведение изобразительного искусства) или танец Галины Улановой (произведение исполнительского искусства) одинаково хорошо могут понять жители любой страны мира, говорящие на любом языке. Красоту стихов Пушкина без знания русского языка понять, к сожалению, нельзя. Эта **особенность** очень отличает литературу от других видов искусства. Поэтому мы считаем, что литература – это отдельный и очень сложный мир, который мы в этом учебнике изучать не будем.

Изобразительное искусство получило своё название от слова «изображение». Художник хочет нарисовать дерево – значит, он хочет изобразить дерево в своём произведении искусства, на своей картине. Скульптор хочет сделать памятник Пушкину – значит, он хочет изобразить Пушкина с помощью камня или другого материала. К изобразительным видам искусства относится и архитектура – искусство создания красивых зданий, а также некоторые другие виды искусства. Изобразительное искусство очень подходит к пословице «Жизнь коротка, а искусство вечно»: Храм Василия Блаженного в Москве или Храм Неба в Пекине – прекрасные

Китайская каллиграфия – один из многих жанров изобразительного искусства

произведения архитектуры – существуют уже много веков.

В мире прекрасного: об искусстве вообще **ТЕМА 1**

3. Переведите с китайского на русский, используйте слово "ценитель" (чего?).

   *Пример:* 美食家 - *ценитель вкусной еды*

   戏剧鉴赏家, 法国酒鉴赏家, 时尚达人, 古画鉴赏家, 京剧鉴赏家, 书法家, 茶叶行家, 美女鉴定家, 音乐鉴赏家, 香水行家, 诗歌鉴赏家, 艺术鉴赏家。

4. Перефразируйте эти предложения; используйте выражение "отличается (от кого? чего?) (чем?)"

   *Пример: Этот телефон дороже того. = Этот телефон отличается от того ценой.*

   1) Река Янцзы длиннее реки Ялуцзян.
   2) Фрукты с острова Хайнань вкуснее, чем импортные фрукты.
   3) Новый компьютер имеет больше функций, чем старый.
   4) Это лекарство гораздо лучше помогает, чем то.
   5) Слоны из Африки больше, чем слоны из Индии.

5. Переведите эти предложения с китайского на русский. Используйте слова «отличаться» и «отличать»:

   1）这对双胞胎长得太像了，乍一看他们都没什么不同。他们的妈妈怎么区分他们啊？
   2）假币乍一看和真币没多大区别，但是专家一下子就能识别出假币。
   3）对于所有学习俄语的中国人来说，"том" 和 "дом" 很难区分。这两个词的第一个音有什么区别呢？
   4）如何辨别橘子的酸甜呢？甜橘子的形状、颜色有自己的特点。
   5）老师教会了我们普希金诗歌和莱蒙托夫诗歌的不同之处。现在我能区分他们的诗歌啦!

■ **Речевые творческие задания**

1. Посмотрите на эти картинки и расскажите: 1) кто этот человек по профессии; 2) что он сейчас делает; 3) как называется вид искусства, которым он занимается.

2. Вот примеры 4 профессий из мира искусства – художник, композитор, балерина и режиссёр кино. Как вы считаете, чья работа – самая трудная, а чья – самая лёгкая? Какая из этих профессий больше подходит для вас и почему?

3. Вспомните тему «Мой день», которую вы изучали на I курсе. Представьте, что вы – художник (скульптор, композитор, артист – выбирайте сами!). Расскажите о том, как проходит ваш день. Обратите внимание на то,

чем отличается жизнь художника от жизни студента – используйте выражение «в отличие от студентов, я...»

4. Посмотрите на эти картины и скажите: кто из этих женщин самая красивая? Попробуйте объяснить, что вы считаете красивым или некрасивым в других картинах?

5. Перед вами несколько оценок известного китайского фильма «Крадущийся тигр, затаившийся дракон». Некоторые оценки дали специалисты-искусствоведы, а некоторые – обычные ценители искусства в Интернете. Как вы считаете, какие оценки кто дал? Почему вы так считаете?

   а) 《卧虎藏龙》之后，再也没有一部电影可以如此清晰细腻地描绘出清代时期的中国，把那个时候的街道、市井、侠气、官府、江湖等等描绘得如此传神的了。

   б) 在艺术成就上，《卧虎藏龙》在世界范围的电影展、电影竞赛里获得的奖项数目之多，分量之重，就单在奥斯卡上取得的成就，就足以令华语电影难以望其项背。

   в) 《卧虎藏龙》突破了一般武侠片的构架，将文化、艺术糅于其中，成为一部具有哲学意味和中国特色的艺术片，感情细腻，文化内涵深邃，人文色彩浓郁，这就是本部电影的独特魅力所在吧！

   г) 《卧虎藏龙》是最好的华语电影，就中国电影的发展意义而言，这是一部分量十足的电影。

6. Почитайте эти мнения о том, что такое искусство. Какое из этих мнений вам кажется самым точным? Можете ли вы своими словами объяснить это мнение по-русски?

   1) 艺术是用形象来反映现实但比现实更有典型性的社会意识形态，包括文学、绘画、雕塑、建筑、音乐、舞蹈、戏剧、电影、曲艺等。
   2) 艺术是艺术家的自我表现、创造活动，或对现实的模仿活动。
   3) 艺术是艺术品，强调艺术的客观存在。
   4) 艺术是个谎言，但却是一个说真话的谎言。

# ТЕМА 2

# Как остановить время: история русской живописи

Так начиналась история русской живописи

Мир вокруг нас всегда разный: проходит время, спешат куда-то люди, меняется погода. Вот, например, восходит солнце – это очень красиво, но эта красота очень быстро заканчивается. Люди всегда мечтали остановить время и сохранить красоту мира. У древних мастеров изобразительного искусства, к сожалению, не было ни фотоаппаратов, ни современных телефонов. Но у них было стремление к красоте, были свои мечты и свои таланты. Именно благодаря картинам, пришедшим из прошлого, мы знаем, какой была жизнь сотни лет назад. Искусство создания картин - «живопись» - похоже на слова «писать жизнь», то есть, описывать, показывать нашу жизнь. В русском языке правильно говорить так: «Художник пишет картины», что показывает связь живописи и литературы как двух разных способов описания жизни. Для этого описания поэт и писатель используют слова, а живописец – краски.

> Китайский художник и поэт Ван Вэй (王维) очень точно говорил о связи живописи и литературы: «Живопись – это поэзия в красках, а стихи – это картины в словах».

Давайте посмотрим, как «писали жизнь» живописцы в русской истории.

## УРОК 1. Живопись в храме

> Связь русского и византийского искусства - хороший пример того, как сильно искусство связано с историей страны и жизнью народа. Если бы Киевская Русь имела тесные связи не с Византией, а с Китаем, то русское искусство было бы очень похоже на китайское.

Начало истории русской живописи связано с историей русского православия. Православие – это религия; религия обычно даёт людям веру в бога и какие-то **правила** жизни. Но русским людям православие дало гораздо больше.

Древние славяне вместе с православием из Византии получили и первые книги, и первые по-настоящему красивые здания – *храмы*, и первые картины. Русская живопись не родилась в Киевской Руси – она пришла из Византии вместе с православием.

В православных храмах обязательно должны быть картины на темы религии, эти картины обычно писали прямо на стене храма, они называются «*фрески*». Еще в храме обязательно должны быть картины, на которых изображаются лица главных героев православия – Иисуса Христа, его матери Богородицы и других важных людей в истории православия – святых. Такие картины обычно пишут на дереве, их называют словом «*иконы*». Иконы в православии имеют огромное значение: люди верили,

Одна из первых известных русских икон «*Архангел золотые власы*» (XII век, Новгород)

что некоторые иконы могут даже лечить болезни и помогать в делах. Искусство писать иконы называлось «иконопись», а мастеров называли

> В китайских храмах икон нет, но есть другие изображения богов, например, статуи Будды. Хотя они не относятся к живописи, по своей роли они очень похожи на иконы.

«*иконописцы*».

Первые фрески и иконы в русских храмах делали мастера из Византии, но очень быстро русские иконописцы научились создавать иконы не хуже своих византийских учителей. В старые времена иконописцы почти никогда не оставляли на иконах своего имени, поэтому мы до сих пор не знаем, какие из первых икон написаны русскими иконописцами, а какие – византийцами.

> Рублёв – это не фамилия Андрея, а его прозвище, фамилий в русском языке в XV веке еще не было. К сожалению, мы ничего не знаем про его семью, мы не знаем названия всех его произведений. Но искусствоведы уверены, что автор «Троицы» - именно Андрей Рублёв.

К сожалению, до нас дошло совсем немного самых древних русских икон (до XIII века). В XIII веке на Русь пришли монголы, начался долгий и несчастный период русской истории под властью врагов. Но и в это время продолжают работать художники. Центром иконописи в XIV веке постепенно становится Москва, куда приезжают работать художники из Византии, в том числе и знаменитый Феофан Грек. Этот мастер вместе с русскими иконописцами писал фрески в двух знаменитых соборах Московского Кремля. Искусствоведы знают имена еще нескольких известных иконописцев XIV-XV веков, самым известным из которых является Андрей Рублёв.

В истории древней русской живописи, конечно, были тысячи иконописцев. Почему же история донесла до нас только несколько имён? Знаменитая икона Андрея Рублёва «Троица» - это **пример** того, чем отличается великий художник от обычного художника. Раньше икону «Троица» писали многие авторы, все они писали её одинаково, по правилам православия и **по примеру** византийских учителей. А Андрей решил написать икону по-своему: на его иконе нет ничего лишнего, только три фигуры за круглым столом, его икона передаёт нам чувство покоя и задумчивости. Как и многие другие великие художники, Андрей Рублёв понял, что разные правила и **законы** только мешают, а настоящее искусство должно свободно **передавать настоящие чувства и мысли**.

«Троица» Андрея Рублёва – самая знаменитая в мире русская икона (начало XV века)

Русская живопись в начале своей истории совсем не была свободной. Художники не могли изображать то, что им нравится, ни один художник не мог написать реку или красивую девушку. Православие учит людей, что красота природы или человека – красота недолгая, ненастоящая. Художники думали так: «Если эта красота ненастоящая, то зачем она нам? Мы лучше будем писать иконы». Такой период в истории русской живописи продолжался до XVII века.

 **Запомните термины:**

| | |
|---|---|
| храм | 教堂 |
| фреска | 壁画 |
| икона | 圣像 (俄罗斯圣像以画板画的形式来表现) |
| иконопись | 圣像艺术 |
| иконописец | 圣像画家 |

 **Запомните слова и выражения (работайте со словарём!):**

**правило** (давать правила; правила (чего?); *по правилам*) Сначала мне трудно давалась грамматика русского языка, я никак не мог запомнить правила изменения глаголов. В любую игру нужно играть по правилам. Лиза любит смотреть футбол по телевизору, но плохо знает правила футбола, поэтому задаёт много вопросов своему мужу.

**пример** (пример (чего?); *по примеру (кого?)*) По примеру своего отца-врача Алексей решил поступить в медицинский институт. Пример Ма Юня, одного из самых успешных китайских бизнесменов, доказывает, что каждый может заработать много денег. Каждый мужчина, который собирается стать отцом, должен бросить курить, это вредно для здоровья и это очень плохой пример для детей.

**закон** (знать законы; законы (чего?); по законам) *Я плохо знаю законы, поэтому вынужден обращаться за помощью к своему другу-юристу. Если ты не уважаешь людей, то никто не будет уважать тебя - это очень важный закон жизни. По законам этой школы ученики не могут приносить с собой на занятия телефоны.*

**передавать** (передать) **чувства, мысли** *Простая улыбка "Мона Лизы" передаёт так много разных чувств! В своих стихах А.С. Пушкин передаёт светлое чувство любви к жизни. Этого телеведущего всегда приятно слушать: сразу понятно, какую мысль он хочет передать.*

### ◼ Обратите внимание!

Слово «писать» можно использовать, когда мы говорим не только о литературе, но и о живописи.

| Сочетаемость: | писать книги, стихи, романы | писать картины, портреты, фрески, иконы |
|---|---|---|
| Примеры: | В деревне Болдино осенью 1830 года А.С. Пушкин написал много великих произведений. | Андрей Рублёв написал знаменитую икону «Троица» в начале XV века. |
| Кто пишет: | писатель | живопись, живописец иконопись, иконописец |

### ◼ Речевые и творческие задания

1. Сравните эти русские иконы и произведения искусства из китайских храмов. Есть ли в них какие-нибудь сходства? А чем они отличаются?

2. Давайте ещё раз вспомним прекрасные слова китайского поэта Ван Вэя (王维) о том, что живопись и поэзия очень близки друг к другу. Посмотрите на эту картину Ван Вэя и расскажите, какие чувства художник хотел в ней выразить. Можете ли вы вспомнить какое-нибудь стихотворение этого автора, которое подходит к этой картине?

## УРОК 2. Живопись во дворце

Вторая страница истории русской живописи начинается уже в эпоху Петра Первого. Пётр Первый, как вы уже знаете, был европейским человеком, он любил всё европейское – европейскую одежду, европейскую еду и, конечно, европейское искусство. В XVII веке, когда Пётр стал русским царём, в Европе художники добились огромных успехов: мастера из Голландии, Испании, Франции и, конечно, из Италии – страны великих художников – создали бессмертные шедевры живописи. Пётр, который мечтал, чтобы Россия ни в чём не **отставала** от Европы, хотел, чтобы в России тоже были свои великие мастера. И русским художникам пришлось, как и в древние времена, учиться – но уже не у византийцев, а у европейских живописцев.

Пётр Первый, который сам любил учиться новым профессиям, понимал,

> Пётр Первый с удовольствием приглашал на работу в Россию художников из Европы, но каждый из них должен был не только писать картины, но и учить русских мастеров – такое правило помогло Петру подготовить целое поколение талантливых художников, в том числе Ивана Никитина и Андрея Матвеева.

что художнику **мало** иметь талант, **еще нужно** иметь хорошее образование. Тогда у него появилась отличная идея – открыть в России место, где молодые люди со способностями к живописи смогут получить хорошее европейское образование. Свою идею Пётр не смог **воплотить в жизнь**, но это сделала его дочь Елизавета Петровна: в 1757 году в Санкт-Петербурге была открыта Академия художеств, которая работала до 1918 года и подготовила сотни прекрасных мастеров.

Здание Академии художеств само по себе произведение искусства

В начале XVIII века, в эпоху петровских реформ, в России меняется вся **общественная** жизнь, меняется отношение к человеку. Многие прекрасные художники того времени вышли из небогатых семей, потому что умение писать картины было важнее общественного положения. Интересно, что писателей из простых людей в XVIII веке еще не было, а художники уже были! Меняется и живопись: от религиозных тем она переходит к жизни обычных людей. Живопись становится более разнообразной, появляются сначала *портреты*, а потом и другие жанры: *батальные картины* (на них изображаются битвы) и *натюрморты*. Первым и самым талантливым русским художником, который вместо традиционной русской иконы стал писать европейские портреты, стал Иван Никитин. До наших дней дошло всего несколько работ Никитина, но в каждом портрете мы видим очень точное изображение внешности, а также можем угадать характер этого человека.

Портрет Г. Головкина (помощник Петра Первого), художник Иван Никитин

Развитие *портретной живописи* продолжалось и в эпоху Елизаветы Петровны и потом в эпоху Екатерины Второй, которые, как и все женщины, любили всё красивое, в том числе, и собственные портреты. Во второй половине XVIII века все более популярными становятся темы и идеи европейского, особенно французского, искусства. Всё французское тогда **было в моде** – и язык, и костюм, и литература, и искусство. Из Франции пришла мода и быть образованным, и любить

Портрет Екатерины II (1763), художник Федор Рокотов

искусство. Главным жанром живописи становятся *исторические картины* – в основном, они были **посвящены** античной истории и античной литературе (самым известным мастером в этом жанре был украинский художник Антон Лосенко). Огромных успехов достигли русские мастера портрета – Фёдор Рокотов, Дмитрий Левицкий и Владимир Боровиковский.

Фёдор Рокотов, бесспорно, был самым великим русским художником XVIII века. Его даже пригласили написать портрет Екатерины II, когда та только стала императрицей. Екатерина осталась очень довольна, это был огромный успех для 28-летнего художника! Но большую часть жизни Рокотов провёл не в столице, а в Москве. Вместо официальных столичных портретов (их называли «*парадными*»), где люди выглядели важными и великими, Рокотов в Москве писал портреты более человечные, более естественные. И Левицкий, и Боровиковский лучшие свои портреты создавали именно в таком жанре. Самыми известными шедеврами той эпохи остались не парадные портреты императоров, а портреты красивых девушек, в которых художники старались передать и характер, и настроение этих красавиц.

Портрет М. Лопухиной (из дворянской семьи Толстых), (1797), художник В. Боровиковский

Итак, русская живопись, которая к началу XVIII века, вышла из храма, потеряла связь с православием, но не стала до конца свободной. Можно сказать, что она пришла во дворец. Художники еще полностью зависели от богатых людей, которые заказывали свои портреты. И, конечно, каждый из этих людей хотел увидеть себя на портрете особенно красивым. Кроме того, в русской живописи еще было очень много строгих правил, а **главным источником** этих правил была Академия художеств. Поэтому русская живопись XVIII века часто называется «*академической*».

 Запомните термины:

| | |
|---|---|
| портрет | 肖像 |
| портретная живопись | 画像艺术（肖像画法） |
| батальная картина | 战争画 |
| натюрморт | 静物画 |
| историческая картина | 历史画 |
| античный | 古希腊的，古罗马的 |
| парадный портрет | 宫廷人物肖像画 |
| академическая живопись | 学院派绘画 |

# Как остановить время: история русской живописи ТЕМА 2

 **Запомните слова и выражения (работайте со словарем!):**

**отставать (отстать) от** (кого? чего?)*Почему ты идёшь так медленно? Мы уже ушли далеко вперёд, не отставай! Если ты не будешь ходить на занятия, то отстанешь от группы. В начале XX века Китай отставал от развитых стран Запада, но сейчас он является одной из самых сильных стран в мире.*

**мало** (иметь (что?); делать (что?); уметь (что?)), **ещё нужно** (иметь (что?); делать (что?); уметь (что?))*Мало иметь большой дом, ещё нужно, чтобы в этом доме жили счастливые люди. Мало красиво говорить, ещё нужно говорить так, чтобы тебя слушали. Мало надеяться на успех в делах, ещё нужно старательно делать всё, чтобы этот успех пришёл.*

**воплощать (воплотить)** (идею; мечту; планы) **в жизнь** *У меня есть высокая мечта: я хочу, чтобы все люди в мире были счастливы, но не знаю, как воплотить свою мечту в жизнь. Великие писатели Китая воплощали в своих книгах свои мечты и надежды на прекрасное будущее для своей Родины.*

**общественный** (жизнь; положение; место; деятель; транспорт)*Антон не только прекрасно учится, но и принимает активное участие в общественной жизни университета. Чем выше общественное положение человека, тем выше его ответственность. В общественных местах нужно вести себя прилично.*

**быть в моде** (быть не в моде) *Я купил своей девушке в подарок сумку, а она мне сказала, что такие сумки уже не в моде, а я и не знал! В России интерес к поэзии был в моде в начале XX века, потом снова был в моде в 1960-е годы, а сейчас, увы, уже не в моде.*

**(главный) источник** (чего?)*Нефть и газ - главные источники богатства России. У многих поэтов главный источник вдохновения - это любовь. Главным источником трудностей в изучении русского языка является его грамматика.*

### Обратите внимание!

Глагол «ходить» с приставками много раз встречает в Тексте 2 в составе этих выражений.

| № | Выражение: | Пример: |
|---|---|---|
| 1 | **выходить (выйти) из** (какой?) семьи | Многие прекрасные художники того времени вышли из небогатых семей. |
| 2 | **переходить (перейти) от одной темы к другой** | От религиозных тем живопись переходит к жизни обычных людей. |
| 3 | **доходить (дойти) до наших дней** | До наших дней дошло всего несколько работ Никитина. |
| 4 | **приходит (пришла) мода** (делать (что?)) | Из Франции пришла мода и быть образованным, и любить искусство. |
| 5 | **выходить (выйти)** (откуда?); **приходить (прийти)** (куда?) | К началу XVIII века русская живопись вышла из храма и пришла во дворец. |

# Языковые упражнения (по урокам 1-2)

1. Переведите предложения на русский язык, используйте конструкцию "мало..., ещё нужно..."
   1) 知道很多东西是不够的，还要善于把自己的知识用于实践。
   2) 仅仅会上网是不够的，还要有益地使用网络。
   3) 光有很多朋友是不够的，他们还得是真正的忠实可信的朋友。
   4) 光有高薪的工作是不够的，这份工作还得能给你带来快乐才行。

2. Переведите эти выражения на русский язык и составьте с ними предложения с выражениями "в моде" и "не в моде" (если необходимо, можно использовать выражения "снова в моде", "всегда в моде", "уже не в моде", "давно не в моде")

   *Пример:* 空气刘海 — *Пышная чёлка сейчас снова в моде*

   牛仔裤, 超短裙, 内增高靴子, 旗袍, 高跟鞋, 斗篷, 鸭舌帽, 贝雷帽, 皮长裤, 短发, 直发, 卷发。

3. Вставьте в этих предложениях пропущенные слова "правило" и "закон" в нужной форме
   1) Почему ты играешь в футбол руками? Это не по _____.
   2) Продавец продал мне некачественный товар. Это не по_____ _____.
   3) По _____ русского языка нельзя говорить "очень прекрасный"
   4) По _____ Российской Федерации государственным языком является русский.
   5) Я ехал по _____, скорость была нормальная. Я вообще никогда не нарушаю _____.
   6) По _____ вы должны заплатить штраф 100 юаней.

4. Определите, какие из этих выражений со словом "общественный" правильные, а какие - неправильные (для этого потребуется поработать со словарём!). Переведите правильные выражения на китайский язык.

   Общественный транспорт, общественная еда, общественные науки, общественный город, общественный туалет, общественный дом, общественный урок, общественные отношения, общественная проблема, общественная природа, общественное положение, общественный деятель.

Как остановить время: история русской живописи **ТЕМА 2**

**Речевые и творческие задания**

1. Посмотрите на эти картины русских художников XVIII века и опишите внешний вид мужчин и женщин того времени. Что вы можете сказать о моде и прическах XVIII века? Нужные слова можно посмотреть в словаре.

2. Посмотрите на этот портрет Екатерины II (художник Федор Рокотов). Для портрета русская императрица выбрала свою самую красивую одежду.

А если бы художник захотел написать ваш портрет, какую одежду выбрали бы вы? Расскажите об этом, используя выражения:

а) Для своего портрета я бы выбрала (я бы надела) ...

б) Чтобы выглядеть на портрете особенно красивой, я бы надела...

# УРОК 3. Живопись стремится на свободу

Наступил XIX век, который принёс мечты о свободе, восстание декабристов и великое творчество Александра Пушкина. Художники тоже мечтали о свободе. Но их искусство пока еще жило своей жизнью, отдельно от жизни всей страны. Имена великих русских художников знали только в Санкт-Петербурге и Москве, потому что только в этих городах были музеи и жили любители искусства. Жизнь народа и красота русской природы художников не интересовали. Даже самые великие авторы начала XIX века – Александр Иванов и Карл Брюллов – **продолжали традиции** классиков XVIII века, и это неудивительно, ведь они тоже учились в Академии художеств. Но в их картинах, посвященных, как требуют правила Академии, античной истории и древней литературе, появляются новые идеи, чувствуется желание художника найти настоящую красоту. На прекрасной картине «Последний день Помпеи» Карла Брюллова мы видим не только сюжет

Великий русский художник первой половины XIX века Карл Брюллов, автопортрет

древней истории – **гибель** города Помпеи от огня страшного вулкана. Мы видим, как дети спасают своих родителей, мать защищает от огня своего ребенка – это уже не просто картина, а настоящее **восхищение** лучшими человеческими качествами. В шедевре Александра Иванова «Явление Христа народу» мы видим не просто историю из Библии, а **надежду** людей **на лучшую жизнь**, на счастливые времена. Стремление найти в живописи новый смысл, сделать ее ближе к людям, дать искусству настоящую свободу – всё это есть в творчестве этих великих мастеров. Карл Брюллов еще был одним из лучших мастеров портрета своего времени.

«Последний день Помпеи» (1833), Карл Брюллов

В живописи первой половины XIX века нужно вспомнить имена еще двух великих художников – Василия Тропинина и Ивана Айвазовского. Тропинин создал немало портретов своих знаменитых современников, самым известным из которых является портрет А.С. Пушкина. Но в историю русской живописи Тропинин вошел как автор портретов неизвестных людей. На его картине «Гитарист» сидит обычный юноша с гитарой, и в его портрете художник показывает всех людей такого типа – молодых и романтичных любителей музыки. В портретах Тропинина нет обычной для того времени торжественной обстановки, даже великий Пушкин выглядит совсем по-домашнему, как будто только что пил чай.

«Гитарист» (1820-е годы), художник Василий Тропинин

Ивана Айвазовского называли красивыми словами «певец моря». Конечно, великий художник не пел, но он так любил море, что всю свою долгую жизнь (с 1817 по 1900 годы) писал только морские пейзажи (таких художников, как Айвазовский, мы называем «художники-маринисты»).

Айвазовский, выпускник Академии художеств в Петербурге, стал первым русским художником, которого узнали во всём мире, а

> Картина А. Иванова «Явление Христа народу» великая не только по значению в искусстве, но и по размеру – 5,4 на 7,5 метров. Для такого большого шедевра в Третьяковской галерее построили специальную комнату!

также самым известным русским художником-маринистом. Его творчество началось в 1830-е годы и продолжалось до последнего дня жизни, а сам великий художник был знаком в молодые годы с А.С. Пушкиным, а в старости – с А.П. Чеховым. Самой знаменитой картиной Айвазовского является «Девятый вал»: на ней изображены люди, которые, кажется, вот-вот **погибнут** в море во время страшного шторма. Этот шедевр стал знаменитым из-за чувства надежды, которое даёт людям художник: из-за туч уже видно солнце, шторм скоро закончится.

В первой половине XIX века в русской живописи появляется новый жанр – *бытовая картина*. На такой

«Девятый вал» (1850), художник Иван Айвазовский

«Жнецы» (1825), художник Алексей Венецианов

картине художник изображает сцену из жизни или работы людей. Еще в начале XIX века стали известны прекрасные картины крестьянской жизни Алексея Венецианова, которого называли первым художником народной жизни. Так в живописи первой половины XIX века, несмотря на строгие классические традиции Академии художеств, рождался настоящий *реализм* – искусство, которое показывает настоящую жизнь. Но первым настоящим русским *художником-реалистом* является Павел Федотов.

Павел Федотов был военным, а живописью занимался в свободное время. Он никогда не учился в Академии художеств, поэтому не обращал внимания на строгие правила классической живописи. Федотову была интересно показать жизнь простого человека, поэтому он стал настоящим мастером бытового жанра. На самых знаменитых своих картинах 1840-1850-х годов Федотов показывает жизнь людей среднего класса – военных, чиновников, купцов. Эти картины не только заставляют нас улыбнуться, но и позволяют многое узнать о жизни общества в середине XIX века. К примеру, картина «Разборчивая невеста» показывает, как некрасивый человек средних лет **делает предложение** одной девушке. Девушка, кажется, не очень хочет выходить за него замуж, но за дверью стоят ее строгие родители, которые долго уговаривали свою дочь принять это предложение. На одной картине мы видим целую интересную историю из жизни!

«Разборчивая невеста» (1847), художник Павел Федотов

В первой половине XIX века в русской живописи было создано немало шедевров. Русская живопись как будто готовилась к настоящему «золотому веку», к вершине своего развития.

# Как остановить время: история русской живописи ТЕМА 2

### Запомните термины:

| | |
|---|---|
| художник-маринист | 海景画家 |
| бытовая картина | 生活写实画 |
| реализм | 现实主义 |
| художник-реалист | 现实主义画家 |

### Запомните слова и выражения (работайте со словарем!):

**продолжать (продолжить) традиции** *Отец надеялся, что сын продолжит традицию семьи и тоже станет адвокатом. В своём творчестве этот современный художник продолжает традиции старых мастеров. В современном обществе многие молодые люди не хотят продолжать устаревшие традиции.*

**погибать (погибнуть), гибель** (кого? чего?); от (чего?); во время (чего?)) *Во время Великой Отечественной войны погибло более 27 миллионов человек. Люди погибают не только во время войны, и в наши дни немало людей погибают на дорогах и в результате других несчастных случаев. Не путайте слова "гибель" и "смерть", "погибнуть" и "умереть", умереть можно только от болезни или от старости.*

**восхищение** (кем? чем?) (вызывать восхищение; выражать восхищение) *Я смотрел этот спектакль уже восемь раз, каждый раз он вызывает у меня восхищение. Позвольте мне выразить свое восхищение вашей красотой! Мое восхищение поэзией Пушкина нельзя выразить словами.*

**надежда на** (кого? что?, часто во множественном числе) *У оптимизма всегда большие надежды на прекрасное будущее, а у пессимиста таких надежд нет. У пожилых родителей вся надежда на их детей, которые будут помогать им в старости.*

**предложение** (делать (сделать) предложение; принимать (принять) предложение) *Если молодой человек предлагает девушке стать его женой, то это называется "делать предложение" или "предлагать девушке руку и сердце". Андрей долго не решался сделать Елене предложение, очень переживал, что она его не примет.*

### ■ Обратите внимание!

Когда мы говорим об искусстве, очень часто используем слова «творчество» и «творить».

| Слово: | творчество | творить (сотворить*) |
|---|---|---|
| Значение: | создание, работа художника | создавать что-либо новое |
| Примеры: | В творчестве А.С. Пушкина поднимаются разные темы: тема дружбы, любви, свободы. | Когда художник творит, нельзя ему мешать. |
| | Творчество великих художников начала XVIII века продолжает традиции классиков. | |
| Однокоренные слова | творение, творец, творческий | |

\* В форме совершенного вида глагол используется редко, заменяется глаголом «создать»

### Речевые и творческие задания

1. Сравните два портрета Пушкина, написанных в 1827 году. Первый – портрет Василия Тропинина, а второй – портрет Ореста Кипренского.

**Ответьте на вопросы:**

а) В чем главное отличие портрета Кипренского (справа)?

б) Что вы можете рассказать о внешности великого поэта? Опишите его волосы, глаза, руку.

в) Что вы можете рассказать об одежде великого поэта? Как он одет?

г) На каком портрете Пушкин выглядит более красивым? Почему?

2. Внимательно посмотрите на эту часть картины Карла Брюллова "Последний день Помпеи". В одном из героев Карл Брюллов изобразил самого себя. Попробуйте найти его на картине и объяснить, как вы его нашли.

Как остановить время: история русской живописи **ТЕМА 2**

3. Еще раз внимательно посмотрите на картину Павла Федотова "Разборчивая невеста" (в тексте).

3а) Вот примерный диалог между женихом и невестой. Переведите его на русский язык.

男：你知道你有多美吗？你的眼睛像天上的星星，眉毛像月牙，樱桃般的小嘴，还有迷人的微笑让我觉得世界真的很美好。

女：我哪有你说的这么好。

男：在我眼里你是独一无二的，我爱你，非常爱你。

女：我们认识的时间不长，其实我有很多你不知道的缺点。

男：你的缺点我愿意包容，我想一直保护你。

女：其实你值得遇到更好的人陪在你身边。

男：不，我已经遇到你了。我想和你走完一生，嫁给我吧！

女：谢谢你给我的爱。你是一个好男人，我不想骗你。婚姻是一辈子的事，要找一个适合的人。时间久了，你会发现我们在性格上很多地方是不适合一起生活的，真的抱歉。

3б) Попробуйте сами составить на русском языке диалог между женихом и невестой. В этом диалоге жених говорит девушке о том, какая она красивая и как сильно он хочет на ней жениться, а невеста должна скромно отказываться от его предложений, но так, чтобы не обидеть жениха.

# УРОК 4. Живопись приходит к народу

Вторая половина XIX века в русской культуре – время великих художников и великих шедевров. В это время создают свои бессмертные произведения И.С. Тургенев, Ф.М. Достоевский и Л.Н. Толстой. В это время пишет свои трогательные стихи о тяжелой жизни народа поэт Н.А. Некрасов, работают такие выдающиеся писатели, как А.Н. Островский и М.Е. Салтыков-Щедрин. В это же время родились великие произведения гения русской музыки П.И. Чайковского, прекрасную музыку писали композиторы Мусоргский, Римский-Корсаков и Бородин. Конечно, мастера живописи в такую творческую эпоху не хотели отставать. Репин, Суриков, Васнецов, Перов, Шишкин, Левитан – все эти великие имена, известные во всем мире, тоже относятся ко второй половине XIX века.

Автопортрет Ивана Крамского (1867)

В 1863 году в истории русского искусства произошло удивительное событие: 14 лучших выпускников Петербургской академии художеств, 14 молодых талантливых русских художников отказались сдавать последний экзамен по правилам Академии художеств, они хотели выбрать для своей картины свободную тему. Так в русском искусстве произошла небольшая, но очень важная «революция», одним из лидеров которой стал Иван Крамской, художник, который занимает одно из самых важных мест в истории русского искусства. Все участники этой «революции» были вынуждены уйти из Академии и потеряли государственные стипендии – вот какую **высокую цену** им пришлось **заплатить** за свободу в творчестве. Но они не стали долго расстраиваться и создали первый в России союз художников, который в 1870 году получил название «Товарищество передвижных художественных выставок». Это название нужно подробно объяснить. Все члены Товарищества **имели общие взгляды** на цель искусства. Они мечтали не только о том, чтобы стать богатыми и знаменитыми, но и о том, чтобы их искусство

> Передвижники отказались от сложных античных тем и сюжетов, понятных только для профессоров Академии художеств. Вместо этого они показывали на своих выставках бытовые картины, картины на известные темы русской истории, портреты и пейзажи.

было близко, понятно и доступно народу. Но народ до этого времени мало интересовался живописью (Россия – большая страна, выставки проводились только в Санкт-Петербурге и в Москве), а художники мало интересовались жизнью народа. Члены Товарищества мечтали сделать народ и живопись ближе друг к другу: они собирались ездить по стране и устраивать выставки в разных городах, «передвигать» выставки, чтобы их картины смогли увидеть

«Чаепитие в Мытищах» (1862), художник Василий Перов

как можно больше людей. Поэтому членов Товарищества часто называют *художники-передвижники*. До начала XX века Товарищество организовало сотни выставок в самых разных городах и областях России, и во многих местах художественные выставки вообще проводились впервые. Основателями Товарищества передвижников стали великие русские художники Иван Крамской, Василий Перов, Григорий Мясоедов и Николай Ге.

В «Товарищество» вошли самые разные художники, мастера разных жанров. Были среди них и по-настоящему великие мастера, например, Василий Перов. Про Перова говорили: «Он продолжил дело Павла Федотова». Действительно, Перов был лучшим мастером бытовой картины своего времени. Перов – художник-реалист, в его картинах ярче, чем у других художников, передаётся настоящая правда жизни. Василий Перов не боялся показывать недостатки русского общества. Прекрасным примером является картина «Чаепитие в Мытищах»: за столом толстый православный священник пьёт чай и совсем не обращает внимание на голодных людей, которые пришли попросить немного хлеба. А ведь этот священник каждый день учит тому, что нужно любить людей и помогать им! Художник точно показывает ложь и лицемерие православной церкви. В другой картине «Тройка» Перов изображает трёх детей, с огромным трудом везущих по зимней улице огромную бочку с водой. Тяжёлая жизнь простого народа не может

«Портрет Ф.М. Достоевского» (1872), художник Василий Перов

оставить настоящего художника равнодушным! Кроме того, Перов был прекрасным мастером портрета: сделанные им портреты Тургенева, Достоевского и Толстого знают все, кто хоть немного знаком с русской культурой.

«Неизвестная» (1883), художник Иван Крамской

Такое же разнообразие встречается и в творчестве Ивана Крамского, который писал не только прекрасные портреты, но и бытовые и исторические картины. И в истории русского искусства Крамской остался не только, как прекрасный художник, но и как искусствовед, который объяснял важность нового отношения к искусству, и как один из руководителей «Товарищества передвижников».

Еще один руководитель «Товарищества», Григорий Мясоедов, посвящал свои бытовые картины жизни крестьян. В его знаменитой картине «Косцы» художник находит красоту в крестьянском труде. Описание трудной жизни народа в городе и в деревне выбрали главной темой своего творчества многие художники-передвижники: Василий Максимов, Константин Савицкий, Владимир Маковский. По их картинам можно изучать жизнь российского общества конца XIX века.

«Косцы» (1887), художник Григорий Мясоедов

Прекрасный след в русском искусстве оставили автор исторических картин Николай Ге и автор военных картин Василий Верещагин. В Академии художеств было принято писать торжественные военные картины, показывать военных как героев, а войну – как искусство. Верещагин хотел показать людям другую сторону войны – кровь, смерть, несчастье. Его самая известная картина – «Апофеоз войны» - прекрасно показывает, что ничего красивого в войне нет, что любая война – это горе для людей.

«Апофеоз войны» (1871), художник Василий Верещагин

Как остановить время: история русской живописи **ТЕМА 2**

В конце XIX века **огромных высот достигли** мастера русского пейзажа (картин о природе). Красота русской природы много веков жила в русских песнях и сказках, но почему-то не привлекала *художников-пейзажистов*. В Академии художеств считали, что пейзажист должен писать природу Италии и Франции, а в русской природе ничего особенно красивого нет. Художники-передвижники, которые очень любили свою Родину, были с таким мнением совершенно не согласны. «Отцом» русского пейзажа считают Алексея Саврасова, который прекрасно понимал и передавал в своих картинах простую красоту русской природы. Саврасов не выбирал для своих пейзажей особенно красивых мест: он писал и грязные дороги, и поля, и маленькие деревни. Огромный успех получила его картина «Грачи прилетели», которая до сих пор считается прекрасным примером изображения русской природы. На картине

«Грачи прилетели» (1871), художник Алексей Саврасов

мы видим снег и деревья без листьев, но из тёплых стран уже вернулись в холодную Россию грачи, а значит, скоро придёт весна. Больших успехов в развитии жанра русского пейзажа сыграли Архип Куинджи и Василий Поленов. Поленов и Саврасов преподавали пейзажную живопись в Москве, и один из их учеников – Исаак Левитан – добился мировой славы.

### Запомните термины:

| художник-передвижник | "巡回展览画派"画家（"巡回展览画派"——俄国19世纪下半叶成立的写实画派，常将作品巡回展览。） |
| пейзаж | 风景画 |
| художник-пейзажист | 风景画家 |

### Запомните слова и выражения (работайте со словарём!):

**заплатить высокую** (большую) **цену** (за что?) *За некоторые ошибки приходится заплатить слишком большую цену; таких ошибок лучше не делать. За счастливую жизнь сегодняшнего поколения предыдущие поколения заплатили довольно большую цену: они отдавали свои жизни за свободу и счастье Родины.*

**иметь общие взгляды** (на что?) *Профессор Иванов и профессор Калиниченко имеют общие взгляды на эту проблему, поэтому часто помогают друг другу в своих исследованиях. Лидеры России и Китая имеют общие взгляды на многие вопросы современной политики. Мы с друзьями имеем общие взгляды на жизнь, поэтому мы хорошо понимаем друг друга.*

**достигать (достичь) (больших, огромных) высот** *Без старания и трудолюбия нельзя достичь высот ни в каком деле. Ты всего три года изучаешь русский язык, а для того, чтобы достичь в нём высот, нужно намного больше времени. Писатель Мо Янь достиг огромных высот в современной китайской литературе и стал известен во всём мире.*

### ■ Обратите внимание!

Когда мы говорим о любых мероприятиях (в том числе, о выставках, о концертах, о собраниях и т.д.) глаголы «устраивать», «проводить» и «организовывать» имеют одинаковое значение и могут заменять друг друга.

| Слово: | Устраивать | Организовывать | Проводить |
|---|---|---|---|
| Пример 1 | В нашем университете часто устраивают студенческие вечера | В нашем университете часто организуют студенческие вечера | В нашем университете часто проводят студенческие вечера |
| Пример 2 | Вечер, который устроили вчера, прошёл прекрасно | Вечер, который организовали вчера, прошёл прекрасно | Вечер, который провели вчера, прошёл прекрасно |

У каждого произведения искусства, кроме автора и названия, есть ещё тема, сюжет и идея.

| Слово: | тема | сюжет | идея |
|---|---|---|---|
| Значение: | О чём это произведение искусства? | Что происходит в этом произведении искусства? Что мы видим в этом произведении искусства? | Что автор хочет нам сказать в этом произведении искусства? |
| Например: | Тема картины А. Верещагина «Апофеоз войны» - война. | На картине мы видим пустыню, в центре картины гора человеческих черепов, над которыми кружат вороны. | Идея картины «Апофеоз войны» в том, что война ведёт к полному уничтожению всего и всех; война не оставляет после себя ни победителей, ни побеждённых, ни завоёванных земель, ни трофеев. Она бессмысленна. |

### ■ Речевые и творческие задания

1. Посмотрите на картину Василия Перова «Тройка» и картину Владимира Маковского «Пастушки». Обе эти картины рассказывают о жизни детей во второй половине XIX века. Расскажите, как выглядят дети на этих картинах. Как вы думаете, как они живут, что они делают?

Как остановить время: история русской живописи **ТЕМА 2**

2. Посмотрите на картину Василия Перова «Охотники на привале». Как вы думаете, о чём они говорят? Придумайте и напишите слова разговора между охотниками. В этом разговоре можно использовать эмоциональные слова и выражения русского языка, которые обозначают удивление и восхищение, например, «Да ну!», «Да что ты!», «Вот это да!», «Не может быть!», «Ого!», «Ну ты даёшь!».

3. Еще раз посмотрите на картину Ивана Крамского "Неизвестная" (в тексте). Художник прекрасно изобразил её внешность, но мы ничего не знаем о ней. Придумайте, как зовут эту девушку, сколько ей лет, чем она занимается, кто её родители, какие у неё увлечения и что она делала на улице в тот момент, когда её увидел художник.

# УРОК 5. Лучшие из лучших

Во второй половине XIX века жили и писали свои картины десятки талантливых художников. Среди них, конечно, были и просто хорошие авторы одного-двух шедевров, и по-настоящему великие мастера, которые навсегда остались в русской культуре. Илья Репин, Василий Суриков, Виктор Васнецов, а еще два мастера пейзажа – Иван Шишкин и Исаак Левитан – эти пять имён знают во всём мире, на их картины в Третьяковскую галерею каждый день приходят посмотреть тысячи людей. Об этих самых великих художниках конца XIX века **пойдёт речь** в этом тексте.

«Боярыня Морозова» (1887), художник Василий Суриков

Самый великий автор исторических картин в русской живописи – это, конечно, Василий Суриков. Этот художник родился в 1848 году в Сибири, в бедной семье, прекрасно знал жизнь простого народа. В его исторических картинах главным героем тоже является народ: художник верил, что именно народ – это главный герой русской истории. С 1881 году Василий Суриков начинает работать с передвижниками и создавать свои самые известные исторические картины: «Утро стрелецкой казни» (1881), «Меншиков в Берёзове» (1883) и «Боярыня Морозова». Каждая из этих картин рассказывает что-то о жизни России в XVII и XVIII веках, описывает важные исторические события и передаёт глубокие, часто трагические чувства. На картине «Боярыня Морозова» мы видим

«Переход Суворова через Альпы» (1899), художник Василий Суриков

несчастную женщину, но без знания русской истории мы не можем понять ее горе. Боярыня Морозова жила в XVII веке во время реформы православия. Она была против реформы и за это её сначала заставили уехать из родного дома, а потом убили. На картине видно, что **ничто не может заставить** её отказаться от своей веры. Суриков прекрасно передал силу веры и характера

Морозовой. В другой его известной картине – «Переход Суворова через Альпы» – художник восхищается **не столько** талантливым русским генералом Суворовым (которому Суриков нашёл скромное место на краю картины), **сколько** смелыми русскими солдатами, которые не боятся даже самых высоких гор.

Другого талантливого передвижника, Виктора Васнецова, наверное, можно назвать самым русским из всех русских художников. Он очень многое сделал для того, чтобы выразить в своих картинах особенности русского характера, русской культуры. Судьбы Васнецова и Сурикова во многом похожи: оба они родились в 1848 году, учились в Академии художеств, работали в Москве. Но Сурикова больше интересовала

«Иван-Царевич на Сером Волке» (1892), художник Виктор Васнецов

история России, а Васнецова – душа России. Многие картины этого художника связаны с русскими сказками, как, например, «Алёнушка» (1881) или «Иван-Царевич на Сером Волке». Главный шедевр Васнецова – это картина «Богатыри» (1898), на которой мы видим героев русского народного искусства – народных героев Илью Муромца (самого сильного, в центре), мудрого Добрыню (справа от Ильи) и хитрого Алёшу Поповича.

> Живопись Васнецова, романтическая, сказочная и очень русская, во многом похожа на творчество его великого современника - композитора Николая Римского-Корсакова.

Если Васнецов искал душу России в русских сказках, то другой великий художник-передвижник, пейзажист Иван Шишкин, искал ее в русской природе. Красоту русского поля и богатого урожая показал художник на картине «Рожь» (1878). Но больше всего любил Шишкин писать русский лес. Именно русскому лесу посвящено его самое известное произведение «Утро в сосновом лесу»: утро еще только начинается, а на старой сломанной сосне уже играют весёлые медвежата. На самом

«Утро в сосновом лесу» (1889), художники И. Шишкин и К. Савицкий

деле Иван Шишкин написал «Утро в сосновом лесу» вместе со своим другом Константином Савицким, который написал на картине четырех симпатичных медвежат. Эта картина является одной из самых известных в России, но, **по непонятной причине**, ее часто называют «Три медведя». Шишкин был не только талантливым, но и очень внимательным художником: он так точно и правильно писал разные деревья, как будто много лет изучал русский лес в университете! Шишкин получил такую славу, конечно, не из-за точности, а из-за того, что на его картинах природа имеет свой характер. Так, на картине «На севере диком...»

«На севере диком...» (1891), художник Иван Шишкин

(1891) художник показал одинокую сосну, которая продолжает жить и расти, несмотря на снег и холод.

> Путь Левитана к славе был намного труднее, чем у других русских художников. Левитан был евреем, и, по жестоким законам России XIX века, ему нельзя было получать высшее образование и даже нельзя было жить в Москве. Левитан стал по-настоящему знаменитым только в самом конце своей короткой жизни.

Исаак Левитан стал не менее известным пейзажистом, чем Шишкин, но его пейзажи совершенно другие. За свою короткую жизнь (1860-1900) Левитан создал много прекрасных произведений искусства, в каждом из которых старался передать собственные чувства. В его пейзажах чувствуется не только красота, но и грусть, и мечтательность, и одиночество, и надежда. Творчество Левитана часто называют словами «пейзаж настроения». Среди его знаменитых пейзажей, лучшие из которых он написал в маленьком русском городке Плёс на Волге, – «Вечер на Волге» (1888), «Владимирка» (1892), «У омута» (1892), «Март» (1895), «Золотая осень» (1895). По настроению картины Левитана были очень похожи на произведения великого писателя Антона Павловича Чехова; интересно, что Левитан и Чехов были

«Над вечным покоем» (1894), художник Исаак Левитан

близкими друзьями. Чехова, многие произведения которого выражали те же грустные чувства, что и пейзажи Левитана, даже называли «Левитаном в литературе».

Удивительно красив и интересен пейзаж Левитана «Над вечным покоем» (1894). На эту картину хочется долго смотреть и молчать. Тихий вечер на озере и одинокая церковь на берегу дают нам чувство покоя. Но, с другой стороны, картина выглядит холодно и одиноко. Левитан очень ценил эту картину, считал, что она прекрасно отражает его душу, и писал: «В этой картине весь я».

Илья Ефимович Репин

Самым известным из художников-передвижников и русских художников вообще, без сомнения, является Илья Ефимович Репин (1844-1930). Он достиг огромных успехов и в историческом жанре, и в бытовых картинах, и в жанре портрета. Первая знаменитая картина Репина – «Бурлаки на Волге» – сразу принесла ему мировую славу. Репин ездил на Волгу, наблюдал за тяжелой работой бурлаков (рабочих, которые тянули лодки) и так точно передал свои впечатления на картине, что мы как будто видим живых людей. В 1880-е годы,

«Бурлаки на Волге» (1873), художник Илья Репин

когда был убит император Александр II, Репин написал три картины о революционерах, которые боролись против царя – «Отказ от исповеди», «Арест пропагандиста» и «Не ждали». Репин вообще очень внимательно следил за тем, что происходит в русском обществе. Однако настоящую славу Репину принесли не картины о современности, а исторические картины, из которых самыми известными являются «Иван Грозный и сын его Иван 16 ноября 1581 года» (1885) и «Запорожцы» (1891).

Репин создал немало прекрасных портретов: великого русского врача Николая Пирогова, писателя Льва Толстого, ценителя русской живописи Павла Третьякова. Настоящим шедевром является

Портрет П.М. Третьякова (1892), художник Илья Репин

портрет дочери Репина «Осенний букет» (1892).

Великая эпоха русской живописи, золотое время передвижников – вторая половина XIX века – включает в себя и двух героев, которые не были художниками, но сделали для развития русского искусства не меньше, чем великие Репин, Левитан и Суриков. Большую роль в деле художников-передвижников сыграл критик и искусствовед Владимир Стасов. Стасов много писал о важности реализма в живописи, его статьи повлияли не только на художников-передвижников, но и на советское искусство. Другим великим героем русского искусства стал ценитель искусства Павел Третьяков. Он был очень богатым человеком, но не жалел своих денег на помощь художникам. Он с удовольствием покупал картины Левитана, Репина, Васнецова и других передвижников, собрал у себя дома огромную коллекцию русской живописи. После смерти Третьякова его дом в центре Москвы стал главным музеем русской живописи – мы знаем его под названием «Государственная Третьяковская галерея».

Портрет Л.Н. Толстого (1887), художник Илья Репин

 Запомните слова и выражения (работайте со словарем!):

**В этом тексте** (фильме; книге) **речь идёт о** (ком? чём?)*В романе Л.Н. Толстого «Анна Каренина» речь идёт не только о несчастной любви, но и о том, как трудно было жить в российском обществе XIX века. В фильме «Возвращение домой» Чжан Имоу речь идёт о том, что память человека иногда оказывается сильнее времени. А я думаю, что речь в этом фильме идёт не об этом, а совсем о другом.*

**Ничто** (никто, никакая сила) **не может заставить** (кого?) **сделать** (что?)*Когда Лена спит, никакая сила не может заставить её проснуться. Если Маша решила похудеть, то никто не сможет заставить съесть её хотя бы кусочек торта. У Андрея сильный характер – если он что-то решил, то никакая сила не сможет заставить его отказаться от принятого решения.*

**Не столько…, сколько…** (грамматическая конструкция)*Я не могу сказать, что эта девушка очень красивая, она не столько красивая, сколько симпатичная, но все равно, она мне нравится. Русская грамматика не столько трудная, сколько непривычная для китайских студентов.*

**По непонятной причине** (**по непонятным причинам**)*По непонятным причинам всем очень нравится этот фильм, а мне совсем не понравился. По непонятным*

Как остановить время: история русской живописи

*причинам цены на нефть снова падают, хотя все ждут их повышения. Иван – очень умный и талантливый мальчик, но, по непонятным причинам, он учится очень плохо.*

## Языковые упражнения (по урокам 3-5)

1. Переведите предложения на русский язык, используя конструкцию "не столько…, сколько…"

    1) 伊凡邀请玛利亚看了电影，但与其说是看电影，倒不如说是看她。
    2) 伊戈尔找到了新工作，他很喜欢这份工作。与其说他喜欢工作，不如说他喜欢在办公室玩电脑游戏。
    3) 与其说这本书有益，不如说它有趣。这本书里有益的信息不多，但是我读起它来很开心。
    4) 与其说这个苹果是甜的，不如说它是酸甜的，但我一样爱吃它。

2. Составьте предложения с выражением "вызывать восхищение". В начале предложения используйте подходящее выражение из четырёх: "актёрский талант, литературный талант, музыкальные способности, красота".

    *Пример:* 赵本山 - *Актёрский талант Чжао Бэньшаня вызывает у меня восхищение.*
    杨幂, 周星驰, 周杰伦, 张国荣, 那英, 曹雪芹, 邓紫棋, 姜武, 冰心, 王菲, 葛优, 巩俐, 张爱玲, 路遥, 莫言, 胡歌, 陈坤。

3. Для каждого предложения выберите правильное выражение из предложенных: сделать предложение, принять предложение, отклонить предложение, обсудить предложение, выдвинуть встречное предложение.

    1) К сожалению, это нас совершенно не устраивает. Мы вынуждены _____ ваше _____.
    2) В бизнесе никогда не надо спешить _____, пусть даже самое интересное.
    3) Мы с Виктором встречаемся уже три года, а он всё никак не может _____.
    4) Наше предложение партнёрам не очень понравилось, но и отказываться они не хотят, поэтому они _____
    5) Вчера мы получили письмо с просьбой о сотрудничестве от одной зарубежной компании. Сегодня будет собрание, чтобы _____ их _____.

4. Перефразируйте предложения. Используйте выражение «В этом … (фильме; книге) речь идёт о (ком? чём?)».

    *Пример: Роман «Евгений Онегин» - о судьбе лишнего человека. = В этом романе речь идёт о судьбе лишнего человека.*

1) Роман «Обломов» - о противоречиях русского характера.

2) Роман «Отцы и дети» - о непонимании людей с разными взглядами на жизнь.

3) Роман «Преступление и наказание» - о том, что нужно уметь признавать свои ошибки.

4) Фильм «Служебный роман» - об отношениях сослуживцев.

5) Песня «Подмосковные вечера» - о том, как трудно выразить свои чувства

6) Песня «Катюша» - о том, что нужно беречь свою любовь.

5. Составьте предложения по образцу. Используйте конструкцию «достичь огромных высот (в чём?)»

*Пример: А.С. Пушкин (поэзия) = А.С. Пушкин достиг огромных высот в поэзии.*

Л.Н. Толстой (литература), Н.И. Пирогов (медицина), П.И. Чайковский (музыка), М.В. Ломоносов (и наука, и поэзия), В.И. Ленин (политика), Д.И. Менделеев (химия), М.И. Цветаева (поэзия), Г.С. Уланова (балет), Г.К. Каспаров (шахматы), Е.П. Леонов (актёрское искусство), И.Е. Репин (живопись).

### Речевые и творческие задания

1. Посмотрите на знаменитую картину Виктора Васнецова "Богатыри". Обратите внимание на внешность трёх её героев. Один из них - сын крестьянина, другой - сын князя, третий - сын священника. Можно ли предположить, кто из них кто? Как вы считаете, почему автор

Как остановить время: история русской живописи ТЕМА 2

показал представителей трёх разных классов на одной картине?

2. Прочитайте эти китайские описания трёх знаменитых шедевров русской живописи ("Весна. Большая вода" И. Левитана, "Чёрное море" И. Айвазовского и "На опушке леса" И. Шишкина). Объясните смысл этих описаний по-русски и определите, какое описание соответствует какой картине.

1) 尽管还是茂密的森林、粗壮的树身，却已可以从林边地角找到更多的阳光，出现了更轻松的节奏。绿色展现得不像树本身那样沉重，而是疏朗和恬静的。

2) 这里似乎听不到一点贫困者的呻吟声，尽管远处有两幢小房已经被潮水淹没，可是美丽的春意已让观者获得一种预感：随着 "春潮" 的到来，俄罗斯广大人民的美好未来不久也将来临。

3) 画上没有危难中求生的人，而是一片平静的蓝蓝的浩淼大水，如同智者的胸怀。风暴的日子已经过去，一切变得平淡而悄然。

3. Посмотрите на знаменитую картину И.Е. Репина "Запорожцы пишут письмо турецкому султану" (查波罗什人给土耳其苏丹回信). У этого сюжета

такая история: турецкий султан (土耳其苏丹) захотел начать войну против казаков и написал им письмо с предложением сдаться (投降). Как вы думаете, почему казаки смеются? Что же они пишут султану в ответном письме?

4. Имя Павла Третьякова навсегда вошло в мировую историю: он создал одну из самых знаменитых коллекций живописи в мире. Если бы у вас было много денег, какую коллекцию собрали бы вы? Собирали бы вы предметы искусства, как Третьяков, или что-то другое? Расскажите об этом.

5. Третьяковская галерея – один из самых знаменитых музеев в мире, каждый день туда приходят тысячи туристов. Не все туристы остаются довольны посещением Третьяковской галереи! Почитайте эти отзывы китайских туристов и напишите директору музея письмо, в котором предложите, как можно решить все эти проблемы.
    1) 特列季亚科夫美术馆里面没有餐厅，里面也不是很大，有中文解说设备，我也没有待很长时间，只是照了很多照片回来慢慢欣赏而已。
    2) 参观的游客太多了，我们排队等了一个多小时才能进去参观。
    3) 这个美术馆馆藏品里珍品很多，尤其是19世纪的画，对于学习美术的人来说这里就是圣地，展厅也很多，不过一般游客还只是看个热闹吧。
    4) 对于一般游客来说，很难在短短的时间里充分感受、领悟到这些名画的真谛。

# Как остановить время: история русской живописи ТЕМА 2

## УРОК 6. Живопись ищет себя

У великого художника XIX века Виктора Васнецова есть картина «Витязь на распутье»: герой стоит у трёх дорог и **выбирает свой путь**. Проблема выбора одной из многих дорог часто встречается в русских сказках, что и дало Васнецову тему для этого шедевра. Но такая же проблема может появиться и в жизни любого человека, и не только человека. В самом конце XIX века русское искусство тоже стояло перед несколькими дорогами и не знало, **какую дорогу выбрать**. Одни художники считали, что великие традиции Перова, Сурикова, Репина и других передвижников нужно сохранять и продолжать, а значит, русская живопись должна выбрать путь реализма. Другие художники считали, что реализм — это неправильный путь, что в настоящей жизни нет ничего красивого,

«Девочка с персиками» (1887), художник Валентин Серов

что нужно искать новое, по-настоящему красивое содержание для своих работ. Третьи художники говорили, что содержание для картины вообще может быть любым, самое главное — найти интересную современную форму.

После прекрасной эпохи реализма в русской живописи, после «золотого века» художников-передвижников, началась эпоха поиска, сомнений, экспериментов. Продолжалась она примерно до 1920-х годов и закончилась в начале эпохи СССР.

Портрет И.И. Левитана (1893), художник Валентин Серов

К сожалению, большинство художников считало, что традиции Федотова и Перова в начале XX века уже не могут быть современными, что в искусстве нужно что-то менять. К счастью, **этого мнения придерживались не все**. Замечательный русский художник, прекрасный мастер портрета, Валентин Серов, ученик великого Репина, продолжал традиции русского реализма и в начале XX века. Валентин Серов получил огромную славу уже в очень молодом возрасте за свой знаменитый портрет «Девочка с персиками». На этой картине он старался не

43

> Серова часто называют «последним классиком русской живописи», и в этом его можно сравнить с писателем Иваном Буниным, который тоже не хотел делать свои стихи более современными, поэтому его тоже называли «последним классиком русской поэзии».

сделать очень точный портрет 12-летней девочки Веры, а передать, как он сам говорил, «впечатление свежести, которое часто бывает в жизни, но редко бывает на картине». Серов создал еще десятки прекрасных портретов, в том числе портреты Николая II и его родственников, художников, артистов и других великих людей своего времени.

Многие художники в конце XIX века начинали своё творчество как реалисты, но потом уходили от реализма и пытались найти новое содержание для своих картин. Такой сложный творческий путь был у прекрасных русских художников Михаила Нестерова и Николая Рериха. Оба они начинали творчество как прекрасные художники-реалисты, но потом

Художники «Мира искусства» (1920), художник Борис Кустодиев

очень увлеклись православием и, в конце концов, стали писать картины только на православные темы. Они пытались найти в православии покой в неспокойное время войн и революций в начале XX века, и этот путь стал одним из многих путей русской живописи в ту эпоху.

Другой путь выбрали художники Санкт-Петербурга (самыми известными из них были Александр Бенуа и Константин Сомов). Они тоже были недовольны жизнью современного им общества. Бедность, тяжелая жизнь крестьян, бесполезная жизнь богатых людей – всё это им не нравилось. «Реальная жизнь не может быть красивой, а настоящее искусство обязательно должно быть красивым!» - считали они, - «Главным в искусстве должна быть не правда жизни, а само искусство». В 1898 году они создали группу «Мир искусства», членов которой называли «мирискусники». «Мирискусники» ругали передвижников

Один из многих пейзажей Петергофа художника Александра Бенуа

и сами писали красивых девушек, императорские дворцы, французские пейзажи. Их творчество было сладким и приятным, а главное – очень модным среди образованных молодых людей начала XX века. «Мир искусства» существовал до 1924 года, за это время в его работе приняли участие многие великие художники XX века, например, Николай Рерих, Михаил Врубель, Борис Кустодиев и Кузьма Петров-Водкин. И всё-

«Демон (сидящий)» (1890), художник Михаил Врубель

таки «Мир искусства» не стал таким же важным явлением в русском искусстве, каким было «Товарищество передвижных художественных выставок».

Свой собственный путь выбрал в искусстве самый романтический русский художник начала XX века Михаил Врубель. Он достиг огромных успехов и в портрете, и в других жанрах живописи, всё время пытался изучать новые жанры, писал даже иконы. В своём творчестве Михаил Врубель всегда был слишком сложным художником, чтобы о нём можно было просто сказать: «Врубель – реалист» или «Врубель – *символист*». Лучше всего о нём сказать: Врубель – это Врубель. Его картины всегда очень легко узнать. Можно сказать, что Врубель

«Царевна-Лебедь» (1900), художник Михаил Врубель

– это Лермонтов в живописи. В каждой его картине есть и сильные чувства, и романтика, и чувство одиночества. Кстати, Михаил Врубель стал знаменит именно благодаря своим картинам к поэме М.Ю. Лермонтова «Демон». Творческая жизнь художника была короткой. В конце жизни он создал несколько картин на сказочные темы, из которых особенно прекрасна «Царевна-Лебедь» (из сказки Пушкина). Но главная особенность творчества Врубеля – это то, что великий художник

«Царь Николай II» (1915), художник Борис Кустодиев

постоянно **искал себя**. Он искал себя, как искала себя вся русская живопись начала XX века.

Свой собственный путь в искусстве нашёл и другой талантливый художник начала XX века – Борис Кустодиев. Форма его картин очень сильно отличается от формы картин Врубеля, можно сказать, что она даже противоположна ей. В живописи Врубеля всегда очень мало цветов, большинство цветов – тёмные, неяркие, все предметы имеют не очень понятную форму, настроение всегда грустное. В живописи Кустодиева, наоборот, цвета очень яркие, формы – чёткие, а настроение жизнерадостное и оптимистичное. В его портрете Николая II царь имеет такое милое лицо, что похож на симпатичную детскую игрушку. Художник имел замечательное чувство юмора, его картины часто заставляют нас улыбаться. Например, настоящих русских красавиц он писал очень полными, как, например, на картине «Купчиха за чаем». Преувеличение – это особенность творчества Бориса Кустодиева, которую мы находим и в его более поздних работах («Большевик», 1920).

«Купчиха за чаем» (1918), художник Борис Кустодиев

Кузьма Петров-Водкин, как Врубель и Кустодиев, нашёл в искусстве свой стиль. В его картинах много символов, загадок. Самая знаменитая его картина – «Купание красного коня» - это картина не про мальчика и его коня. Никто не знает, о чём эта картина и почему конь такой красный.

«Купание красного коня» (1912), художник Кузьма Петров-Водкин

Врубель, Кустодиев и Петров-Водкин – очень разные художники, но все они – *художники-модернисты*. *Модернизм* (от слова modern – современный) пришёл из Европы как новая мода в искусства. Его смысл: поменьше реализма, поменьше точности, искусство должно быть сложным и необычным. Некоторые художники слишком увлекались модернизмом,

«Супрематическая композиция» (1916), художник Казимир Малевич

в результате их картины стали совершенно непонятными. Но, тем не менее, эти художники получили большую славу в России и в мире. Самым известным из таких модернистов стал Казимир Малевич. Самая знаменитая картина этого художника – «Чёрный квадрат» (1915) – изображает чёрный квадрат на белом фоне. Другая его знаменитая картина «Супрематическая композиция» недавно была продана одному любителю живописи за 60 миллионов долларов! Такие высокие цены на картины Малевича так же трудно объяснить, как и смысл самих картин Малевича. Другим знаменитым русским художником-модернистом стал Василий Кандинский. Картины этих художников показывают нам, как трудно иногда найти правильный путь в живописи!

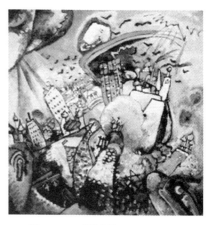

«Москва» (1916), художник Василий Кандинский

### Запомните термины:

| | |
|---|---|
| мирискусник | "艺术世界"艺术家（"艺术世界"———19世纪末、20世纪初俄国的文艺社团） |
| художник-символист | 象征主义画家 |
| модернизм | 现代主义 |
| художник-модернист | 现代主义画家 |

### Запомните слова и выражения (работайте со словарём!):

**Выбирать (искать) свой путь** (свою дорогу; путь <чего?>) = искать себя) *Каждый человек в молодости ищет себя, это непростое, но счастливое время. До того, как найти свой настоящий путь в жизни, я попробовал много разных профессий, жил в разных странах. Если твоя работа приносит тебе радость, значит, не надо больше искать себя, ты уже нашёл свой путь в жизни.*

**Придерживаться** (этого, другого, противоположного) **мнения** (придерживаться того мнения, что…) *Пока мы обсуждали эту тему, Юрий сидел в углу и ничего не говорил, мы так и не узнали, какого мнения он придерживается. Я придерживаюсь того мнения, что деньги – это не главное в жизни. Ван Юэ считает, что русский язык ужасно трудный, но его преподаватель придерживается другого мнения.*

**Быть противоположным** (чему?) *Моё мнение не просто отличается от твоего, он прямо противоположно ему. Взгляды Достоевского на литературу были* *противоположны взглядам Толстого. В математике знак «минус» противоположен знаку «плюс».*

### ▌ Обратите внимание!

Каждый автор ищет для своего произведения интересное содержание, подходящую форму и пытается создать свой стиль.

| Слово: | форма | содержание | стиль |
|---|---|---|---|
| Значение: | внешнее проявление; внешний вид произведения | внутренние черты произведения; тема, сюжет и идеи | признаки творчества именно этого автора; то, что отличает его работы от работ других авторов |
| Например: | По форме картины мирискусников всегда были очень красивы. | Н. Рерих начинал своё творческий путь как художник-реалист, но позже нашёл новое содержание для своих картин – православные темы. | Стиль М. Врубеля очень сильно отличается от стиля Б. Кустодиева. |

### ▌ Речевые и творческие задания

1. Русский художник Борис Кустодиев знаменит тем, что создал образ «кустодиевской красавицы». Посмотрите на его картины:

Расскажите, какие женщины нравились художнику? Согласны ли вы с тем, что эти женщины – настоящие красавицы? Какой, по вашему мнению, должна быть настоящая красавица?

2. Художник из Санкт-Петербурга Александр Бенуа так любил Петергоф, что написал множество пейзажей этого красивого места. В вашем родном городе (или в вашем университете) тоже много красивых мест. Какие из них вы считаете самыми красивыми? Расскажите об их красоте.

Как остановить время: история русской живописи **ТЕМА 2**

3. Живопись Казимира Малевича и Василия Кандинского всегда вызывала много споров! Посмотрите ещё раз на картину К. Малевича «Супрематическая композиция» (в тексте).

   3а. Прочитайте следующий диалог и попробуйте перевести его на русский язык:

   小王：咦，这是什么，画吗？
   小李：是的，而且是幅经典之作，百年难遇的好作品啊！
   小王：哈哈哈，开什么玩笑，不就是一些方块组合到了一起，涂上了颜色，要我看连画都算不上。
   小李：这你就不懂了，这叫抽象艺术。
   小王：我看是你抽疯。
   小李：难道你没看见左上角有位美人，右上角是圆月，左下角是一片草原，还有那儿，那是一片海。
   小王：你怎么了，要不我带你去医院看看。
   小李：唉，和你聊这幅画真是对牛弹琴。
   小王：你才是奇怪，哪有什么月亮、草原、海啊，你出现幻觉了吗？
   小李：算了，真正的艺术总是孤独的，你不懂。

   3б. А что вы сами думаете об этом произведении искусства? Что вы видите на этой картине? Нравится ли вам такое искусство? Считаете ли вы, что настоящее искусство должно быть понятным для всех? А, может быть, только для специалистов?

4. Картина Кузьмы Петрова-Водкина «Купание красного коня» (1912) – одна из самых великих загадок русской культуры. Посмотрите на эту картину еще раз (в тексте) и попробуйте ответить на следующие вопросы:

   а) Почему конь на картине красного цвета? Что, как вы думаете, это значит?
   б) Почему художник изобразил коня не в поле, а именно в реке?
   в) Почему эта картина стала такой знаменитой?

## УРОК 7. Советская живопись

После эпохи разнообразия и поиска начала XX века в истории русской живописи начинается совершенно новый период. В советское время уже в 1920-30-е годы появляется новое отношение к современному искусству. Это отношение состоит из трех простых правил: 1) оно должно показывать современную жизнь советского общества; 2) оно должно быть понятным любому советскому человеку; 3) оно должно быть полезным для общества. Эти три правила **касались** всех видов советского искусства – от живописи до

«Петроградская мадонна» (1919), художник Кузьма Петров-Водкин

балета. Этим простым правилам следовали все советские художники, которые подарили миру немало замечательных шедевров живописи.

В советское время было так много талантливых художников, что очень трудно определить, кто из них был лучшим из лучших. В рассказе о советской живописи мы будем обращать больше внимание не на личности отдельных художников, а на особенности содержания всей советской живописи в целом.

Эпоха советского искусства началась не сразу после 1917 года. Довольно долгое время в русском искусстве продолжалась эпоха поисков, ошибок и экспериментов, а основным видом живописи оставался модернизм. *Советский реализм* (его также часто называют «*социалистический реализм*», потому что советское общество было социалистическим) занимал главное место в искусстве постепенно. В первые годы советской истории главными героями в живописи оставались лучшие художники начала XX века – Петров-Водкин и Кустодиев. В их искусстве появляются новые темы – тема революции, изменения жизни, рождения нового мира. Уже в 1920-е годы появляются прекрасные примеры по-настоящему нового, советского

«В.И. Ленин на фоне Смольного» (1925), художник Исаак Бродский

«Трубачи Первой Конной» (1934), художник Митрофан Греков

искусства. Художник Исаак Бродский, ученик Репина, посвятил своё творчество изображению создателя советского государства – Владимира Ильича Ленина.

Это была очень сложная задача! Ведь Ленин был очень скромным человеком и не любил славы. Бродский создал не только несколько портретов Ленина, но и несколько прекрасных картин на тему «Ленин и народ». Другой талантливый советский художник 1920-х годов Митрофан Греков посвятил своё творчество теме Гражданской войны. На своих картинах он с большим восхищением изображает героев Красной Армии, которые встали на защиту молодого советского государства.

Революция и Гражданская война, конечно, заняли важное место в ранней советской живописи, но к концу 1920-х годов главной темой стало строительство нового общества. Картина Бориса Иогансона «Вузовцы» (это слово значит «студенты») показаны молодые члены нового советского общества, **сегодняшние рабочие**, которые по вечерам посещают лекции в вузе.

«Вузовцы» (1928), художник Борис Иогансон

Может быть, они не слишком модно одеты, но это их совершенно не интересует – они с огромным увлечением читают книгу и думают о будущем. Сразу видно, что это уверенные в себе, самостоятельные люди, у которых впереди – прекрасная счастливая жизнь.

В спокойные довоенные годы тема нового общества в советской живописи становится главной. Знаменитой стала картина Юрия Пименова «Новая Москва». Как отличаются эти широкие улицы с автомобилями от спокойных пейзажей старой Москвы

«Новая Москва» (1937), художник Юрий Пименов

Поленова и других художников XIX века! Конечно, главное изменение – это не автомобили, а атмосфера радости и уверенности в завтрашнем дне. Мы не знаем, куда едет эта девушка и не видим её лица, но мы уверены, что новая красивая Москва ей тоже очень нравится.

Такая же тема стала главной в 1930-е годы в творчестве одного из самых талантливых советских художников – Александра Дайнеки. На его картине «Будущие лётчики» передаётся чувство мечты, надежды на прекрасное будущее,

«Будущие лётчики» (1938), художник Александр Дейнека

**атмосфера радости и оптимизма**, которую мы можем найти в любом советском произведении искусства 1930-х годов.

«Мать партизана» (1943), художник Сергей Герасимов

В 1941 году началась Великая Отечественная война – самая страшная трагедия в истории России. Живопись военного времени очень реалистична, её содержание **имеет две стороны** – героическую и трагическую. **С одной стороны**, художники показывают героизм советского народа в борьбе с врагами, силу его характера. Прекрасным примером этой темы является картина Сергея Герасимова «Мать партизана»: немолодая женщина смело стоит перед врагами и не боится смерти. Еще одним примером такого искусства является знаменитая картина Александра Дейнеки «Оборона Севастополя» (1942). **С другой стороны**, советские художники показывают трагедию советского народа, его страшные страдания. Примером такой темы можно назвать картину Дементия Шмаринова «Мать», которую он сделал только чёрным цветом, чтобы передать горе несчастной женщины. Похожие чувства передаёт замечательный шедевр художника Аркадия Пластова «Фашист пролетел» (1942).

Во время войны живопись выходит из музеев и приходит на улицы. Большое значение приобретает *плакат*. Плакаты Великой Отечественной войны призывали советских людей бороться с врагами и верить в победу. Символом этого вида искусства стал плакат художника Ираклия Тоидзе «Родина-мать зовёт!» (1942). Образ матери, которая зовёт своих детей защищать Родину, прост

«Мать» (1942), художник Дементий Шмаринов

и понятен каждому человеку, он никого не может оставить равнодушным. Больших успехов в жанре плаката добился коллектив советских художников Кукрыниксы (этот коллектив состоял из трех художников - Куприянова, Крылова и Николая Соколова). Плакаты играли важную роль в советском искусстве и после войны, например, было немало плакатов о советско-китайской дружбе.

Тема Великой Отечественной войны навсегда осталась одной из

центральных тем советской живописи. Однако в послевоенные годы главной темой стала тема мирного труда после войны. Людям хотелось побыстрее забыть ужасы войны и переживать **светлые**, хорошие **чувства**, например, чувство радости от труда. На картине Татьяны Яблонской «Хлеб» мы видим счастливых женщин, собравших богатый урожай. Они не оставят этот хлеб себе, отдадут его государству, но они счастливы от того, что их труд очень полезен для всего общества.

«Хлеб» (1949), художник Татьяна Яблонская

Вообще в послевоенные годы основным жанром стали бытовые картины, которые показывают различные сцены из жизни. Большим мастером этого жанра стал советский художник Фёдор Решетников. Его картина «Опять двойка» стала одним из самых узнаваемых шедевров советской живописи в мире. На картине показана сцена из жизни: ленивый школьник вернулся домой с плохой оценкой, но никто не рад его видеть, кроме любимой собаки.

«Опять двойка» (1951), художник Фёдор Решетников

Советская живопись была очень современной, всегда была связана с самыми последними событиями. После войны по всей стране шло строительство: росли новые дома, улицы и города. Художник Юрий Пименов, автор картины «Новая Москва», в 1962 году написал еще одну знаменитую картину «Свадьба на завтрашней улице». Молодая пара идёт по улице, которой ещё нет, но она обязательно будет построена. Будущее этой пары, как и будущее этого завтрашнего города, по мнению художника, прекрасно. С такими же светлыми чувствами советские художники писали картины и о покорении космоса, и о мире во всём мире, и о счастливой

«Свадьба на завтрашней улице» (1962), художник Юрий Пименов

жизни детей. Советские художники взяли лучшие традиции русской живописи и продолжили путь художников-передвижников. Смогут ли современные российские художники продолжать этот путь? Или они выберут для российской живописи XXI века новый путь? Пока у нас нет ответов на эти вопросы, на них ответят будущие поколения любителей искусства.

**Запомните термины:**

| (советский) социалистический реализм | (苏联时期的) 社会主义现实主义 |
| плакат | 宣传画 |

**Запомните слова и выражения (работайте со словарем!):**

**Касаться (коснуться)** (чего?) *Новые телефоны такие удобные, не нужны кнопки, можно просто касаться пальцем экрана. То, о чём я говорю, касается всех, это важно для каждого. В статье журналист коснулся сразу двух важных сторон российско-китайских отношений.*

**Атмосфера** (чего?) (атмосфера радости и оптимизма; уверенности в завтрашнем дне) *Я с радостью вспоминаю свою студенческую жизнь: каждый день проходил в атмосфере праздника. В первые годы КНР страна жила трудно, но это была жизнь в атмосфере надежды на светлое будущее. Встреча между лидерами двух стран прошла в атмосфере дружбы и взаимопонимания.*

**Иметь две стороны** (хорошую и плохую; тёмную и светлую; радостную и безрадостную; героическую и трагическую) *Героя этого фильма трудно назвать положительным или отрицательным, его характер имеет две стороны. В серьёзных занятиях спортом есть две стороны: это полезно для здоровья, но и отнимает немало времени.*

**С одной стороны, … с другой стороны…** *Я много думал об этой работе: с одной стороны, я всегда мечтал быть переводчиком, но, с другой стороны, я пока не готов много лет работать за границей. С одной стороны, русский язык не такой популярный, как английский, но, с другой стороны, русский язык открывает двери в мир великой русской культуры.*

**Светлые** (чувства, впечатления, воспоминания; светлая память, светлая голова, светлый человек) *С этим городом у меня связаны самые светлые воспоминания. Николай Иванович – самая светлая голова нашего университета, все очень уважают его за огромные знания. Мне больше нравятся старые фильмы, потому что они передают светлые чувства: любовь, надежду, веру в победу. Антонина – это по-настоящему добрый, отзывчивый, светлый человек, всегда помогает всем, кому нужна помощь.*

### Обратите внимание!

Слова «эпоха», «период» и «время» очень близки по значению в смысле «отрезок времени». Самым универсальным (можно использовать в любой ситуации) является слово «время».

| Комментарий | эпоха | период | время |
|---|---|---|---|
| В большинстве случаев все три слова можно использовать одинаково | В советскую эпоху, в эпоху политики реформ и открытости, в эпоху НЭПа | В советский период, в период политики реформ и открытости, в период НЭПа | В советское время, во время политики реформ и открытости, во время НЭПа |
| С именами лидеров нельзя использовать слово «период» | В эпоху Петра = в петровскую эпоху | Нет варианта | Во время Петра = в петровское время |
| С небольшими отрезками времени нельзя использовать слово «эпоха» | Нет варианта | В период Великой Отечественной войны | Во время Великой Отечественной войны |

## Языковые упражнения (по урокам 6-7)

1. Составьте подходящие ответные предложения, используйте следующие варианты:

   я придерживаюсь такого же мнения; я придерживаюсь несколько иного мнения; я придерживаюсь совершенно другого мнения

   1) Мне не о чем с вами спорить, _____.

   2) _____, но в целом я согласен с вами.

   3) С этими словами я никак согласиться не могу, _____.

   4) Вы сказали именно то, что я хотел сказать, _____.

   5) _____, и моё мнение противоположно вашему.

2. Закончите предложения с конструкциями «с одной стороны …, с другой стороны…»

   1) _____, но, с другой стороны, это для меня слишком дорого.

   2) С одной стороны, в России очень холодный климат, _____.

   3) _____, с другой стороны, я боюсь, что она обидится.

   4) С одной стороны, профессия учителя очень трудная и требует терпения, _____.

   5) _____, но, с другой стороны, это не так уж и страшно.

   6) С одной стороны, Интернет – это наш большой друг, но, _____.

3. Переведите предложения на русский язык. Используйте слово «касаться».

   1) 不要装出一副这事跟你没关系的样子。
   2) 当遇到有关健康的事时，要非常认真地对待。
   3) 小说的主题是爱情，但是作者也提及了其他重要的问题。
   4) 至于我，对于这个问题没有确切的看法。
   5) 总统在讲话中提到了有关中俄关系的问题。

4. Из предложенные словосочетаний со словом «светлый» выберите правильные. Переведите правильные словосочетания на китайский язык!

   Светлые волосы, светлая еда, светлые чувства, светлое занятие, светлые воспоминания, светлый текст, светлая голова, светлая ночь, светлый студент, светлая комната, светлый человек.

### Речевые и творческие задания

1. Китайская живопись 1950-1960-х годов имеет очень много общего с советской живописью. Посмотрите на два шедевра китайского

реализма 1950-х годов: картину «Церемония провозглашения нового государства» (Дун Сивэнь, 1953) и «Лю Хулань» (Фэн Фасы, 1957).

О каких событиях в истории Китая рассказывают эти картины? Расскажите о героях и событиях на этих картинах по-русски. Были ли в истории России похожие события и герои?

2. Посмотрите на этот плакат и расскажите, что на нём изображено. Попробуйте рассказать, о чём говорят эти дети в поезде «Москва – Пекин».

## Как остановить время: история русской живописи ТЕМА 2

3. Посмотрите на эти произведения советских художников:

Что общего в этих картинах? Какие мысли и чувства хотели выразить в них авторы? Считаете ли вы эти картины по-настоящему красивыми? Как вы считаете, почему в советское время было так много произведений искусства на эту тему?

4. Картина Фёдора Решетникова «Опять двойка» - одно из самых знаменитых произведений советской живописи. Посмотрите на эту картину ещё раз (в тексте) и попробуйте рассказать о том...

   а) О чём думает мальчик, который получил двойку
   б) О чём думает его старшая сестра-отличница
   в) О чём думает его грустная мама
   г) О чём думает его младший брат
   д) О чём думает его любимая собака

# Тема 3

# Камень, дерево и металл: история русской скульптуры и архитектуры

Человек с древних времён заставил дерево, камень и металл служить себе – строил из них дома, делал разные предметы и инструменты. Неудивительно, что человек очень давно научился использовать эти материалы для создания произведений искусства. Камень или кусок дерева в руках художника становятся как будто живыми, из них можно создать любое красивое изображение. Так родился новый вид искусства – скульптура. Ещё очень давно, в Древней Греции, мастера скульптуры – скульпторы – создали бессмертные шедевры искусства, которые продолжают нас восхищать и сегодня. И в наши дни скульптура занимает в жизни людей важное место. Мы встречаем произведения скульпторов и в огромных памятниках великих людей, которые украшают площади (помните знаменитый памятник Петру I в Санкт-Петербурге?), и в музеях, и в парках, и даже на наших письменных столах, на которые вполне можно поставить маленькую скульптуру – статуэтку.

Классическая древнегреческая скульптура

Ещё чаще мы встречаемся с другим видом искусства из «живого камня» - с архитектурой. Архитектура – это искусство строительства красивых зданий.

> Примеры шедевров современной архитектуры – это стадион «Птичье гнездо» и Национальный центр исполнительских искусств в Пекине. Их авторы – знаменитые современные архитекторы из Швейцарии и Франции.

Так появились прекрасные дворцы, храмы и площади, которые дошли до наших дней (например, Храм Неба в Пекине – это прекрасное архитектурное произведение). Современная архитектура – это очень сложный и современный вид искусства, в котором шедевры создаются и в наши дни, при этом шедевром может быть любое полезное и важное для людей место, например, стадион или аэропорт.

Шанхайская башня – шедевр современной архитектуры

# Камень, дерево и металл: история русской скульптуры и архитектуры ТЕМА 3

Архитектура – прекрасный пример объединения искусства и жизни, объединения красивого и полезного. Можно построить красивый дом и жить в нём, а можно сделать красивыйстол и обедать за ним. Такое искусство называется «прикладным», значит, его можно «прикладывать», то есть использовать для чего-то полезного. Прикладное искусство, как скульптура и архитектура, тоже заняло свое важное место в истории русского искусства.

## УРОК 1. Что такое зодчество?

Многие из вас знают слово «отчество», но, наверное, никто не знает слово «зодчество». Эти слова похожи, но совсем не связаны друг с другом. Зодчество – это синоним слова «*архитектура*». Но два одинаковых слова не могут жить в языке, поэтому зодчеством мы обычно называем старинную русскую архитектуру (обычно, до эпохи Петра Первого). А мастеров русского зодчества мы называем словом «*зодчие*». Современных *архитекторов* этим словом называть не надо, они не поймут вас: «Какие мы зодчие! Мы же не древние мастера!»

Православный храм в городе Ярославль (XVII век) – шедевр русского зодчества

Первые памятники русского зодчества – это русские православные храмы в Киеве. Но история русского зодчества начинается еще раньше. Из древних книг мы можем узнать, что еще в IX-X веках русские зодчие уже достигли больших успехов. Вообще, русские мастера очень любили строить из дерева, и строили для богатых людей большие и красивые деревянные дома, которые называют старым русским словом «*терем*» (в русском языке это слово уже не используется, но вы встретите это слово в названии китайского романа «Сон в Красном тереме»). Однако для православных храмов дерево – **не самый подходящий** материал. Искусству строить православные храмы, как и искусству писать иконы, русские

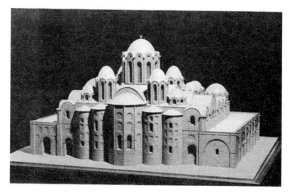

Софийский собор в Киеве. Модель (XI век)

научились в Византии, а там обычно строили из камня. Каменный собор не боится огня, войны и времени, он может стоять много веков. Это напоминает людям, что их жизнь – короткая, а бог живёт вечно.

Церковь Покрова на Нерли (1165 год)

Софийский собор в Киеве был построен в 1037 году, скоро мы будем отмечать 1000-летний юбилей этого прекрасного памятника древнерусского зодчества. В 1050 году авторы этого шедевра построили еще один храм – Софийский собор в Новгороде. Эти храмы создавались по византийским правилам. Сверху на этих храмах - маленькие башни с круглыми крышами – *куполами*. Эти башни похожи на маленькие головы, поэтому раньше их так и называли – «главы». У Софийского собора в Киеве 13 куполов – значит, это 13-главый собор. Новгородский Софийский собор меньше и скромнее – у него всего пять куполов. Купола соборов **украшали** золотом, чтобы они красиво выглядели на солнце. Вообще, в Древней Руси храмы были самыми красивыми местами – в них было много предметов из золота, внутри храмов на стенах и куполах были красивые картины - фрески. Даже в доме у князя было не так красиво и богато, как в Софийском соборе в Киеве!

В XII веке центром русского зодчества становится город Владимир. Шедевры владимирской архитектуры – огромные

Золотые ворота во Владимире (XII век)

Золотые ворота и шестиглавый Успенский собор – до сих пор являются знаменитыми достопримечательностями России и привлекают тысячи туристов со всего мира. Но архитектурный шедевр не обязательно должен быть огромным: недалеко от Владимира в 1165 году была построена небольшой, но очень красивый одноглавый храм – Церковь Покрова на Нерли.

В XIII веке на Русь приходят враги – монголо-татары и развитие архитектуры останавливается. В XIV-XV веках главным городом Руси постепенно становится Москва. Для защиты от врагов в XIV веке строятся каменные стены Кремля. Но главный город должен быть и самым красивым! И в Кремле в конце XV – начале XVI века появились прекрасные соборы –

Успенский, Благовещенский и Архангельский. Благовещенский собор строили русские мастера, а остальные – итальянские зодчие, лучшие в то время специалисты по архитектуре в Европе. Москва, по мнению русских правителей, должна быть особенно красивой, потому что это **мировая столица** православия.

Успенский собор Московского Кремля (XV век), архитектор А. Фиорованти

Русские зодчие, однако, были не хуже итальянских. В 1561 году на Красной площади появился прекрасный Храм Василия Блаженного – один из главных символов современной России. Его построили русские мастера Барма и Постник (некоторые учёные считают, что это один человек). Новый храм понравился не только Ивану Грозному, но и многочисленным иностранным гостям Москвы. Храм Василия Блаженного совершенно не похож на огромные и тяжёлые древние соборы Владимира и Москвы, он больше похож на красивый деревянный терем из русской сказки. Можно сказать, что именно в этом храме русская архитектура получила своё настоящее лицо.

 Запомните термины:

| | |
|---|---|
| зодчество | (古代的)建筑艺术, 建筑学 |
| зодчий | (古代的)建筑师 |
| архитектура | (现代的) 建筑艺术,建筑学 |
| архитектор | (现代的) 建筑师 |
| терем | (古罗斯)木制阁楼 |
| купол | 圆屋顶 |

 Запомните слова и выражения (работайте со словарем!):

**Не самый подходящий** (чаще всего в выражениях «не самое подходящее время» и «не самый подходящий момент») *Сейчас не самый подходящий момент беспокоить нашего декана, он очень занят, приходите завтра. Зима – не самое подходящее время для путешествия по Сибири, лучше приехать туда осенью. Бокс – это не самый подходящий вид спорта для девушек.*

**Украшать (украсить) (что?) (чем?)** *В России на Новый год есть традиция украшать ёлку игрушками, фонариками и конфетами. Перед выпускным вечером*

*студенты украсили аудиторию своими фотографиями. Мама испекла вкусный торт, а я украсил его надписью «С днём рождения!»*

**Мировая столица** (чего?) *Париж – это мировая столица моды. Нью-Йорк, в котором находятся самые крупные банки мира, часто называют «мировой столицей денег». Москва – это мировая столица православия.*

### ■ Обратите внимание!

Слово «памятник» имеет два значения.

| Значение | (1) Сооружение в память или в честь какого-то человека или события | (2) Предмет из прошлого, который стал частью культуры страны и народа |
|---|---|---|
| Пример | · Памятник Пушкину находится в Москве на Пушкинской площади.<br>· Памятник Петру Первому – символ Санкт-Петербурга. | · «Слово о полку Игореве» - памятник древнерусской литературы.<br>· Первый памятники русского зодчества – это православные храмы в Киеве. |
| Употребление | Памятник (кому?)<br>Памятник (в честь чего? посвящённый чему?) | Памятник (чего?) литературы, архитектуры, письменности |

### ■ Речевые и творческие задания

1. Есть ли в вашем родном городе древние здания (до начала эпохи Цин)? Есть ли старинные здания (XVII – начало XX века)? Как выглядят эти здания? Когда они были построены? Что сейчас в этих зданиях?

2. Сравните два самых знаменитых храма России и Китая – Храм Неба (天坛) в Пекине и Храм Василия Блаженного в Москве.

   2а) Сравните их по следующей таблице (всю информацию можно найти в Интернете):

|  | Храм Неба | Храм Василия Блаженного |
|---|---|---|
| Время создания |  |  |
| Место расположения |  |  |
| В эпоху какого правителя |  |  |
| Имя зодчего | Не сохранилось |  |
| Форма |  | 11 куполов, два этажа |
| Строительный материал |  | Камень |
| Почему построен |  | В честь взятия Казани |

   2б) Храм Неба в Пекине имеет необычную для европейской архитектуры форму: в нижней части храм – квадратный, а в верхней – круглый. Представьте, что вы – экскурсовод, который рассказывает российским туристам о Храме Неба.

Камень, дерево и металл: история русской скульптуры и архитектуры **ТЕМА 3**

Объясните им простыми словами, почему Храм Неба имеет такую форму и что значат китайские слова 天圆地方

3. Шедевры архитектуры – это прекрасно, но простые люди во все времена жили в простых домах. Сравните традиционные русские дома двух видов:

3а) Как вы считаете, какой из этих домов – «изба» – был распространён в северных русских областях, а какой – «хата» - в южных? Почему вы так считаете?

3б) «Сыхэюань» (四合院) – это форма традиционного китайского дома. Расскажите о том, чем отличается этот вид традиционной архитектуры.

4. Дерево и камень во все времена были друзьями человека – человек строил из них дома. При этом человек ещё в древние времена оценил прочность этих материалов. В китайском языке слова 木 и 石 часто встречаются в устойчивых выражениях (成语). Постарайтесь объяснить эти выражения на русском языке (не нужно искать похожие русские выражения!): 木心石腹, 人非木石, 触石决木, 浮石沈木。

# УРОК 2. Два лица русской архитектуры

**Новая страница** истории русской архитектуры **начинается** в XVIII веке, в эпоху Петра Великого, который хотел видеть в русских городах европейские здания, поэтому пригласил из Италии и других стран иностранных специалистов. Так красивое русское слово «зодчий» в это время заменяют иностранным словом «архитектор». Пока Пётр Первый ведёт войны и побеждает врагов России, в русской архитектуре тоже происходят две победы: европейский стиль одержал победу над русским, а обычная архитектура одержала победу над православной. Первые европейские здания в России (с них, например, с Петропавловского собора, начинался Санкт-Петербург) не имеют никаких русских особенностей – они полностью европейские и повторяют архитектуру немецких и голландских городов. Такую «нерусскую»

Памятник Доменико Трезини в Санкт-Петербурге

архитектуру первой половины XVIII века, тем не менее, в истории искусства принято называть «*русским барокко*». «Отцом» русского барокко можно считать главного архитектора

> Франческо Растрелли был итальянцем по национальности, но он родился и вырос в России, прекрасно владел русским языком и даже носил русское имя Варфоломей.

Санкт-Петербурга, итальянского мастера Доменико Трезини. Золотое время для русского барокко – это эпоха императрицы Елизаветы Петровны (1740-1760-е годы), когда в Санкт-Петербурге работает другой великий архитектор - Франческо Растрелли. Растрелли был любимым архитектором Елизаветы Петровны, он построил для нее несколько дворцов, один из которых стал главным памятником русского барокко – это Зимний дворец на берегу Невы. В этом огромном

Зимний дворец (южная сторона) (1762), архитектор Франческо Растрелли

прекрасном дворце было 1500 комнат (Растрелли любил строить большие здания, другой его шедевр – Большой дворец в Петергофе имеет 30 больших залов). Зимний дворец так нравился всем российским императорам, что оставался их основным

Казанский собор в Санкт-Петербурге (1811), архитектор Андрей Воронихин

домом в Санкт-Петербурге до 1904 года. Сейчас Зимний дворец стал частью самого большого музея России – Эрмитажа, каждый год его посещают более 2 миллионов туристов со всего мира.

Екатерина Вторая очень внимательно **следила за** европейской **модой**, считала русское барокко не очень современным, поэтому Растрелли остался без работы. Его место заняли другие архитекторы, которые продолжали делать Санкт-Петербург всё красивее. Европейская архитектура продолжала побеждать русскую. Это хорошо видно, если посмотреть на прекрасное здание Казанского собора в Санкт-Петербурге. Как непохож он на старые соборы Москвы, в нём даже трудно узнать православный храм. Европейская архитектура в начале XIX века пришла и в Москву. После

Триумфальная арка в Москве (1834), архитектор Осип Бове

Отечественной войны 1812 года в Москве сгорело много зданий, городу был нужны новые, более современные шедевры архитектуры. Большую роль в архитектурном **обновлении** Москвы сыграл Осип Бове (как и Растрелли, Бове был итальянцем, привыкшим к жизни в России). Этот великий архитектор подарил нам Большой театр и прекрасную Триумфальную арку – памятник в честь победы в Отечественной войне 1812 года.

В середине XIX века русские архитекторы поняли, что их работы почти совсем не

Большой Кремлёвский дворец (1849), архитектор Константин Тон

отличаются от работ европейских архитекторов. В моду снова вошёл русский стиль архитектуры. В это время в Москве талантливый архитектор Константин Тон создаёт Большой Кремлёвский дворец. До сих пор в нём проводит официальные церемонии и принимает иностранных гостей президент России. Мода на русский стиль продолжалась до начала XX века. В этом стиле на Красной площади были построены еще два архитектурных шедевра – здание ГУМа (1893, архитектор Александр Померанцев) и здание Государственного исторического музея (1881, архитекторы Владимир Шервуд и Александр Попов). Интересно, что почти все архитектурные шедевры XIX века в русском стиле строились в Москве. Северному европейскому Санкт-Петербургу такие здания не очень подходили, но и в Северной столице есть один шедевр этого стиля. В 1907 году в самом центре Санкт-Петербурга на месте убийства императора Александра II был построен Храм Спаса-на-Крови, который очень похож на знаменитый Храм Василия Блаженного в Москве.

Храм Спаса-на-Крови в Санкт-Петербурге (1907), архитектор Альфред Парланд

Как мы видим, в истории русской архитектуры постоянно идёт соперничество русской и европейской традиции. Это **соперничество** закончилось в начале XX века, когда началась совершенно новая страница истории России – советская история.

### Запомните термины:

русское барокко            俄罗斯的巴洛克式建筑

### Запомните слова и выражения (работайте со словарем!):

**Новая страница** (новый этап, новая эпоха, новая эра) (чего?) **начинается** (когда?) *В 1949 году с образованием КНР начинается новая славная страница истории Китая. Новый этап развития русской литературы в конце XIX века начался с творчества Максима Горького. Новая эра для человечества началась в те годы, когда в нашу жизнь вошёл Интернет.*

**Следить за модой** *Любая девушка должна стараться следить за модой. Следить за модой можно не только в одежде, но и в искусстве, например, можно следить за*

# Камень, дерево и металл: история русской скульптуры и архитектуры ТЕМА 3

*литературной модой. Я не слежу за модой в современной музыке, кто сейчас самый популярный певец?*

**Обновление** (чего?) *Принесут ли выборы президента обновление жизни в стране? Я решила начать обновление своего гардероба с покупки нового платья. Для этого приложения (应用) для телефона вышло обновление, нужно поскорее его установить.*

**Соперничество** (в чём?) (за что?) (синоним = конкуренция) *Иван и Игорь любят Марину, между ними идёт соперничество за её сердце. Соперничество между двумя футбольными командами за звание чемпиона в конце года становится всё острее. Китай выступает за экономическое сотрудничество, а не за экономическое соперничество.*

### ■ Обратите внимание!

Когда мы говорим об архитектуре, мы используем слова «стиль» и «традиция». Они имеют похожее значение.

| стиль | традиция* |
|---|---|
| европейский стиль (в архитектуре) русский стиль (в архитектуре) | европейская традиция (в архитектуре) русская традиция (в архитектуре) |
| строить в европейском стиле строить в русском стиле | строить в европейской традиции строить в русской традиции |
| шедевр архитектуры в европейском стиле шедевр архитектуры в русском стиле | - - - - - - |

\* Слово «традиция» в этом значении используется в единственном числе.

### ■ Речевые и творческие задания

1. В Зимнем дворце 1500 комнат. Конечно, среди них были и обычные комнаты – столовая, спальня, библиотека. Но были и необычные, например, комната для любимой кошки, комната для кофе, комната для вышивания (绣房) и комната для разговоров о политике (на другие темы в этой комнате не говорили!).

   **Какие ещё комнаты могли быть в Зимнем дворце? Предложите свои варианты. Используйте такую модель:** В Зимнем дворце была комната, в которой можно (что делать?) или В Зимнем дворце была комната для (чего?)

2. Обратите внимание на это здание. В этом старинном здании XIX века под Москвой раньше жил один из членов семьи императора, а сейчас живёт президент России В.В. Путин.

Если бы вы были президентом, в каком доме жили бы вы? В каком месте нужно построить этот дом? Как должен выглядеть этот дом? Какие комнаты вы хотели бы иметь?

## УРОК 3. *Советская архитектура*

Советская история – это история огромного строительства по всей стране. В 1920-е годы страна **только и делает, что строит**: появляются не только новые дома и улицы, но и целые новые города. В такое время профессия архитектора становится особенно уважаемой. Многие молодые люди в те годы так и говорили: «Я мечтаю стать архитектором, мечтаю строить новые города!». По всей стране появились новые широкие проспекты, красивые площади с фонтанами, парки и стадионы, новые школы и театры. Архитектура была не просто искусством, она должна была **служить** людям.

Мавзолей В.И. Ленина (1930), архитектор Алексей Щусев

В 1930 году был создан один из самых знаменитых шедевров советской архитектуры – Мавзолей В.И. Ленина на Красной площади. Его автором стал архитектор Алексей Щусев. *Мавзолеем* называют красивое здание, в котором сохраняется тело великого человека (на площади Тяньаньмэнь в Пекине находится Мавзолей Мао Цзэдуна, тоже шедевр архитектуры). Мавзолей

Ленина не очень большой, он выглядит довольно просто. В советскую эпоху на Мавзолее выступали лидеры страны (так же, как сейчас это делают китайские лидеры на площади Тяньаньмэнь). Алексей Щусев создал еще немало архитектурных шедевров, в том числе, несколько очень красивых станций московского метро.

Лидеры СССР считали, что для жителей страны нужно строить не только много, но и красиво. В 1935 году в Москве открылись первые станции московского метро. Эти станции выглядят очень красиво, их большие залы, похожие на залы театров, привлекают не меньше туристов, чем знаменитая Красная площадь. Работа архитекторов **с новой силой началась**

Министерство иностранных дел (1953), архитектор Владимир Гельфрейх

после Великой Отечественной войны, когда многие советские города нужно было построить заново. После войны архитекторы создавали огромные, торжественные, величественные здания, символы новых успехов советской страны. Множество шедевров архитектуры было построено в Минске, Киеве, Волгограде и других советских городах, переживших тяжёлую войну. Ещё более красивой стала Москва. В 1950-е её украсили новые прекрасные здания Московского государственного университета (1953), Министерства иностранных дел (1953), несколько гостиниц и жилых домов — всего семь похожих зданий, которые получили название «*сталинские высотки*» (они

Главное здание ВДНХ (1954), архитектор Георгий Щуко

были высокими и их начали строить в эпоху Сталина). Новой достопримечательностью столицы стала выставка ВДНХ с широкими площадями и знаменитым фонтаном «Дружба народов СССР» (1954, архитектор Константин Топуридзе). В центре Москвы появилось величественное здание Библиотеки СССР имени Ленина (1958, архитекторы Георгий Щуко, Владимир Гельфрейх и другие). Огромное здание (сейчас оно принадлежит Российской государственной библиотеке) украшено прекрасными скульптурами великих учёных и писателей. Это прекрасное здание тоже можно считать храмом — храмом книги, знания, человеческого ума.

В конце 1950-х годов лидером СССР стал Никита Хрущёв, у которого была своя точка зрения на развитие архитектуры. Он считал, что самое главное - построить как можно больше дешёвого жилья, чтобы каждая семья могла получить новую квартиру. Все «хрущёвки» строились одинаково, это было удобно: не нужно было тратить время на работу архитектора. Во всех советских городах быстро выросли целые районы простых пятиэтажных домов. Эти дома, которые получили названия «*хрущёвки*», уже не найти

Стандартный жилой дом – «хрущёвка»

в Москве, но в небольших городах России это самый распространённый вид жилого дома (несмотря на то, что они были построены более 50-60-лет назад). Но это не значит, что архитекторы совсем **остались без работы**. В 1967 году появился один из символов современной Москвы – Останкинская телебашня (самая высокая в Европе!), ее автором стал Николай Никитин. В 1979 году на берегу Москвы-реки появился Белый дом (сейчас в нём работает Правительство РФ), архитектор Дмитрий Чечулин.

В 1960-1970-е годы в СССР возникла новая важная задача – создать в городах такие места, которые навсегда сохранят память о героях Великой Отечественной войны, – *мемориалы*. Мемориалы были построены в большинстве городов СССР, во многих городах (Москве, Санкт-Петербурге, Севастополе, Волгограде) они являются важными достопримечательностями. Как правило, это большие парки с площадями и широкими аллеями. В строительстве мемориалов архитекторам помогали скульпторы,

Мемориальный комплекс «Мамаев курган» в Волгограде (1967), группа архитекторов

которые создавали мемориальные скульптуры (о них вы узнаете в следующем параграфе).

Большинство зданий в большинстве городов России являются примерами советской архитектуры. В крупных городах, особенно в Москве, эти дома быстро исчезают. Их место занимают новые здания в европейском стиле. Поэтому внешний вид крупных городов России и внешний вид небольших

Камень, дерево и металл: история русской скульптуры и архитектуры **ТЕМА 3**

городов, которые выглядят ещё по-старому, сильно отличается. Пройдёт еще немало лет, прежде чем современные российские архитекторы создадут для российских городов новый прекрасный облик.

### Запомните термины:

| мавзолей | 陵墓 |
| сталинская высотка | 斯大林式建筑 |
| хрущёвка | 赫鲁晓夫楼(5层小户型简易住宅楼) |
| мемориал | 纪念性建筑 |

### Запомните слова и выражения (работайте со словарем!):

(Кто?) **только и делает, что…**(грамматическая конструкция)*Когда я приезжаю домой на каникулы, я только и делаю, что ем и сплю. Андрей только и делает, что играет в компьютерные игры, даже не успевает пообедать. По телевизору только и делают, что показывают рекламу.*

**Служить (послужить)** (кому? чему?)*Руководители страны, конечно, очень важные люди, но всё-таки они служат народу этой страны. Этот компьютер уже не новый, но он отлично служил мне пять лет и еще два-три года послужит. В русском языке слово «спасибо» служит для того, чтобы выражать благодарность в любой ситуации.*

**Начинать (начать)** (что?) **с новой силой** (с новыми силами)*Ветер стих, но через несколько минут снова начал дуть с новой силой. Давайте отдохнём 15 минут, чтобы потом начать работу с новыми силами. Студенты возвращаются домой после каникул, чтобы с новыми силами продолжить изучение русского языка.*

**Оставаться (остаться) без работы** *Д.А. Медведев в 2010 году сказал китайским студентам: «Со знанием русского языка вы никогда не останетесь без работы». В 1990-е годы многие хорошие специалисты в России остались без работы из-за экономических трудностей. Этого актёра перестали приглашать сниматься в фильмах, он на много лет остался без работы.*

### ■ Обратите внимание!

Когда мы говорим об архитектурных сооружениях - о зданиях, площадях, проспектах, мы можем использовать слово «выглядеть».

| выглядеть… | | | |
|---|---|---|---|
| просто | торжественно | по-старому | прекрасно |
| обычно | величественно | современно | ужасно |

# Языковые упражнения (по урокам 1-3)

1. Переведите предложения на русский язык, используйте конструкцию (Кто?) только и делает, что...
   1) 谢尔盖就只会和同学们抬杠，这样可不行！
   2) 如果你们只会背课文，就永远也学不会外语。
   3) 不应该认为，作家不吃不睡，就只是写书。
   4) 当我看国外的新闻时，总是会有那种其他国家的人们什么都不干，就只是互相打杀的感觉。

2. Постройте предложения со словами «мировая столица». Переведите эти предложения на китайский язык.

   *Пример: Париж (мода) = Париж – это мировая столица моды.*

   Вена (классическая музыка), Милан (опера), Рио-де-Жанейро (футбол), Лос-Анджелес (кино), Гуанчжоу (чай), Лондон (банки), Мюнхен (пиво), Тула (самовары), Лас-Вегас (казино), Токио (компьютерные игры), Шанхай (торговля), Брюссель (шоколад).

3. Измените эти предложения, используйте выражение «не самый подходящий»

   *Пример: Лёгкая куртка не очень подходит для зимы в Сибири. = Лёгкая куртка – не самая подходящая одежда для зимы в Сибири.*

   1) Современная музыка плохо подходит для романтических свиданий
   2) Русский язык не подходит для общения с американцами
   3) Пиво не очень хорошо сочетается с торжественным вечером
   4) Хоккей плохо развивается в южных странах.
   5) В понедельник, по мнению русских, нельзя делать серьёзные дела.
   6) В России утром неудобно ходить за покупками.
   7) Интернет не очень подходит для знакомства с девушками.

4. Постройте предложения с глаголом «украшать» по примеру. Переведите эти предложения на китайский язык.

   *Пример: Красная площадь (центр Москвы) = Красная площадь украшает центр Москвы.*

   Эйфелева башня (Париж), Мавзолей Мао Цзэдуна (площадь Тяньаньмэнь), Казанский собор (Санкт-Петербург), Статуя свободы (Нью-Йорк), Колизей (центр Рима), Здание парламент (центр Лондона), Версальский дворец (пригород Парижа), «Медный всадник» (Сенатская площадь в Санкт-Петербурге), Оперный театр (набережная Сиднея), сад Юйюань (Шанхай).

# Камень, дерево и металл: история русской скульптуры и архитектуры ТЕМА 3

5. Поставьте слова в скобках в нужной грамматической форме, если нужно, добавляйте предлоги.

   *Пример: Компьютер служит (человек) (решение) разных задач = Компьютер служит человеку для решения разных задач.*

   1) Интернет служит (люди) (поиск информации)
   2) Английский язык служит (население Земли) (международный язык)
   3) Это лекарство служит (лечение головной боли).
   4) Электронный словарь служит (студент) (перевод) незнакомых слов.
   5) Водка служит (русские) не только (напиток), но и (лекарство) от простуды.
   6) Музыка служит (мы) (поднятие) настроения.

■ **Речевые и творческие задания**

1. Главное здание МГУ на Воробьёвых горах – целый студенческий город. В нём 32 этажа! Вот описание некоторых его этажей:

   На 8 этаже находится факультет геологии

   На 9 этаже находится кабинет ректора МГУ

   На 10 этаже находится кабинет Студенческого союза (学生会)

   На 12, 13 и 14 этажах находится факультет математики

   На 17 и 18 этажах находится факультет географии

   На 28 этаже находится Музей МГУ

   А что находится на разных этажах (или в разных корпусах) вашего университета? Расскажите об этом по этому образцу.

2. Российская государственная библиотека – не только шедевр архитектуры, но и символ уважения жителей России к книгам, к знаниям, к науке.

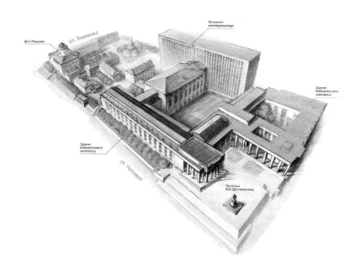

На здании РГБ расположены фигуры великих учёных и писателей. Вот их имена на китайском языке: 阿基米德, 哥白尼, 罗蒙诺索夫, 牛顿, 达尔文, 普希金, 果戈理. Найдите в словаре их русские имена и расскажите, почему они украшают здание главной библиотеки России (то есть, почему они считаются великими).

Например: Николай Васильевич Гоголь – великий русский писатель, автор поэмы «Мёртвые души».

3. Посмотрите на эти картинки. Это примеры современной архитектуры. Хотели бы вы жить в таких домах? Считаете ли вы, что эти дома красивые?

4. Дом – это важное слово в любой культуре. Объясните своими словами смысл этих китайских выражений со словом 楼 (не нужно искать похожие выражения в русском языке!): 琼楼玉宇, 空中楼阁, 人去楼空, 山雨欲来风满楼.

## УРОК 4. «Младшая сестра» живописи

*Скульптура* в русском искусстве всегда была «младшей сестрой» живописи. Мы говорим так не потому, что русские скульпторы не такие талантливые или старательные, как художники. Но художники почему-то всегда известнее *скульпторов*. Имена великих Айвазовского, Репина,

> Почему так известен Церетели? О нём очень часто говорят по телевизору и пишут в газетах, и, к сожалению, обычно ругают его. Церетели - замечательный скульптор, но его работы отличаются огромными размерами. Не всем критикам нравится такое творчество.

Левитана известны всему миру, а из великих русских скульпторов с трудом вспоминают, да и то не всегда, только современного скульптора Зураба Церетели. Вообще, судьба шедевров скульптуры и их авторов часто бывает совершенно разной. Всему миру известен символ Санкт-Петербурга – скульптура «Медный всадник», но ее автор, французский скульптор

> Почему православие было против этого вида искусства? Дело в том, что до 988 года русские мастера прекрасно делали из дерева фигуры древних славянских богов, которые были похожи на людей. Православная церковь хотела, чтобы русские поскорее забыли древних богов, поэтому и запретила делать скульптуры.

Этьен Фальконе, известен далеко не всем. Памятник А.С. Пушкину в Москве прекрасен, под ним уже более ста лет назначают свидания влюблённые столицы, но имя его автора – Александра Опекушина – хорошо знают, как правило, только специалисты. Вот такая **несправедливость**!

В истории русской скульптуры тоже было всё не очень справедливо. Долгое время русским скульпторам нельзя было изображать людей – этого не разрешали правила православия. Изображать можно было только образы православия, например, святых. До эпохи Петра Первого скульптура, как и живопись, была только православной и почти только деревянной. К сожалению, большинство старинных деревянных скульптур до нашего времени просто не дошли.

Скульптура из дерева «Святой Георгий» (1464), автор неизвестен

**Судьба** скульптуры совершенно изменилась в эпоху Петра Первого, когда скульптура стала одним из самых модных и нужных видов искусства. Петру Первому очень нравилась европейская традиция строить «монументы» в память о разных исторических событиях. Пётр Первый взял эту традицию в Россию, а вместе с ней взял и красивое слово «*монумент*» (это слово значит «скульптура в память о каком-то событии или человеке»; в русском языке у него появился синоним, слово «памятник»). Монумент, конечно, нельзя было строить из дерева, ведь память должна храниться вечно, поэтому главными материалами для скульпторов стали камень и

Скульптура «Пётр Первый» (1729), скульптор Карло Растрелли

Скульптура «Самсон» (1801), скульптор Михаил Козловский

металл. В начале XVIII века Россия победила в Северной войне. Символом этой победы стал прекрасный монумент «Самсон», который сейчас находится в центре Большого фонтана в Петергофе. Автором этого монумента стал русский скульптор Михаил Козловский. Но Козловский сделал своего «Самсона» уже в XIX веке. А в петровские времена в России самыми известными скульпторами были мастера–итальянцы. Большую славу получил мастер скульптурного портрета Карло Растрелли (вы уже знаете его великого сына – архитектора Франческо Растрелли). Карло Растрелли делал прекрасные портреты из камня великих людей своего времени, но предпочитал делать их не в полный рост, а только до груди – такая скульптура называется «*бюст*» (по-французски «бюст» значит «грудь»). В XVIII веке каждый богатый человек хотел украсить фигурами людей свой парк или кабинет, поэтому у скульпторов было очень много работы. Но самую большую славу скульпторам приносили, конечно, монументы. Автором самого знаменитого русского монумента XVIII века – памятника Петру Первому, известному как «Медный всадник» – стал французский мастер Этьен Фальконе. Екатерина Вторая, которая очень уважала первого русского императора, не могла **доверить** такую важную **работу** русскому мастеру, у которых пока еще **не хватало опыта**. Но они быстро учились, например, в работе над «Медным всадником» французу Фальконе помогал русский скульптор Фёдор Гордеев. Большую роль в подготовке российских мастеров скульптуры сыграла Петербургская Академия художеств. Как и художников, студентов-скульпторов Академии отправляли на учёбу в Италию и Францию.

В начале XIX века, после Отечественной войны 1812 года, в России начался настоящий расцвет монументов. Самыми известными скульпторами стали Михаил Козловский (вы уже знаете о его работе в Петергофе), Борис Орловский (автор памятников героям

Памятник Минину и Пожарскому (1818), скульптор Иван Мартос

Отечественной войны 1812 года у Казанского собора) и Иван Мартос (автор знаменитого памятника Минину и Пожарскому на Красной площади). Все скульптуры этих мастеров очень похожи на античные скульптуры, они очень торжественны и величественны, но такое искусство нельзя считать реализмом. Однако наступали новые времена, в которых от скульптора требовалась не только красота, но и связь с жизнью.

Фигура Рюрика на монументе «Тысячелетие России» (1862), скульптор Михаил Микешин

Во второй половине XIX века, как вы уже знаете, русская живопись, как и литература, и музыка, развивались особенно быстро и успешно. К сожалению, этого нельзя сказать о скульптуре. Никаких особенных успехов в этом жанре искусства не было, но несколько замечательных шедевров всё-таки было создано. Главными героями этого времени можно назвать петербургского скульптора Петра Клодта (его скульптуры украшают Аничков мост в Санкт-Петербурге), Михаила Микешина и Александра Опекушина. Микешин в 1862 году стал автором огромного исторического монумента «Тысячелетие России». Монумент стоит в Новгороде, потому что именно в этом древнем русском городе в 862 году появилось первое русское государство. На монументе автор разместил 128 фигур (цари, генералы, учёные, писатели), которые сыграли важную роль в истории России от Рюрика до Николая Первого. «Тысячелетие России» - удивительный монумент, который чем-то похож на учебник русской истории.

Памятник А.С. Пушкину в Москве (1880), скульптор Александр Опекушин

Александр Опекушин прославился как автор замечательного памятника своему тёзке – Александру Пушкину, который в наши дни украшает Пушкинскую площадь в Москве. Это настоящий шедевр реалистической скульптуры. В ней нет чувства величественности, как, например, в памятнике Минину и Пожарскому, но фигура Пушкина из металла выглядит очень лёгкой и живой, кажется, что поэт вот-вот сделает шаг и пойдёт гулять по Москве. В конце XIX века таких памятников было еще очень мало, но скоро в истории русской скульптуры началась совершенно новая эпоха.

**Запомните термины:**

| | |
|---|---|
| скульптура | 雕塑，雕塑艺术 |
| скульптор | 雕刻家（雕塑家） |
| монумент | 纪念碑 |
| бюст | 半身雕像 |

**Запомните слова и выражения (работайте со словарём!):**

**Несправедливость**(часто в выражениях «вот такая несправедливость», «почему такая несправедливость»)*Все девушки в нашей группе уже нашли свою настоящую любовь, а я ещё нет, почему такая несправедливость? Иван Андреевич много лет ждал повышения по работе, но вместо него повысили родственника директора, вот такая несправедливость. Когда у богатых есть всё, а у бедных нет ничего, как можно терпеть такую несправедливость?*

**Судьба** (кого? чего?)(трагическая, горькая, трудная судьба, а также в выражениях «верить в судьбу», «Не судьба» и «Это судьба!») *Судьба Максима Горького была по-настоящему горькой и трудной. Пушкин верил, что у каждого человека есть своя судьба, свою веру в судьбу великий писатель отразил в повести «Пиковая дама». Вот уже несколько лет Илья не виделся с родителями, и в этом году опять не судьба, слишком много работы. О своей встрече с Анной Фёдор всегда говорит так: «Это судьба! Судьба сделала мне замечательный подарок»*

(Кому) **не хватает опыта в** (чём?)*Преподаватель говорит, что нам пока ещё не хватает опыта в общении на русском языке, но со временем этот опыт придёт. Это большая и известная компания, она не принимает выпускников, у которых пока не хватает опыта в работе.*

**Доверить** (что?) (кому?) (работу, задание)*Это слишком серьезное задание, я не могу его никому доверить и буду делать его сам. У президента слишком много дел, сам он не успевает всё сделать, поэтому кое-какую работу он доверяет своим помощникам. Родители с детства должны доверять маленьким детям простую работу по дому.*

**Обратите внимание!**

Читая тексты, вы уже заметили, что «герои» есть не только в фильмах и литературных произведениях, а «символы» не всегда связаны с каким-то праздником или традицией.

Камень, дерево и металл: история русской скульптуры и архитектуры **ТЕМА 3**

| Слово | **Героем** может быть… | **Символом** может быть… |
|---|---|---|
| Значение | выдающаяся личность своего времени; фигура | произведение искусства, которое занимает важное место в культуре страны |
| Пример | Главные герои-скульпторы второй половины XIX века – Пётр Клодт, Михаил Микешин и Александр Опекушин. | Монумент «Самсон», который является частью Большого фонтана в Петергофе, был создан как символ победы в Северной войне |

■ **Речевые и творческие задания**

1. Памятник Минину и Пожарскому в Москве – один из символов столицы. Памятник Петру Первому в Санкт-Петербурге – тоже символ города. А какие памятники есть в вашем городе? Есть ли среди них известные? В какой части города они находятся? Бываете ли вы около этих памятников?

2. Памятник «Тысячелетие России» включает в себя фигуры 128 великих людей в истории страны с 862 по 1862 годы. Вот несколько имён этих великих людей:

Кирилл и Мефодий, Владимир Святой, Ярослав Мудрый, Нестор-летописец, Пётр I, Александр Невский, Ермак, Дмитрий Пожарский, Иван Сусанин, Александр Суворов, Михаил Ломоносов, Михаил Глинка, Карл Брюллов.

2а) Кто эти люди? Чем они знамениты?

Пример: *Пётр I – первый русский император, основатель Санкт-Петербурга.*

2б) Если бы вы жили в 1862 году и были скульптором памятника «Великий Китай», каких великих людей Китая (до 1862 года!) вы бы изобразили?

3. Памятник Пушкину на Пушкинской площади в Москве (скульптор А. Опекушин) – это не только шедевр русской скульптуры. Этот памятник – любимое место для свиданий. Сотни молодых людей и девушек столицы назначают свидания «у Пушкина».

3а) Прочитайте этот диалог и переведите его на русский язык:

男：喂，亲爱的，最近新上映的《Sherlock》特别火，我带你去看电影吧！
女：上周末看电影，前天看电影，今天又要看电影，一点儿都不浪漫。要不我们去普希金广场转转吧，就在普希金雕像那里。
男：人那么多，去那儿有什么意思啊。那我们去咖啡店，喝杯咖啡，静静享受我们俩人的下午时光。
女：我还是想去看普希金雕像。
男：对了，你前一阵不是想去夜店吗？我今天带你去吧。
女：不想去了，太吵闹。我现在特别想安静地在普希金广场转转。

男: 亲爱的,你怎么这么固执呢!和我约会还是和普希金约会,你自己选!
女: 真是莫名其妙,不知道你在说什么。
男: 你这是故意气我。
女: 好了,别聊了,我要去普希金广场和普希金约会了,再见。

3б) Где вы предпочитаете назначать свидания? Какое место для свиданий, как вы считаете, подходит лучше всего?

## УРОК 5. Как живые

Советское время пришло со своими героями, которым, соответственно, нужны были свои памятники. Ещё в самом начале советской истории, в 1918 году, Ленин решил, что нужно убрать памятники царям и императорам, а вместо них поставить памятники революционерам и великим людям – учёным, художникам и писателям. У скульпторов опять появилось много работы. Нужно было украсить скульптурами новые площади и парки в городах. Больше всего было построено памятников Ленину и другим лидерам советского государства, но эти памятники не должны быть похожи на торжественные монументы прошлого времени. Советский скульптор обязательно должен был быть скульптором-реалистом.

Самыми известными советскими скульпторами довоенного времени были Иван Шадр и Вера Мухина. Скульптура Ивана Шадра «Булыжник – оружие пролетариата» показывает смелого рабочего-революционера, который поднимает с земли тяжёлый камень, чтобы **бороться за свою свободу**. Этот образ рассказывает нам историю русской революции 1905-1907 годов, выражает восхищение силой характера первых русских революционеров.

Вера Мухина показала, что женщина тоже может быть прекрасным скульптором и создавать огромные **многометровые** памятники. Самая известная работа Веры Мухиной – монумент «Рабочий и колхозница» (1937) - стала символом советской культуры. На монументе держатся за руки мужчина-рабочий с молотом в руке (молот – это символ труда рабочих), и женщина-крестьянка с серпом в руке (серп – это символ крестьянского труда). Обе фигуры как будто движутся вперёд. Так Вера Мухина в одном монументе

«Булыжник – оружие пролетариата» (1927), скульптор Иван Шадр

смогла объяснить, что такое советское общество – это общество рабочих и крестьян, которые своими успехами в труде идут в прекрасное будущее. Монумент сейчас находится **на территории** ВДНХ и остаётся одной из достопримечательностей Москвы. Вера Мухина стала автором

> Скульптура «Рабочий и колхозница» с 1947 года стала символом крупнейшей в СССР московской киностудии «Мосфильм» - она появляется во всех самых знаменитых советских фильмах. Интересно, что символом второй крупнейшей в СССР ленинградской студии «Ленфильм» стал самый известный монумент Петербурга – «Медный всадник».

ещё нескольких прекрасных монументов, в том числе знаменитого памятника композитору Чайковскому в центре Москвы. Больших успехов достигли советские скульпторы в работе по украшению станций московского метро (ими руководил советский скульптор Николай Томский).

«Рабочий и колхозница» Веры Мухиной на фоне Московского Кремля – символ киностудии «Мосфильм»

В военное и послевоенное время в творчество скульпторов входит тема войны. Нужно было в монументах показать и великих героев войны, и страдание народа. В эту эпоху в СССР начинает работать великий скульптор Евгений Вучетич (1908-1974), шедевры которого являются одними из лучших монументов во всём мире за всю историю XX века. В мае 1945 года, когда советская армия с победой закончила Великую Отечественную войну в Берлине, появилась идея создать в этом городе большой мемориальный комплекс с огромным монументом. Эту работу поручили Евгению Вучетичу, который был не только известным скульптором, но и участником войны.

Скульптор в 1949 году закончил свой шедевр– 12-метровый монумент «Воин-освободитель». Монумент изображает советского воина, который в одной руке держит большой меч и этим мечом разбивает символ фашизма. В другой руке советский воин держит маленькую немецкую девочку, которую он **спас от смерти**. В этом монументе Вучетич показал, что советский воин не просто победил фашизм, но и освободил от

«Воин-освободитель» в Берлине (1949), скульптор Евгений Вучетич

него народы Европы, спас от него будущие поколения людей.

> Высота монумента – 85 метров, это в семь раз выше «Воина-освободителя» и почти в два раза выше знаменитой Статуи Свободы в США, это одна из самых высоких статуй мира!

Но свой главный шедевр Евгений Вучетич создал позже. С 1959 по 1967 год он руководил большой группой советских архитекторов и скульпторов, которые создавали мемориальный комплекс «Мамаев курган» в Волгограде. Мемориал строили в живописном месте на невысокой горе у берега Волги и создали в нём сразу несколько прекрасных монументов. Главным из них является скульптура Вучетича «Родина-мать» – фигура женщины, которая держит в руках меч и зовёт своих детей – всех советских людей – на борьбу с врагами. Родина-мать известный образ русской культуры (вы уже знаете о плакате 1941 года с таким же образом), но это не единственный монумент на Мамаевом кургане. Там же находится замечательный шедевр Вучетича «Стоять насмерть!». Это название значит «Никогда не сдаваться», а сам памятник изображает советского воина-героя, который готов остановить врагов и даже отдать ради этого свою жизнь. Неподалёку стоит еще несколько прекрасных памятников. Мемориальный комплекс «Мамаев курган» **входит в число 7** главных достопримечательностей России.

Монумент «Стоять насмерть!» (1967), скульптор Евгений Вучетич

Советские скульпторы работали не только на тему войны. Они продолжали традиции русского реализма, традиции скульптуры Александра Опекушина и создали немало прекрасных памятников великим людям России. Особенно известны памятник А.С. Пушкину перед зданием Русского музея в Санкт-Петербурге (1957, скульптор Михаил Аникушин) и памятник Владимиру Маяковскому на площади Маяковского в Москве (1958, скульптор Александр Кибальников). Два великих поэта на этих памятниках совсем как живые.

Удивительный памятник стоит в Москве на Ленинском проспекте. Это памятник первому в мире космонавту Юрию Гагарину. Скульптура сделана

Памятник В. Маяковскому в Москве (1958), скульптор Александр Кибальников

**Камень, дерево и металл: история русской скульптуры и архитектуры** ТЕМА 3

из такого же металла, из которого строят космические корабли. И сама фигура Гагарина на памятнике как будто улетает в космос.

Современная российская скульптура, как и живопись, имеет богатые многовековые традиции. Надеемся, что скоро в России появятся новые памятники, на которых знаменитые люди XXI века тоже будут совсем как живые.

Памятник Ю.А. Гагарину на Ленинском проспекте (1980), скульптор Павел Бондаренко

 **Запомните термины:**

мемориальный комплекс           纪念性建筑群

 **Запомните слова и выражения (работайте со словарём!):**

**бороться** (за что?) *Несмотря на все трудности в жизни мы должны бороться за свои мечты, за свои цели. Городские власти активно борются с пробками на дорогах, но пока не могут решить эту проблему. Можно не замечать недостатки других людей, но на собственные недостатки нельзя закрывать глаза, с ними надо бороться.*

**на территории** (чего?) *На территории нашего университета открыли новое кафе. На территории России существует много месторождений нефти и газа. Извините, на территории Кремля запрещается делать фотографии, пожалуйста, выключите фотоаппарат.*

**спасать (спасти)** (кого?) (от чего?) *Это новое лекарство позволит спасти тысячи людей. Смелые пожарные вошли в горящий дом и спасли от гибели двух маленьких детей. Летом в этом городе так жарко, что от жары спасает только кондиционер.*

**входить в число** (чего?) *Шанхай входит в число самых населённых городов мира. Лев Толстой входит в число самых известных писателей мировой литературы. Зелёный чай входит в число самых полезных напитков.*

**многометровый** (многовековой, многолетний, многодневный, многотонный, многосторонний, многомиллионный) *Москва – это огромный, многомиллионный город. Наше многодневное путешествие из Пекина в Москву на велосипедах началось вчера. Китайская каллиграфия имеет многовековую историю и богатые традиции.*

**Речевые и творческие задания**

1. Сравните памятник Пушкину в Москве (скульптор А. Опекушин) и памятник Пушкину в Санкт-Петербурге (скульптор А. Аникушин).

   Чем они отличаются? Как вы считаете, какой из этих памятников больше похож на настоящего Пушкина?

2. Памятники – это не только произведения искусства, но и источник информации о культуре. Посмотрите на эти памятники:

   Это памятники Ю.А. Гагарину, Г.К. Жукову, Максиму Горькому, В.И. Ленину, М.В. Ломоносову. Найдите их на памятниках и расскажите о каждом из них. Почему памятники этим людям находятся не в одном, а во многих городах России?

Камень, дерево и металл: история русской скульптуры и архитектуры ТЕМА 3

# УРОК 6. Народ-художник

Каждый человек хочет видеть красоту во всём вокруг себя. Не только картины и скульптуры, которые создают художники и скульпторы, не только прекрасные здания, которые строят архитекторы, но и просто красивые вещи. Из красивой чашки чай пить намного приятнее! Русский народ с древних времён старался делать одежду, мебель, посуду, игрушки такими, чтобы ими было **приятно пользоваться**. Такие вещи всегда с удовольствием покупали богатые люди. Так появились *русские народные промыслы* – виды производства разных красивых вещей в разных частях России.

> Старое русское слово «промысел» значит «способ заработать деньги», сейчас оно встречается только в выражении «народные промыслы». В Китае тоже есть известные народные промыслы, например, в провинции Чжэцзян делают знаменитый фарфор «цинцы» (青磁), а город Сучжоу знаменит своей вышивкой.

Народные промыслы – это тоже вид изобразительного искусства, но это искусства отличается от живописи, скульптуры и архитектуры. Во-первых, народные промыслы создают произведения *прикладного искусства*: игрушками можно играть, одежду носить, а красивую посуду можно использовать на кухне. Во-вторых, народные промыслы обычно развиваются не по всей России, а только в какой-то ее части, например, в одной деревне (которая становится знаменитой своими мастерами). Народные промыслы известны не именами авторов, а названиями мест, где этими промыслами занимаются.

Все народные промыслы имеют долгую историю и богатые традиции, они тесно связаны с историей русского народа (особенно с его бытом, то есть, с тем, как русские люди раньше жили). Россия – огромная страна, поэтому промыслы очень разнообразны. Все их можно разделить на три большие группы, о которых мы расскажем подробно.

Хохломская роспись на горшочке для супа

Главным материалом для русского народа всегда было дерево. Из дерева делали и дома, и мебель, и посуду. А чтобы мебель и посуда выглядели красивее, на них делали разные цветные изображения. Такое искусство называлось *«росписью»*. Роспись – это первая и самая большая группа русских художественных промыслов. Во

85

Гжель

всём мире знаменита яркая хохломская роспись, которая стала настоящим символом России. Слово «*хохломская*» происходит от названия деревни Хохлома на берегу Волги недалеко от Нижнего Новгорода, где ещё в XVII веке родился этот народный промысел. В этих местах раньше были густые леса, поэтому народные мастера изображали на деревянной посуде то, что они видели – деревья, цветы, ягоды и птиц. На красно-чёрном фоне такая роспись выглядят очень ярко и красиво.

Роспись можно было делать не только на посуде из дерева, но и на посуде из фарфора. В XVII веке под Москвой у деревни Гжель нашли глину, из которой можно было делать почти такой же белый и красивый фарфор, как в Китае. Местные мастера научились не только делать красивые вещи из белого фарфора, но и украшать их прекрасной синей росписью. Так родился ещё один удивительный вид русского народного промысла – *гжель*.

Жостовский поднос

В другой подмосковной деревне – Жостово – в XIX веке тоже научились делать красивую роспись на подносах. На чёрном фоне художник изображает большие и маленькие цветы – так делают знаменитые *жостовские подносы*, которые настолько красивы, что их хочется повесить на стену, как картину. В Жостово, Хохломе и Гжели традиционно делали роспись только на посуде, но сейчас эту роспись можно найти на любых вещах, есть даже компьютеры с хохломской росписью.

Ещё один знаменитый вид русской народной росписи родился в деревне Палех в Ивановской области. До 1917 года эта деревня была особенно знаменита своими мастерами-иконописцами. В советское время **изменилось отношение к** православию и иконам,

Шкатулка с палехской росписью

поэтому мастера из Палеха нашли для себя другой вид искусства: они стали делать роспись на небольших деревянных шкатулках. Шкатулка гораздо меньше подноса или чайника, но мастера из Палеха на такой маленькой вещи научились делать настоящие сюжетные картины (чаще всего – по сюжетам русских сказок или русской истории). Эти картины яркими красками на чёрном фоне очень маленькие, поэтому их часто называют словом «*палехская миниатюра*» (миниатюра – это что-то очень маленькое, это слово часто используется о произведениях искусства).

Второй важной группой народных промыслов стали детские игрушки, в том числе один из самых популярных сувениров для иностранных гостей в России – знаменитая русская матрёшка.

Загорская матрёшка

*Матрёшка* – это деревянная игрушка, которая состоит из большой куклы в форме круглолицей русской женщины, внутри которой находится несколько кукол поменьше. Название «матрёшка» произошло от русского имени «Матрёна» - одно из самых частых имён русских женщин до XX века (сейчас почти не встречается). Когда мы смотрим на матрёшку – на настоящую русскую красавицу, кажется, что это и есть самый традиционный и самый русских из всех видов народных промыслов. Но это не так. Идея **спрятать** в большой игрушке несколько игрушек поменьше пришла в Россию из Японии. Первая русская матрёшка появилась только в конце XIX века, известно имя её автора – им был русский художник Сергей Малютин. Первые матрёшки появились под Москвой, но потом матрёшки стали делать во многих местах. Самыми знаменитыми стали матрёшки из подмосковного городка под названием Сергиев Посад и города Семёнов на Волге (там же, где находится и знаменитая Хохлома).

Современная матрёшка с изображением Владимира Путина – самый популярный российский сувенир!

*Дымковская игрушка* – ещё один знаменитый вид русских народных промыслов – возник на берегах реки Вятка (недалеко от города Киров). Считается, что этот промысел имеет историю более 400 лет, но самое большое **развитие он получил** в советское время. Дымковскую

Дымковская игрушка

игрушку делают из белой или серой глины (чаще всего это фигуры людей и животных), а потом раскрашивают яркими цветами, они выглядят очень весёлыми. Дымковская игрушка стала символом Кировской области, её главным культурным богатством.

Третья группа русских народных промыслов связана с тканями и одеждой. В подмосковном городке Павловский Посад более 200 лет назад начали делать красивые платки (это название женской одежды, которую можно носить на голове вместо шапки или на плечах вместо кофты) и шали (это большие и тёплые платки). На каждом платке, как на картине, художник изображает цветы или узоры. Такие платки и шали называют «*павловскопосадскими*» или просто «павловскими». Совсем другие платки делают в Оренбургской области (на самом юге Урала). Хотя на *оренбургских платках* нет такой замечательной росписи, как на павловских, они не менее знамениты по всему миру. Уральский климат намного холоднее московского, поэтому здесь с XVIII века делали очень тёплые шали. Постепенно оренбургские мастерицы (платки

Русские красавицы в павловских платках

обычно делают женщины) развивали своё искусство. К началу XX века они научились делать такие тонкие, лёгкие и красивые платки, что в далёкий Оренбург стали приезжать покупатели даже из Парижа – столицы мировой моды! Настоящий оренбургский платок – это произведение искусства, мастерица делает его почти две недели. Павловские платки знамениты своей красотой, а оренбургские – своей лёгкостью и теплотой.

Девушка в оренбургском платке

Не нужно думать, что народные промыслы – это какое-то не очень серьёзное искусство. Творчество народа-художника является не менее важной частью русской культуры, чем творчество Андрея Рублева или Ильи Репина. Сейчас по всей России изучают

Камень, дерево и металл: история русской скульптуры и архитектуры **ТЕМА 3**

местные традиции народных промыслов – не только для того, чтобы продать иностранцам побольше сувениров, но и для того, чтобы сохранить этот по-настоящему русский вид искусства для будущих поколений.

 **Запомните термины:**

| | |
|---|---|
| русский народный промысел | 俄罗斯民间手工艺 |
| прикладное искусство | 实用艺术 |
| роспись | 装饰画 |
| хохломская роспись | 霍赫洛玛装饰画 |
| гжель | 格热利陶瓷器(俄罗斯传统的陶瓷器) |
| жостовский поднос | 若斯托沃彩绘托盘（俄罗斯彩绘托盘艺术品） |
| палехская миниатюра | 帕列赫细密画 |
| матрёшка | 套娃 |
| дымковская игрушка | 德姆科沃玩具 |
| павловскопосадский (павловский) платок | 巴甫洛夫斯基波萨德毛披肩 |
| оренбургский платок | 奥伦堡羊毛披肩 |

 **Запомните слова и выражения (работайте со словарём!):**

**приятно** (пользоваться, взять в руки, смотреть, слушать, думать) *Андрей, какая у тебя красивая причёска, и отличный костюм, приятно смотреть! Мои друзья подарили мне ручку, которая стоит 2000 юаней, эту ручку очень приятно держать в руках. Не каждый может стать телеведущим, для этой профессии нужно иметь внешность, на которую приятно смотреть.*

**менять (изменить) отношение** (к кому? чему?) *Моя бабушка раньше считала, что Интернет совершенно бесполезен, но сейчас она узнала о сайте «Таобао» и изменила своё отношение к Интернету. В детстве я не понимал и не любил Пушкина, но сейчас я изменил к нему своё отношение. В России говорят: «Ты не можешь изменить мир, но можешь изменить своё отношение к нему».*

**спрятать** (что?) (где?) *Мама спрятала конфеты, чтобы её сын не нашёл и не съел их. Я для тебя приготовил подарок и спрятал его где-то в комнате, а ты попробуй найти. Говорят, что на этом острове какие-то люди много лет назад спрятали много золота.*

**получить развитие** *Идеи Максима Горького получили развитие в книгах многих советских писателей. Я познакомился с красивой девушкой, но наши отношения не получили развития: она оказалась замужем. Технологии современной связи в последние годы получили очень большое развитие.*

## Языковые упражнения (по урокам 4-6)

1. Постройте предложения по образцу. Используйте выражение «входит в число» (кого?)

   *Пример:* 李白（诗人）= Ли Бо входит в число самых великих поэтов Китая.
   孔子（思想家），成龙（功夫影星），毛泽东（政治家），鲁迅（作家），郎朗（钢琴家），姚明（篮球运动员），梅兰芳（京剧演员），李时珍（医学家），邓稼先（核物理学家），李四光（地质学家）。

2. Составьте прилагательные с корнем «много» по образцу (работайте со словарём!). Используйте эти прилагательные в собственных словосочетаниях.

   *Пример:* век = многовековой, многовековая история

   Месяц, тысяча, голос, сторона, значение, национальность, слово, число, цель, дети, люди, раз, метр, этаж, язык.

3. Переведите эти предложения на русский язык, используйте слово «приятно».
   1) 我太喜欢这部手机了，这么漂亮，就是手感也不错。
   2) 许多人说，这个城市只是对游客来说很好，观光起来很惬意，而住在这里却不是很愉快。
   3) 这位歌手很优秀。她不仅唱歌好听，看起来也让人愉快。
   4) 想到你在做着对人类有益的工作就很欣慰。
   5) 早晨去海边，感受一下温暖的风和轻柔的波浪太惬意啦！

4. Поставьте слова в скобках в нужную грамматическую форму.

   *Пример:* (Я) доверили (большая работа) = Мне доверили большую работу
   1) (Анатолий Петрович) доверили (перевод) этой книги на русский язык.
   2) Папа не доверяет (сын) (его новая машина).
   3) Режиссёр доверил (работа) в новом фильме (молодой и неизвестный актёр)
   4) Наш начальник не доверяет (важные поручения) даже (его заместитель).
   5) Почему тренер не доверяет (этот футболист) (место) в сборной команде?

5. Используйте выражение «на территории (чего)», чтобы построить предложения по образцу (обратите внимание на правила чтения и написания китайских географических названий на русском языке).

   *Пример:* озеро Байкал (Иркутская область) = Озеро Байкал находится на территории Иркутской области.

   Город Муданьцзян (провинция Хэйлунцзян), гора Хуашань (провинция

Камень, дерево и металл: история русской скульптуры и архитектуры **ТЕМА 3**

Шэньси), город Шицзячжуан (провинция Хэбэй), пещеры Могао (провинция Ганьсу), дворец Потала (Тибетский АР), гора Хэншань (провинция Хунань), город Хайлар (АР Внутренняя Монголия), горы Хуаншань (провинция Аньхой), город Пинъяо (провинция Шаньси), гора Суншань (провинция Хэнань), озеро Лоб-Нор (Синьцзян-Уйгурский АР), гора Тайшань (провинция Шаньдун).

### Речевые и творческие задания

1. Народные промыслы занимают важное место и в культуре Китая. Прочитайте эти названия знаменитых народных промыслов Китая:
   景德镇瓷器，西安唐三彩，景德镇珐琅，扬州剪纸，湘绣，新疆地毯。

   Расскажите об этих традиционных народных промыслах Китая по-русски. Какой из них вы считаете самой большой гордостью своей страны? Есть ли в вашем родном городе (или в регионе) известные народные промыслы? Расскажите о них.

2. Хохлома – это один из самых известных народных промыслов России, важная часть русской культуры. Хохломские сувениры так популярны, что ими могут стать любые предметы! Посмотрите на эти необычные предметы с хохломской росписью:

Расскажите о том, что это за предметы и как их можно использовать? А какой сувенир с хохломской росписью хотели бы получить вы?

3. Представьте, что вы пришли в магазин русских сувениров и увидели там вот такие вещи:

俄罗斯艺术　ИСТОРИЯ РУССКОГО ИСКУССТВА

Назовите эти предметы русских народных промыслов и расскажите, какой из них вы бы выбрали в подарок для своего лучшего друга (подруги). Объясните свой выбор.

4. Матрёшка – это не только произведение народного искусства. Это символ традиционной русской семьи, в которой вместе жили старшие и младшие поколения. Представьте, что вы хотите изобразить в форме матрёшки свою семью. Кто из членов вашей семьи будет самой большой матрёшкой? А кто – матрёшкой поменьше? Расскажите обо всех членах вашей семьи по порядку, до самой маленькой матрёшки.

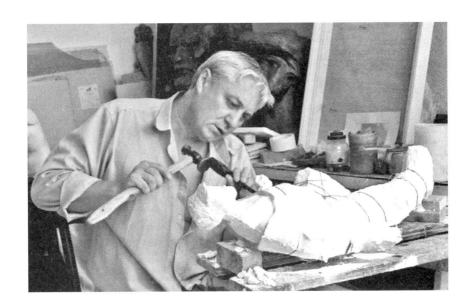

# Прекрасный и понятный всем язык: история русской музыки

Как чудесны звуки музыки! С древних времён люди восхищались тем, насколько сильны эти звуки – они могут заставить плакать и радоваться, могут помочь в трудную минуту, могут рассказать о любви, могут поднять людей на защиту Родины... кажется, они могут всё. Для выражения своих мыслей люди придумали язык слов. Для выражения своих чувств люди придумали другой язык – язык песни. Это удивительный язык, который не имеет границ, который не надо учить, который понятен всем.

Мы слишком привыкли к тому, что музыка всегда с нами. Мы можем в любую минуту послушать музыку по радио, в Интернете, послушать любимые песни в своём телефоне. Это так просто и удобно! Поэтому мы забыли, что музыка – это большое и сложное искусство. Возьмём для примера какую-нибудь популярную песню. Это тоже произведение искусства, а значит, у него есть автор. Автор, который придумывает музыку, называется словом «композитор». Композитор записывает музыку специальными знаками – нотами, поэтому мы чаще говорим, что он пишет музыку. Но в песне, кроме музыки, есть слова (музыка без слов ещё называется словом «мелодия»). Слова песни должен написать поэт (это уже другой вид искусства – литература). Итак, слова и мелодия готовы. Но ведь музыка

Музыка – самый популярный вид искусства. Концерты известных исполнителей собирают десятки тысяч людей

Ноты – письменный язык для записи музыки

– это исполнительское искусство, значит, песню ещё нужно исполнить. Нужны музыканты с инструментами: они будут исполнять мелодию, и нужен исполнитель, который будет петь (певец или певица, или, может быть, сразу много людей – хор). Вот как много людей должны хорошо поработать, чтобы вы могли с удовольствием слушать любимые песни!

Музыка стала частью многих других видов искусства. Сейчас мы уже не можем себе представить без музыки театр, кино и телевидение. Музыка – одно из любимых увлечений молодых людей, популярная тема для разговоров. Жители России любят музыку не меньше, чем китайцы. С долгой и очень интересной историей русской музыки мы с вами познакомимся в этой теме.

# УРОК 1. Душа народа

Учёные считают, что музыка – это самый древний вид искусства. Некоторые учёные даже уверены, что люди сначала научились петь, а только

Музыкант играет на русских гуслях

потом – говорить. Мы не знаем, так ли это, но точно знаем, что люди полюбили музыку за много веков до того, как научились строить города, читать и писать. Музыка в те далёкие времена была народным искусством – *мелодии* и песни придумывали обычные люди, а не специалисты-композиторы. Первыми произведениями народной музыки стали песни, которые пели и на праздниках, например, на свадьбе, и за работой, чтобы было легче и веселее. Первые песни выражали характер народа, его привычки, особенности его жизни. Так, например, у северных русских песни были более грустные, тихие, медленные, спокойные, потому что на севере зима продолжается пять-шесть месяцев. А на юге, ближе к Чёрному морю, песни были быстрые и весёлые.

Музыкальные инструменты у русских появились позже, чем песни. Интересно, что некоторые из них очень похожи на китайские. Например, древнерусские «*гусли*» **напоминают** китайский «*гучжэн*», а русский «*гудок*» очень похож на китайский «*эрху*». Самыми любимыми русскими народными инструментами

> Колокола – это музыкальный инструмент, но нельзя сказать «играть на колоколах», вместо этого нужно сказать «звонить в колокола». Запомните: звонить можно не только по телефону или в дверь, но и в колокола!

были *рожки* и *дудочки* (они напоминают китайский инструмент «*хулусы*»). Это ещё раз показывает, что музыка – это язык, понятный всем.

Православная религия принесла в Киевскую Русь свою музыку (по-русски она называется «*духовной*»). Это песни, которые поют в храмах *хором* (то есть, все вместе), кроме того, это музыка, которую исполняют на *колоколах* (русская колокольная музыка называется словом «звон»).

Мастер русского колокольного звона – звонарь

Колокола находятся в одной из частей православного храма, в очень высокой башне, которая называется «*колокольня*». Колокола в храмах в старые времена **заменяли часы**: когда приходит время собирать людей в храм, начинается колокольный звон, который слышно по всему городу. Кроме того, очень красивым звоном отмечали праздники, а печальным звоном – тяжёлые события, например, начало войны. Колокольные звоны дошли с древних времён Киевской Руси до наших дней и остались символом русской культуры.

Колокола есть в Китае («чжун»), они тоже связаны с религией, но очень отличаются от русских колоколов и по способу использования, и по звуку. Интересно, что первые в мире колокола появились именно в Китае более 4000 лет назад. Там же появился и первый музыкальный инструмент на основе колоколов «бяньчжун».

Так в русской истории долгое время существовали два вида музыки – народная и духовная. Они развивались одновременно, но совершенно отдельно. В древние времена по русским городам и деревням ходили уличные артисты – *скоморохи*. Скоморохи были бедными людьми, но большими мастерами искусства - играли на народных музыкальных инструментах, пели песни, танцевали, рассказывали интересные истории, часто они водили с собой медведя, который тоже умел танцевать. Руководители православной церкви не любили народную музыку и запрещали её, скоморохов били, их инструменты ломали. В середине XVII века царь приказал отправить всех скоморохов в Сибирь. В России научились записывать музыку нотами только в XVII веке. Из-за этого мы очень мало знаем о начале истории русской музыки. К сожалению, по этим причинам сегодня мы мало знаем о русской народной

Русские скоморохи

музыке.

Эпоха Петра Первого изменила историю этого вида искусства. Пётр Первый, кстати, сам очень любил музыку и отлично пел. Особенно он любил *военную музыку* (сам играл на барабане), а также *танцевальную музыку* (сам танцевал с красивыми девушками). Среди богатых людей вместе с иностранной одеждой и танцами в моду вошла европейская музыка, которая очень отличалась и от духовной, и от русской народной. Ничего русского в этой музыке не было, её исполняли на европейских музыкальных инструментах по нотам европейских композиторов. Русские композиторы и музыканты, как художники и скульпторы, должны были учиться европейской музыке за границей – в Италии, Австрии и Германии. Там в XVIII-XIX веках жили и работали великие композиторы (Бах, Моцарт, Бетховен и другие). Они писали прекрасную музыку, которую мы называем «*классической*». Ещё в XVIII веке некоторые русские композиторы после учёбы в Италии пытались соединить в своих произведениях европейскую и русскую народную музыку, но больших успехов они не достигли. Настоящей русской классической музыки до начала XIX века ещё не было. Её история начинается примерно в то же время, что и история настоящей русской литературы – в эпоху А.С. Пушкина.

Военная форма и военный инструмент – барабан – в эпоху Петра Первого

 **Запомните термины:**

| | |
|---|---|
| мелодия | 旋律，曲调 |
| гусли | 古斯里琴 (俄国古代的一种多弦的弦乐器，类似中国的古筝) |
| гучжэн | 古筝 |
| гудок | 古多克琴 (俄罗斯的一种古老的弦乐器，通常有三根弦) |
| эрху | 二胡 |
| рожок | 角笛 |
| дудочка | 木笛 (一种俄罗斯民间乐器) |
| хулусы | 葫芦丝 |
| духовная музыка | 宗教音乐 |
| хор | 合唱团 |
| колокол | 钟 |
| звон | 钟声 |

## Прекрасный и понятный всем язык: история русской музыки ТЕМА 4

| колокольня | 钟楼 |
| скоморох | 古罗斯时流浪的艺人 |
| ноты | 乐谱，乐曲集 |
| военная музыка | 军乐 |
| танцевальная музыка | 舞乐 |
| классическая музыка | 古典音乐 |

 **Запомните слова и выражения (работайте со словарем!):**

**Напоминать** (кого? что?) (чем?) *Внешностью он напоминает мать, а характером – отца. Все говорят, что с новой причёской я напоминаю известную артистку. Это облако напоминает слона, а то облако – большую рыбу.*

**Заменять** (собой) (что?) *Учёные говорят, что одно яйцо заменяет собой 200 граммов мяса. Его умение находить выход из трудных положений заменяет собой опыт, которого у него пока нет. В наши дни Интернет почти полностью заменил собой газеты и журналы.*

**Ничего** (какого?) **в** (чём?) **нет** (*грамматическая конструкция*) *Ничего сложного в этом тексте нет, нужно только почитать его внимательнее. Я не понимаю, почему все так хвалят этот фильм, ничего интересного в нём нет. Ты правильно сделал, что сказал ему всю правду, ничего плохого в этом нет.*

### Обратите внимание!

| Музыка может быть… | | | |
|---|---|---|---|
| народная | духовная | военная | танцевальная |
| классическая | европейская | русская | |

| Песня может быть… | | | |
|---|---|---|---|
| грустная | тихая | медленная | печальная |
| весёлая | спокойная | быстрая | |

### Речевые и творческие задания

1. Прочитайте китайский текст, который рассказывает о китайском традиционном инструменте «бяньчжун»:

编钟是中国古代的一种打击乐器，用青铜铸成。它是古人把不同的钟按照音调高低的次序排列起来，悬挂在钟架上面制成的。人们通过用木槌敲击来演奏乐曲。它既可以用于独奏、合奏，也可以为歌舞伴奏。

С помощью этого текста расскажите о том, что такое «бяньчжун» (не нужно делать дословный перевод). Как вы думаете, почему китайский «бяньчжун» и русские колокола так похожи? Почему эти инструменты сейчас не так популярны? Для какой музыки лучше всего подходят китайские и русские колокола?

2. Народные музыкальные инструменты – важная часть культуры. Некоторые из них уже не используются для исполнения музыки, но остались в языке. Прочитайте эти китайские устойчивые выражения (成语): 吹角连营, 钟鸣鼎食, 锣鼓喧天, 哀丝豪竹, 击筑悲歌。

Какие китайские традиционные музыкальные инструменты в них называются? Расскажите об этих инструментах по-русски. И объясните смысл этих выражений на русском языке (не надо искать похожие русские выражения!)

3. Познакомьтесь с текстами знаменитых русских народных песен (поработайте со словарём!):

1. Ой мороз, мороз, не морозь меня,
Не морозь меня, моего коня,
Не морозь меня, моего коня,
Моего коня белогривого.

2. Ах ты, степь широкая,
Степь раздольная,
Широко ты, матушка,
Протянулася!

3. Во поле береза стояла,
Во поле кудрявая стояла,
Люли, люли, стояла.

4. Что стоишь, качаясь, тонкая рябина,
Головой склоняясь до самого тына?
А через дорогу, за рекой широкой,
Так же одиноко дуб стоит высокий.

О каких особенностях русской природы можно узнать из этих песен? Как вы считаете, эти песни весёлые или грустные? Почему вы так считаете?

## УРОК 2. Рождение русской классической музыки

История русской классической музыки начинается в первой половине XIX века. Русские всегда очень любили петь, поэтому самым популярным жанром в это время была песня. Композиторы пытались одновременно использовать в этих песнях современную европейскую музыку и выразить «русскую душу». Российские любители музыки особенно ценили печальные медленные песни о любви (такую песню называют словом «*романс*»). В наше время этот жанр, которому уже более 200 лет, считается немного **старомодным**, но и у него есть свои поклонники. И, хотя романсы – совсем небольшие произведения, некоторые из них вошли в историю, как, например, «Соловей» Александра Алябьева или «Я помню чудное мгновенье» Михаила Глинки.

Именно Михаил Глинка (1804 – 1857) считается «первым классиком русской музыки», то есть создателем традиции русской классической музыки. Именно этот великий композитор сделал так, что русскую музыку в мире стали уважать так же, как немецкую или итальянскую. Глинка был не только современником, но и другом А.С. Пушкина. Пушкина называют создателем современного русского литературного языка. Новый язык создал и Глинка – это был язык русской музыки.

Сначала Глинка, как и все композиторы его времени, много путешествовал по Европе, изучал музыку в Германии и Австрии, а в Италии изучал оперу. Европейская опера – один из самых классических и серьёзных жанров музыки – объединяет классическую музыку, пение и театральное искусство. До XIX века считалось, что для оперного пения подходит только итальянский язык. У Михаила Глинки появилась большая мечта – создать русскую оперу, которая была бы **не уступала** итальянской. Он понимал, что для этого нужно не только пение на

> Когда мы говорим слово «опера», мы имеем в виду не пекинскую, а европейскую оперу, которая родилась в Италии в XVI веке. Традиционная китайская опера имеет гораздо более древнюю историю и гораздо больше видов. Когда мы говорим о китайской опере, лучше всегда говорить и название её вида, например, пекинская опера, куньшаньская опера и т.п.

русском языке, но и сама мелодия должна быть русской. В 1835 году Глинка с большим старанием **принялся за осуществление** своей мечты. Он (по совету великого русского поэта Василия Жуковского) выбрал для оперы интересный сюжет из русской истории – рассказ о народном герое, русском крестьянине Иване Сусанине, который в 1613 году отдал свою жизнь ради защиты Родины.

Русские крестьяне – главные герои в опере Глинки «Иван Сусанин»

Свою оперу Глинка хотел назвать просто «Иван Сусанин». Но в России XIX века простой крестьянин не мог быть главным героем оперы. Название оперы пришлось изменить на «Жизнь за царя» (крестьянин отдал жизнь не за Россию, а именно за своего царя; такое название дали, чтобы императору Николаю Первому, который тоже слушал эту оперу, было приятно).

Но Глинка сделал русским не только содержание оперы: в музыке он использовал русские народные песни. В 1836 году опера «Жизнь за царя» с огромным успехом прошла в Санкт-Петербурге. Сам Николай Первый остался очень доволен и долго хвалил Глинку за такую патриотическую оперу. В 1837 году Глинка начал работать над новой оперой «Руслан и Людмила» по сюжету произведения своего друга – А.С. Пушкина (опера впервые прошла в театре в 1842 году). Великим достижением Глинки стало и то, что в своих операх он использовал народную музыку разных стран. Кроме того, Глинка написал мелодии для многих песен на слова русских поэтов, в том числе, на стихи Пушкина. Романс «Я помню чудное мгновенье» Глинка посвятил своей любимой женщине – Катерине Керн, дочери той самой Анны Керн, которой своё великое стихотворение посвятил Пушкин. «Патриотическая песня» Глинки с 1990 по 2000 год была *гимном* России (но в «Патриотической песне» не было слов, а гимн надо петь, поэтому В.В. Путин выбрал новый гимн). Знаменитыми стали такие слова Глинки: «Музыку создаёт народ, а мы, композиторы, только делаем её красивее».

«Михаил Глинка сочиняет оперу «Руслан и Людмила», художник Илья Репин

Традиции Глинки в русской классической музыке продолжал композитор Александр Даргомыжский. Как и Глинка, он часто использовал мелодии русских народных песен, чтобы **наполнить** свою музыку **русской душой**. Самые известные произведения Даргомыжского –

> Первые русские оперы исполняли в лучших театрах России – в Мариинском театре в Санкт-Петербурге и Большом театре в Москве. До сих пор эти театры считаются лучшими театрами оперы и балета в России.

оперы «Русалка» и «Каменный гость» - тоже написаны по произведениям А.С. Пушкина. Но прекрасная русская музыка Глинки и Даргомыжского не принесла им огромной славы. В газетах того времени писали, что их музыка слишком простая и не подходит для того, чтобы её исполняли в прекрасных оперных театрах России. К счастью, всё больше умных людей понимали, что путь Глинки и Даргомыжского – это правильный путь развития русской классической музыки.

Прекрасный и понятный всем язык: история русской музыки **ТЕМА 4**

 **Запомните термины:**

| | |
|---|---|
| романс | 抒情歌曲 |
| опера | 歌剧 |
| гимн | 国歌 |

 **Запомните слова и выражения (работайте со словарем!):**

**старомодный**(человек, одежда, привычки, традиции, стиль, произведения искусства) *Моя бабушка – человек пожилой и очень старомодный, она не понимает современное искусство. Это платье выглядит слишком старомодным, я бы его никогда не надела. Вы можете считать меня старомодным, но мне не нравятся корейские сериалы.*

**уступать (не уступать)** (кому? чему?) (в чём?)*В знании русского языка я не уступаю другим студентам нашей группы. В развитии экономики Россия, к сожалению, уступает США и другим странам Запада. В скорости и надёжности этот автомобиль уступает самым новым моделям.*

**приняться (приниматься)** (за что?) *Как только я получил задание, я сразу принялся за работу. Матвей долго не хотел приниматься за сочинение, но делать было нечего, и он начал писать. Я был очень голоден, поэтому сразу принялся за тарелку с супом, которую поставила передо мной мама.*

**наполнить** (наполнять) (что?) (чем?)*В этой песне исполнитель каждое слово наполняет тёплыми чувствами. Каждый взгляд на эту девушку наполнял моё сердце радостью. Эти новости наполнили меня надеждой на то, что всё будет хорошо.*

■ **Обратите внимание!**

Очень часто длинные и сложные слова можно разложить на части. Тогда понять и запомнить их легче.

| Одновременно = одно + время | старомодный = старая + мода |
|---|---|
| Современник = (вместе) со + временем | Поклонник ← поклоняться, кланяться |

■ **Речевые и творческие задания**

1. Михаил Глинка написал оперу «Иван Сусанин» на сюжет из русской истории, а оперу «Руслан и Людмила» на сюжет произведения А.С. Пушкина.

   Расскажите о китайских операх (пекинских или любых других), которые написаны на сюжеты китайской истории или на сюжеты китайских литературных произведений или сказок.

2. Опера Глинки «Руслан и Людмила» не понравилась зрителям в Санкт-Петербурге. Сам император Николай I ушёл из зала в самом начале спектакля, а другие зрители кричали и свистели. Великий композитор об этом сказал: «Соловей не может петь, когда рядом квакают лягушки».

Расскажите, как вы понимаете эти слова? Почему Глинка сравнивает себя с соловьём, а некультурных зрителей – с лягушками? Какие звуки издают соловей и лягушки? Как вы считаете, кто из животных и птиц издаёт красивые звуки, а кто – некрасивые?

3. Михаил Глинка был большим другом великого русского поэта А.С. Пушкина. Пушкину очень нравилась музыка Глинки, а композитору Глинке – стихи Пушкина. Давайте попробуем представить, о чём могли говорить два этих великих человека:

Составьте диалоги:

а) Опера М. Глинки «Иван Сусанин» произвела на Пушкина очень сильное впечатление, поэтому он хочет поздравить автора с успехом.

б) Стихотворение «Я помню чудное мгновенье…» произвело на Глинку очень сильное впечатление, поэтому он хочет спросить у Пушкина, как тот написал такое прекрасное стихотворение.

в) Пушкин и Глинка разговаривают о том, какой будет музыка и литература через 200 лет.

## УРОК 3. «Могучая кучка»

Традиции Глинки и Даргомыжского продолжили пять молодых композиторов из Санкт-Петербурга. Их имена - Милий Балакирев, Модест Мусоргский, Александр Бородин, Николай Римский-Корсаков и Цезарь Кюи. Свою небольшую группу, которая появилась в конце 1850-х годов, они назвали «Могучая кучка». В музыке она играла ту же роль, что и «Товарищество передвижных художественных выставок» в живописи. Главными в этой группе стали композитор Балакирев и искусствовед Стасов (тот самый, который сыграл большую роль в творчестве художников-передвижников), которые считали, что настоящая музыка обязательно должна быть русской, должна иметь связь с историей и жизнью народа. Они открыли в Петербурге первую в России бесплатную школу для талантливых детей. Все композиторы

«Могучей кучки» внимательно изучали русскую народную и духовную музыку и «переводили» её на язык классической музыки. Особенно много сделал для развития русской традиции в классической музыке Модест Мусоргский (1839-1881).

Мусоргский стал автором более 70 замечательных романсов и песен. В своей музыке он стремился рассказать о жизни народа и делал это так точно и красиво, что некоторые его песни называли «музыкальными портретами» или «музыкальными картинами».

> Название «Могучая кучка» состоит из слова «кучка» в значении «небольшая группа» и слова «могучий» в значении «очень сильный». Это название придумал искусствовед Владимир Стасов, который написал такие слова: «Сколько таланта есть в этой маленькой, но могучей кучке композиторов!»

Главным достижением этого великого композитора стали оперы «Борис Годунов» (по трагедии А.С. Пушкина «Борис Годунов», 1874) и «Хованщина» (1883). Обе эти оперы рассказывают о трудных временах в русской истории, самое важное место в них, как и в опере Глинки «Иван Сусанин», занимает народ. Мусоргский называл свои оперы «народными» и писал об опере «Борис Годунов» так: «Для меня весь народ – это один великий человек». Мусоргский из всех членов «Могучей кучки» больше всех старался, чтобы его музыка была **как можно более народной**, как можно более русской. Мусоргский имел огромный талант, но не очень любил много работать, поэтому почти все его произведения остались незаконченными.

Модест Мусоргский

Ещё один член «Могучей кучки», композитор Александр Бородин (1833-1887), был необычным человеком. У него был не один талант, а сразу много. Он **вошёл в русскую историю** как знаменитый профессор медицины, который подготовил тысячи врачей. Он вошёл в русскую историю как талантливый учёный, который многое сделал для развития химической науки. И, наконец, он вошёл в историю как прекрасный композитор, автор знаменитой на весь мир оперы «Князь Игорь». К сожалению, занятия

Опера Александра Бородина «Князь Игорь»

медициной и химией отнимали у Бородина слишком много времени. **На музыку времени не оставалось**, и поэтому он написал гораздо меньше произведений, чем его товарищи по «Могучей кучке». Свой главный шедевр – оперу «Князь Игорь» - Бородин писал 18 лет, но всё равно не успел закончить. Эта опера написана по сюжету самой великой книги древнерусской литературы - «Слово о полку Игореве».

> Римский-Корсаков вошёл в историю русского искусства не только как великий композитор, но и как прекрасный преподаватель. Он подготовил более 200 композиторов, среди его учеников были великие Игорь Стравинский и Сергей Прокофьев.

Среди всех композиторов «Могучей кучки» Николай Римский-Корсаков (1844-1908) был, наверное, самым трудолюбивым и **самым работоспособным**. Он был не только известным преподавателем музыки, и успел написать не только 15 опер, 80 романсов и множество других произведений, но и закончил многие произведения своих друзей из группы «Могучая кучка». Старательный Римский-Корсаков закончил несколько произведений Мусоргского и оперу Бородина «Князь Игорь». Почти все из своих 15 опер Римский-Корсаков написал на сюжеты русских сказок (из-за этого его часто сравнивают с художником Виктором Васнецовым). И музыка у этого композитора получалась очень красивая, романтическая, волшебная, как в сказке. Самыми известными операми этого автора являются «Снегурочка» (1881), «Садко» (1896), «Сказка о царе Салтане» (1902) и «Золотой петушок» (1907) (две последние оперы – по сказкам А.С. Пушкина).

Портрет Н.А. Римского-Корсакова
(1898, худ. Валентин Серов)

Все члены «Могучей кучки» пришли в русскую музыку разными дорогами: Мусоргский и Римский-Корсаков сначала получили военное образование, Александр Бородин занимался химией, Цезарь Кюи был инженером. Их было немного, но их роль в истории русской музыки огромна. Все они считали себя учениками Михаила Глинки и смогли сделать то, о чём мечтал их великий учитель – они сделали всё, чтобы русскую классическую музыку, русскую оперу узнали и полюбили во всём мире.

# Прекрасный и понятный всем язык: история русской музыки ТЕМА 4

 **Запомните слова и выражения (работайте со словарем!):**

**Как можно более** (какой?) *Надо найти как можно более правильный вариант перевода. Я хочу купить как можно более дешевый телефон, потому что денег у меня совсем мало. Чтобы не терять времени зря, надо выбрать как можно более короткий маршрут.*

**Входить (войти) в историю** (как кто? как что?) *А.С. Пушкин вошёл в историю как создатель русского литературного языка. Этот день войдёт в историю как самый счастливый день моей жизни. Этот телефон вошёл в историю как первый в мире телефон без кнопок.*

**Времени не остаётся (не оставалось, не останется)** (на кого? на что?) *У меня каждый день так много домашних заданий, времени на моего молодого человека совсем не остаётся. У занятого начальника совсем не оставалось времени на свою семью. Ли Янь всё время сидит в Интернете, поэтому на серьёзное изучение русского языка у неё не остаётся.*

**Работоспособный** *Семён – очень работоспособный студент, каждый день он занимается в библиотеке. Анна – не такая талантливая певица, как Полина, зато Анна более работоспособная и добьётся в будущем больших успехов.*

## Языковые упражнения (по урокам 1-3)

1. Переведите предложения на русский язык, используйте конструкцию «ничего (какого?) (в чём?) нет».
   1) 她的外表没有什么特别漂亮的地方，尽管如此我还是永远记住了她的脸。
   2) 这本书里没有什么有趣的东西，不值得去读它，只会浪费时间。
   3) 这个作家的书不能被看作是俄罗斯文学，他的书里没有任何俄罗斯的东西。
   4) 忧郁的思想没有任何好处，所以最好任何时候都不要忧伤发愁。

2. Из следующих сочетаний со словом «старомодный» выберите правильные. Переведите правильные словосочетания на китайский язык.

   Старомодное платье, старомодное блюдо, старомодная причёска, старомодная дорога, старомодная музыка, старомодная улица, старомодные стихи, старомодная рыба, старомодные привычки, старомодные традиции, старомодная погода, старомодные взгляды на жизнь, старомодный человек.

3. Из двух предложений составьте одно, используйте выражение «как можно более (какой?)».

   *Пример: Нужно выбрать одного студента. Это должен быть самый способный студент = Нужно выбрать одного как можно более талантливого студента.*

105

1) Дайте мне ответ на этот вопрос. Мне нужен самый простой ответ.

2) Сделайте перевод этого текста. Он должен быть очень и очень точным.

3) Ты должен отлично сдать экзамен. Чем выше будет твоя оценка, тем лучше.

4) Надо купить квартиру. Надо постараться найти квартиру в самом удобном районе.

5) Посоветую мне русский фильм. Но мне нужен фильм с медленной речью, чем медленнее, тем лучше.

4. Постройте предложения по образцу. Используйте выражение «войти в историю как кто?».

*Пример:* 李白（诗人）- Ли Бо вошёл в историю как великий поэт.

邓小平（政治家），郭沫若（作家），刘翔（田径运动员），鲁班（工匠），李小龙（功夫影星），钱学森（科学家），袁隆平（农学家），诸葛亮（军事家），屈原（诗人），李安（导演），徐悲鸿（画家）。

5. Постройте предложения, используйте глагол «уступать (не уступать) (кому? чему?) (в чём?)»

*Пример: учёба, я, Иван = В учёбе я не уступаю Ивану.*

1) мацзян (麻将), мой младший брат, остальные родственники

2) баскетбол, Китай, США

3) футбол, Россия, многие страны Европы

4) шахматы, Россия, никто в мире

5) плавание, Нин Цзэтао, другие спортсмены

6) игра DOTA, мой папа, молодые люди

7) бадминтон, Россия, Китай

■ **Обратите внимание!**

Когда мы говорим о выдающихся художниках, мы часто используем слово «талант».

| Слово / выражение | Пример |
|---|---|
| Иметь талант | |
| (иметь дар; природную способность) | М. Мусоргский имел огромный талант. |
| Иметь не один талант | |
| (иметь умение; уметь хорошо делать что-то) | А. Бородин имел не один, а сразу много талантов. |
| Кто – настоящий талант | |
| (человек с большими способностями) | Н. Римский-Корсаков был настоящим талантом. |
| талантливый | Они решили открыть в Петербурге первую бесплатную школу для талантливых детей. |

Прекрасный и понятный всем язык: история русской музыки  ТЕМА 4

■ **Речевые и творческие задания**

1. Среди композиторов «Могучей кучки» были и военные, и учёные, и преподаватели, и инженеры. Некоторые из них оставили свою профессию ради искусства, а некоторые занимались музыкой в свободное время.

    Ответьте на вопросы:

    1) Есть ли среди ваших знакомых люди, которые оставили работу ради искусства? Есть ли такие, которые занимаются искусством в свободное время? Расскажите о них.

    2) Есть ли в китайской культуре примеры известных художников (композиторов, писателей), которые занимались искусством в свободное от основной работы время?

    3) Как вы считаете, можно ли совмещать работу и творчество? Или нужно обязательно заниматься чем-то одним серьёзно?

    4) Подходят ли к такой ситуации китайские выражения 一心两用，脚踏两只船。

2. Прочитайте этот диалог между молодым человеком и девушкой в опере:

    男：亲爱的，说实话，我真是不能理解你们为什么喜欢歌剧。唉，我脑子都快炸了。
    女：你要慢慢体会，用心听，这是高雅艺术。
    男：高雅艺术就要唱得震耳欲聋？高雅艺术就要一动不动？
    女：这不叫声音大，这是听觉震撼，他们不动我们才会把所有注意力放在歌声上啊。
    男：而且你看看他们都是"重量级"大师，看着就有压迫感。
    女：你怎么可以以貌取人呢。
    男：没，我就是想说歌剧缺少青春活力，不像hip-hop那么动感十足。
    女：歌剧充满了高贵、华丽的气息，是一种抽象艺术。你每天都听《江南style》，没厌倦吗？是时候该提升一下音乐素养了，而且我还是特意提前两周订的票呢。
    男：听上去像是有点儿道理。谁让你是我心爱的女孩，陪你听吧。
    女：好，我们一起好好享受歌曲时光吧。

    2а) Переведите этот диалог на русский язык.

    2б) Расскажите о том, что вы думаете об опере и классической музыке. Считаете ли вы эти жанры искусства скучными? Почему?

3. В тексте вы познакомились с некоторыми знаменитыми русскими операми. Посмотрите на эти картинки и расскажите, что на них изображено. С какими операми «Могучей кучки» они связаны?

## УРОК 4. Солнце русской музыки

Композиторы «Могучей кучки» создавали свои прекрасные произведения в то самое время, когда жил и работал человек, который среди всех великих русских композиторов навсегда занял первое место. Если Пушкин – это «солнце русской поэзии», то Пётр Ильич Чайковский (1840 – 1893) – это «солнце русской музыки». Чайковскому легко давалось создание новой музыки. У Чайковского в творчестве было только одно правило: «Я пишу такую музыку, какую я хочу». Поэтому великий композитор, хотя и дружил с членами «Могучей кучки», никогда не входил в эту группу. Чайковский и сам любил русскую народную музыку и часто использовал её в своих операх и балетах, но делал это не из **стремления** продолжать традиции Глинки, а по своему желанию.

Портрет П.И. Чайковского (художник Николай Кузнецов)

Музыкальное образование Чайковский получил в Санкт-Петербурге, а потом уехал преподавать в Москву, где и жил до 1877 года. Здесь с 1866 по 1875 годы он написал Первую, Вторую и Третью симфонии – настоящие шедевры *симфонической музыки*, а также знаменитый Первый *концерт для фортепиано с оркестром*. В Москве Чайковский написал несколько опер и своё самое знаменитое произведение – балет «Лебединое озеро» (1877) (о нём мы подробно расскажем в тексте об истории русского балета).

> Симфония – это жанр классической музыки без пения, которую исполняет оркестр – большая группа музыкантов с разными инструментами. Классическая музыка, которую исполняет оркестр, называется «симфоническая музыка». Концерт – жанр классической музыки, который исполняет один или несколько музыкантов, которым помогает симфонический оркестр.

С 1878 года Чайковский больше времени проводит за границей. Там он работает над своей прекрасной оперой «Евгений Онегин» по роману А.С. Пушкина. Эту оперу, как и большинство своих шедевров, он пишет быстро и легко – меньше чем за один год. «Евгений Онегин» был совершенно новым видом оперы для русского театра: в ней было мало действия и мало героев. Характеры и внутренние переживания трёх главных героев пушкинского романа – Евгения Онегина, Ленского и Татьяны – Чайковский прекрасно передал с помощью музыки. Сюжет Пушкина и музыка Чайковского прекрасно **подошли друг к другу**. Несмотря на необычность, опера очень понравилась современникам Чайковского.

Афиша оперы «Евгений Онегин» в Большом театре

К 1885 году Чайковский уже был одним из самых знаменитых композиторов во всём мире. Он часто путешествовал по России и по Европе и выступал на концертах своих произведений как дирижёр. Но он продолжал очень много работать и создавать шедевры классической музыки. Он написал ещё два великих балета – «Спящая красавица» (1889) и «Щелкунчик» (1892). Как и «Лебединое озеро», эти балеты были созданы по сюжетам

Почтовые марки 1992 года (к 100-летию балета «Щелкунчик»)

европейских (немецких и французских) сказок. Балеты Чайковского любят во всём мире, а «Щелкунчик» считается символом Рождества и исполняется в этот праздник во многих театрах Европы.

В последние годы своей жизни Чайковский написал ещё две знаменитые оперы (всего Чайковский написал десять опер) – «Пиковую даму» (1890) и «Иоланту» (1891). «Пиковая дама», как и «Евгений Онегин», написана по произведению Пушкина; произведение великого поэта так понравилось Чайковскому, что тот написал оперу всего за 44 дня! В 1893 году композитор написал свою последнюю Шестую симфонию, которая, как и «Пиковая дама», вошла в число шедевров мировой классической музыки. В конце жизни Чайковский так устал от поездок по всему миру, что купил дом в деревне под Москвой, где и провёл последние годы. Сейчас там, в маленьком подмосковном городке Клин, находится его музей.

Московская государственная консерватория имени П.И. Чайковского

**Вечную память** о Чайковском **хранит** и Московская консерватория (консерватория – это музыкальный университет). Сейчас этот вуз, в котором Чайковский проработал много лет, носит его имя, там же находится памятник композитору, который создала Вера Мухина. Сейчас Московская государственная консерватория имени П.И. Чайковского – один из лучших музыкальных вузов в мире. В ней проходят не только занятия по музыке, но и концерты лучших музыкантов нашего времени.

 Запомните термины:

| | |
|---|---|
| симфония | 交响曲 |
| симфоническая музыка | 交响乐 |
| концерт для фортепиано с оркестром | 钢琴协奏曲 |
| консерватория | 音乐学院 |

 Запомните слова и выражения (работайте со словарем!):

**Делать что-то из стремления (из желания)** *Сегодня Антон 16 раз сказал мне, что я красавица, думаю, он это делает из желания понравиться. Из стремления получить*

Прекрасный и понятный всем язык: история русской музыки **ТЕМА 4**

*повышение по работе Вероника каждый день улыбается начальнику. Я провожу тебя на вокзал, не надо благодарить, я делаю это только из желания помочь.*

**Подходить друг (к) другу** *Анна выше Виктора на 22 сантиметра, давай не будем их знакомить, я думаю, они не очень подходят друг другу. Красное вино и рыба не очень подходят друг к другу, лучше заказать белое вино. Я думаю, что русский язык и я очень подходим друг другу, потому что русский язык мне даётся очень легко.*

**Хранить память (о ком?) (о чём?)** *Старые фотографии в этом альбоме хранят память о моих дедушках и бабушках. Дом-музей П.И. Чайковского в подмосковном городе Клин хранит память о великом композиторе. Я не выбросил свои детские игрушки – они хранят память о моём детстве.*

■ **Обратите внимание!**

Слово «концерт» имеет два значения.

| Слово | (1) концерт | (2) концерт |
|---|---|---|
| Значение | исполнение перед зрителями песен, танцев, инсценировок. | большое и сложное музыкальное произведение, которое исполняет один музыкальный инструмент вместе с оркестром |
| Пример | В Консерватории имени П.И. Чайковского часто проходят концерты лучших музыкантов нашего времени. | В 1875 году П.И. Чайковский написал Первый концерт для фортепиано с оркестром. |

■ **Речевые и творческие задания**

1. Прочитайте описания сюжетов этих балетов Петра Ильича Чайковского:
    1) 阿芙罗拉公主的命名日仪式上，罪恶的仙女卡拉鲍斯发出了诅咒，公主会在长大后因被纺锤刺破手指而永远昏睡。16年后，阿芙罗拉长成一位美丽的少女，但在王子来求婚的舞会上，从没有见过纺锤的公主好奇地从装扮成太婆的卡拉鲍斯手中接过了纺锤刺破了手指，结果咒语实现了。在沉睡了100年后，杰齐林王子爱上在密林宫殿中熟睡的阿芙罗拉，用吻解除了魔咒，两位快乐的年轻人得到了幸福。
    2) 圣诞节，女孩玛丽得到一只胡桃夹子。夜晚，她梦见这胡桃夹子变成了一位王子，领着她的一群玩具同老鼠兵作战。后来又把她带到果酱山，受到糖果仙子的欢迎，享受了一次玩具、舞蹈和盛宴的快乐。
    3) 公主奥杰塔在天鹅湖畔被恶魔变成了白天鹅。王子齐格费里德游天鹅湖，深深爱恋奥杰塔。王子挑选新娘之夜，恶魔让他的女儿黑天鹅伪装成奥杰塔以欺骗王子。王子差一点受骗，最终及时发现，奋击恶魔，扑杀之。白天鹅恢复公主原形，与王子结合，获得美满结局。

К каким балетам относятся эти описания. Как вы считаете, чему учат нас эти истории? Что в них есть общего?

2. В опере «Евгений Онегин» П.И. Чайковский сначала изменил сюжет Пушкина и сделал для оперы счастливый конец – Евгений Онегин и Татьяна женятся. Но потом Чайковский подумал, что happy-end в опере «Евгений Онегина» - это неправильно, и сделал такой же финал, как в романе Пушкина.

В каких известных вам историях (книгах, фильмах, операх) есть несчастливый конец, который вам хотелось бы изменить? Может быть, лучше во всех произведениях делать счастливый конец? В каких историях есть счастливый конец, который кажется вам не очень правильным?

3. В опере П.И. Чайковского «Пиковая дама» есть такие известные слова, которые поёт главный герой оперы – Герман: «Что наша жизнь? Игра!». Как вы считаете, что значат эти слова? Как вы их понимаете? Согласны ли вы с ними?

4. П.И. Чайковский был скромным человеком. Он говорил своему брату: «Я никогда не буду таким же знаменитым, как Глинка, но ты будешь мной гордиться!». Как вы считаете, есть ли в вашей семье кто-нибудь, кем можно гордиться? Расскажите об этом человеке. Может ли ваша семья гордиться вами? Что вам нужно сделать, чтобы ваша семья вами гордилась?

5. А.С. Пушкина называли «солнцем русской поэзии», П.И. Чайковского можно назвать «солнцем русской музыки», потому что в русской культуре их талант был ярким, как солнце. Составьте выражения со словом «солнце (чего?)» о других великих людях, которых, по вашему мнению, можно назвать «солнцем» в китайской или мировой культуре.

## УРОК 5. Новые времена – новая музыка

Шло время. Наступил XX век – новый, быстрый, сложный. **Новый век принёс с собой новые задачи**, потребовал новой музыки. В русском искусстве в конце XIX и в начале XX века происходили огромные изменения. Шёл «Серебряный век» русской литературы, менялись традиции и в живописи. Изменения произошли и в музыке.

Нельзя сказать, что традиции «Могучей кучки» в XX веке сразу были забыты. Эти традиции продолжали два ученика Римского-Корсакова –

Александр Глазунов и Анатолий Лядов. Глазунов добился больших успехов в симфонической музыке, а Лядов, как и его учитель, писал оперы на сказочные сюжеты. Но их музыка считалась в то время немного старомодной. Более популярен был композитор Александр Скрябин – его музыка была более сложной, в ней выражались уже не сказочные и романтические темы, а сильные чувства, сильный характер, что было **созвучно новому времени**.

Однако главными героями в русской музыке в начале XX века стали не они. Огромную славу в России и во всём мире получили композиторы Игорь Стравинский и Сергей Рахманинов. Стравинский был учеником Римского-Корсакова, и он был хорошим учеником, поэтому мелодии русской народной музыки есть и в его творчестве. Ещё в молодые годы он написал три балета: «Жар-Птица» (1910), «Петрушка» (1911) и «Весна священная» (1913). Эти балеты он писал специально для выступления русских артистов балета во Франции, чтобы познакомить французов с русским искусством. После огромного успеха в Париже молодой талантливый композитор сразу стал знаменитым. В 1914 году Стравинский уехал за границу, потом началась Первая Мировая война, за ней – революции, поэтому Стравинский так и не вернулся. За долгие годы за границей Стравинский написал ещё очень много произведений, но самыми известными так и остались его три балета.

Портрет Игоря Стравинского (1915)

Сергей Рахманинов был не только известным композитором, но и отличным *пианистом* – отлично играл на фортепиано.

Портрет Сергея Рахманинова

Многие композиторы неплохо исполняют музыку, многие исполнители пишут кое-какую музыку, но в истории русской музыки только Рахманинов добился мировой славы сразу в двух этих видах искусства. **Этому есть простое объяснение:** музыка Рахманинова для своего времени была очень новой, очень необычной и очень сложной, её было трудно исполнять, поэтому автору музыки пришлось стать и её исполнителем (многие считают его самым великим пианистом XX века)! Он любил играть на фортепиано с детства, и любовь к этому инструменту осталась у него на всю жизнь. Как и к Стравинскому, слава пришла к Рахманинову ещё в молодые годы. В самом начале XX века он написал свои самые известные произведения – Второй и Третий концерты для фортепиано с оркестром. Тот, кто слышал эти концерты,

> «Самое главное в любом искусстве – это его искренность» - это слова Сергея Рахманинова. Он до конца жизни не забыл русскую музыку и всегда говорил: «Я – русский композитор».

не мог остаться равнодушным – так прекрасна эта музыка, так много+ в ней свободы и силы, так замечательно выразил в ней композитор неспокойный XX век. В 1917 году Рахманинов уехал за границу и больше не вернулся в Россию.

А что же было в России? После Великой Октябрьской социалистической революции в ней **открылась новая страница** истории русской музыки – рождалась советская музыка. Её история начиналась непросто: советские композиторы думали, что их новая музыка должна очень отличаться от старой (то есть, от музыки Глинки, Мусоргского и Чайковского), поэтому они часто забывали о прекрасных традициях русской музыки. Но уже в 1920-е годы появились молодые талантливые советские композиторы, которые смогли и сохранить классические традиции, и рассказать языком классической музыки о новых темах и проблемах. Так, в 1927 году появился первый советский балет – «Красный мак» (автор Рейнгольд Глиэр),

Балет «Красный мак»

этот балет рассказывал о борьбе китайского народа за свою свободу, в нём советский композитор использовал китайскую народную музыку.

Сергей Прокофьев (1891 – 1953) уже в свои 20 лет был знаменитым композитором и пианистом, много выступал с концертами по всей Европе. Он вернулся только в 1932 году уже в новую страну – в СССР. На Родине он написал свои самые великие произведения – балет «Ромео и Джульетта» (1936, по трагедии Вильяма Шекспира), балет «Золушка» (1945, по французской сказке), оперу «Война и мир» (1943), несколько симфоний. Прокофьев отличался тем, что мог писать музыку самых разных жанров – оперы, балеты, симфонии, он писал

> «Я считаю, что композитор, как и писатель, скульптор и живописец, должен служить человеку и народу, должен защищать и делать лучше человеческую жизнь, вести человека к светлому будущему» (Сергей Прокофьев)

музыку для шедевров советского кино, и даже написал детскую музыкальную сказку «Петя и волк», которая стала известной во всём мире.

Композитор Дмитрий Шостакович (1906 - 1975) начал своё творчество в 1920-е годы. Сначала он, как и многие советские композиторы тех лет, работал по правилу: «Новое – хорошо, а старое плохо». Шостакович написал много музыки, которая через 10 лет даже ему самому казалась не очень понятной. Но Шостакович никогда не стал бы одним из самых великих советских композиторов, если бы не понимал своих ошибок. В 1937 году он написал Пятую, в 1939 году - Шестую симфонию, писал музыку для прекрасных советских фильмов. Но самое своё великое произведение Шостакович написал во время Великой Отечественной войны. В 1941-1942 году он создал Седьмую симфонию, которую посвятил героям-защитникам города.

Дмитрий Шостакович

Седьмая симфония Шостаковича стала не просто музыкальным произведением, а символом сильного характера ленинградцев, которые защищают свой город от фашистов. Седьмая симфония Шостаковича навсегда вошла в историю не только русской, но и мировой музыки под названием «Ленинградская». Всего Шостакович создал 15 симфоний и музыку для множества шедевров советского кино.

Среди талантливых советских композиторов можно назвать и другие имена: Арам Хачатурян, Дмитрий Кабалевский, Тихон Хренников, Георгий Свиридов. Но главные успехи в русской музыке в советское время были не в серьёзной классической музыке, не в операх и балетов, а в простой и понятной для всех советской песне.

 Запомните термины:

пианист                                       钢琴家

 Запомните слова и выражения (работайте со словарем!):

**принести с собой** *Осень принесла с собой холода и дожди. Реформы принесли с собой изменения в жизни каждого жителя страны. Я всегда радуюсь в начале года, потому что* **новый год приносит с собой и новые надежды, и новые ожидания.**

**быть созвучным** (чему?) *Я люблю песни Ван Фэй, потому что они созвучны моему настроению. Ты одеваешься слишком старомодно, тебе надо купить что-то более созвучное моде! Интернет очень созвучен нашей эпохе, когда каждому из нас нужно быстро обмениваться информацией.*

**этому есть** (простое, разумное, логичное) **объяснение** *Почему Сергей целыми днями смотрит на Марину? Я думаю, этому есть простое объяснение: он влюбился. Почему русская грамматика кажется мне такой трудной? Этому есть логичное объяснение: она очень отличается от китайской.*

**открыть новую страницу** *Интернет открыл новую страницу в развитии человечества. Полёт Ян Ливэя открыл новую страницу в истории китайской космонавтики. Рождение ребёнка открывает новую страницу в жизни каждой семьи.*

### ■ Речевые и творческие задания

1. Многих русских композиторов начала XX века – Стравинского, Рахманинова, Прокофьева, Шостаковича – часто критиковали за то, что их музыка слишком «современная».

   Как вы считаете, что значит «современная музыка»? Чем современная музыка отличается от несовременной? Какую музыку можно считать современной в наше время – в начале XXI века?

2. Игорь Стравинский написал знаменитый балет «Жар-птица». Жар-птица – это герой русских сказок, волшебная птица, яркая и горячая, как огонь. Но существа, похожие на Жар-птицу, встречаются и в других культурах. Сравните эти две картинки:

Слева – Жар-птица. А справа – китайский Феникс (凤凰) Пожалуйста, расскажите о Фениксе, сравните его с русской Жар-птицей. Что в них общего? Как вы думаете, почему в таких разных культурах, как русская и китайская, появились такие похожие птицы?

В одних русских сказках Жар-птица живёт в волшебном саду и охраняет золотые яблоки, которые хочет получить герой сказки. В других сказках Жар-птица своим огнём приносит большие несчастья людям. А в каких китайских сказках встречается Феникс?

3. В тексте вы познакомились с прекрасными словами Сергея Прокофьева о том, что любой автор произведений искусства должен служить своему народу и делать жизнь людей лучше. Прочитайте мнения об искусстве известных китайских авторов:

1) 艺术不应该是只为钱，应该为人民服务。
2) 艺术的生命力来自人民——作曲家马可之女马海星说。
3) 写作动机最初就是为了改善自己的命运，为了替我身边的读者们、父老乡亲，说一说他们心里的话，一个作家应该是立足于本土，来描述中国老百姓的生活。
4) 横眉冷对千夫指，俯首甘为孺子牛。
5) 我爱我的祖国，爱我的人民，离开了它，离开了他们，我就无法生存，更无法写作。
6) 看生命，领略生命，解释生命，你的作品才有生命。

Какой общий смысл объединяет все эти мнения? Согласны ли вы с такой оценкой искусства? Некоторые из этих мнений принадлежат великим китайским писателям. Как вы думаете, каким?

## УРОК 6. Нам песня строить и жить помогает!

Русские любят песни не меньше, чем китайцы. Откуда появилась эта любовь в России? Может быть, всё дело в том, что суровый климат и тяжёлая работа делали жизнь русского народа очень трудной, а с песней преодолевать трудности было легче, с песней жизнь была веселее. Пели русские и за работой, и в храме, и в свободное время, пели часто вместе (тот, кто пел лучше, начинал песню, а другие ему помогали). Пели все – и крестьяне, и богатые люди, и цари.

Искусство красиво петь песни называется «*вокальное искусство*» или «*вокал*». Для того, чтобы быть мастером в этом искусстве, нужно иметь красивый голос (русские часто просто говорят «у меня есть голос» в значении «я хорошо пою»). Талантливые исполнители песен –

Петь в России любят люди всех поколений

*певцы и певицы* – в русской истории были всегда. Но любой певец – даже с самым громким голосом – может стать знаменитым на всю страну только тогда, когда его голос можно записать. Записывать музыку и голос научились только в конце XIX века. Тогда и стал знаменитым на весь мир великий русский певец Фёдор Шаляпин (1873 – 1938).

Великий русский певец Фёдор Шаляпин

Фёдор Шаляпин был оперным певцом и выступал в лучших театрах России – Большом и Мариинском. Своим прекрасным голосом он делал оперы Глинки, Мусоргского и Римского-Корсакова ещё красивее, прекрасно исполнял и русские народные песни. В 1918 году Шаляпин первым в России получил самое высокое звание в искусстве – звание «*народного артиста*». Он был очень талантливым человеком: кроме вокального искусства Шаляпин добился больших успехов и в живописи, занимался скульптурой, снимался в кино.

Оперное пение – прекрасное, но очень сложное искусство, понятное не для всех. Но все в России понимали и любили романсы. Их популярные исполнители – Александр Вертинский, Пётр Лещенко, Иван Козловский – были в 1920-1930-е годы не менее известны, чем знаменитые артисты театра и кино. Некоторые известные певцы становились по-настоящему «народными артистами»: их знал и любил весь народ. Самым популярным певцом в 1930-1940-х годах в СССР был Леонид Утёсов (1895 – 1982). Он открыл новую страницу в истории искусства песни в России. Утёсов не имел такого прекрасного голоса, как другие певцы того времени, многие из которых выступали в опере, не имел он и музыкального образования (честно говоря, пел он не лучше, чем большинство людей). Но главное в песне – не голос, а чувство, настроение; весёлые и жизнерадостные песни Утёсова очень отличались от грустных романсов, они прекрасно **поднимали настроение** и делали жизнь лучше. Название этого текста – тоже слова из песни Леонида Утёсова. Именно с творчества этого артиста в русском искусстве началась эпоха советской песни.

> В самое знаменитой песне Утёсова под названием «Марш весёлых ребят» есть слова:
> Легко на сердце от песни весёлой,
> Она скучать не даёт никогда.
> И любят песню деревни и сёла,
> И любят песню большие города!

> Автор этого текста часто слышал в Китае, что «Катюша» и «Подмосковные вечера» - это русские народные песни. Это не так. Это советские песни, у них, как и у всех советских песен, есть по два автора – композитор и поэт. Песню «Катюша» написали в 1938 году композитор Матвей Блантер и поэт Михаил Исаковский, песню «Подмосковные вечера» в 1956 году написали композитор Василий Соловьёв-Седой и поэт Михаил Матусовский.

В советское время появились тысячи замечательных песен, которые «и строить, и жить помогали» и стали известны во всём мире. В это время даже появились такие специальности: «*композитор-песенник*» и «*поэт-песенник*»(то есть, авторы, которые пишут музыку и слова специально для песен). Советская песня стала важной частью советской жизни, быстро развивались самые разные виды песни – *военная песня, лирическая песня* (о любви), *патриотическая песня* (о Родине), песня о какой-то профессии. Особых успехов достигли авторы советских детских песен: замечательные *детские песни* 1960-1980-х годов до сих пор поют все дети России (и будут петь их дети и внуки). Стихи и музыку для советских песен писали лучшие

Владимир Путин пьёт чай в гостях у композитора Александры Пахмутовой

авторы, например, великий поэт Роберт Рождественский написал более 100 известных песен. Первым известным советским композитором-песенником в 1930-е годы стал Исаак Дунаевский, в 1960-1980-х годах известными авторами музыки для песен были Давид Тухманов, Эдуард Колмановский, Никита Богословский, Вениамин Баснер, Александр Зацепин, Евгений Крылатов, Алексей Рыбников. Но, если вы спросите у жителей России имя самого любимого композитора советских песен, то большинство, конечно, **назовёт имя** Александры Пахмутовой. Вместе со своим мужем, поэтом-песенником Николаем Добронравовым, она написала более 400 замечательных песен, многие из которых, например, «Надежда», «Нежность», «Как молоды мы были», стали символами русской культуры.

> Советская песня «С чего начинается Родина» написана композитором Вениамином Баснером и поэтом Михаилом Матусовским в 1968 году для советского фильма «Щит и меч». Это любимая песня Владимира Путина.

В популярности советской песни свою роль сыграло и советское кино. Вы уже знаете, что даже такие серьёзные авторы классической музыки, как Прокофьев и Шостакович, с удовольствием писали музыку для фильмов. Советские песни из фильмов всегда были самыми любимыми и известными, а некоторые советские фильмы (например, шедевр Эльдара Рязанова «Жестокий романс») становились любимыми именно благодаря песням.

Великая советская певица Людмила Зыкина на почтовой марке

В истории советской песни навсегда останутся не только имена авторов песен, но и имена самых любимых исполнителей. В отличие от современных «звёзд», они **не могли похвастаться большими деньгами**, но их знала и любила вся страна, весь народ (недаром самых лучших исполнителей называли «народный артист» или «народная артистка»). В 1960-1970-е годы самыми популярными исполнителями были Эдуард Хиль, Эдита Пьеха, Майя Кристалинская, Иосиф Кобзон, Муслим Магомаев, Людмила Зыкина. В 1980-е годы пришло новое поколение популярных исполнителей – Валентина Толкунова, Лев Лещенко, София Ротару, Алла Пугачёва.

В 1970-е годы в СССР стал очень популярным необычный жанр советской песни, в котором композитором, поэтом и исполнителем был один человек – автор-исполнитель. Такой жанр называется *«авторская песня»* (или, по-другому, *бардовская песня*). Как правило, авторскую песню исполняли под гитару (это значит, играли на гитаре и пели). Сейчас популярность авторской песни стала намного меньше, но в 1970-1980-е годы этот вид песни нравился всем, тысячи молодых людей и девушек учились играть на гитаре, чтобы исполнять любимые песни таких *авторов-исполнителей (бардов)*, как Булат Окуджава, Юрий Визбор и Сергей Никитин. В этом жанре искусства выступал и один из самых знаменитых людей России XX века – Владимир Высоцкий (1938 – 1980). Талантливый поэт, замечательный актёр, самый известный исполнитель авторской песни, он достиг огромных успехов в разных видах искусства. Высоцкого **легко узнать по** его особенному голосу – этот низкий и хриплый голос, на первый взгляд, кажется не очень красивым, но песни Высоцкого занимают в русской культуре очень важное место.

Владимир Высоцкий

Несмотря на то, что в современной России уже трудно найти такую любовь к песне, которая была раньше, можно смело сказать, что эта любовь живёт в душе каждого русского человека. Из всего огромного разнообразия музыки в современном мире самым любимым видом этого искусства в России остаётся песня. Недаром в счастливые моменты русские говорят: «Душа поёт!», а о чём-то очень хорошем говорят так: «Это просто песня!».

# Прекрасный и понятный всем язык: история русской музыки ТЕМА 4

 **Запомните термины:**

| | |
|---|---|
| вокальное искусство (вокал) | 歌唱艺术 |
| певец (певица) | 男歌手(女歌手) |
| народный артист | 人民演员（俄罗斯优秀演员的高级称号） |
| композитор-песенник | 歌曲作曲家 |
| поэт-песенник | 歌曲作词诗人（专门为歌曲作词的诗人） |
| военная песня | 战争歌曲 |
| лирическая песня | 抒情歌曲 |
| патриотическая песня | 爱国歌曲 |
| детская песня | 儿歌 |
| авторская песня (бардовская песня) | 创作歌曲(由歌手本人作词、谱曲并演唱的歌曲) |
| автор-исполнитель (бард) | 自己创作并演唱自己作品的歌手 |

 **Запомните слова и выражения (работайте со словарем!):**

**Поднимать (поднять) настроение** *Я люблю читать смешные истории в Интернете, они отлично поднимают мне настроение. Если мне грустно, я включаю любимую песню, и это поднимает мне настроение.*

**Назвать имя** (кого?) (обычно в конструкция «из (среди) кого?», «в числе (в ряду) кого?») *В числе самых великих русских писателей XX века необходимо назвать имя Василия Шукшина. Из певцов, которые мне особенно нравятся, нужно, прежде всего, назвать имя Ли Цзяня. Среди моих самых больших кумиров надо назвать имя Чжоу Синчи.*

**Похвастаться (чем?)** *Красотой и богатством Сюэ Вэнь похвастаться не мог, поэтому и не надеялся быстро найти настоящую любовь. Мне пока нечем похвастаться, у меня нет больших талантов и достижений. Современный Китай может похвастаться успехами в самых разных областях жизни.*

**Легко** (нелегко) **узнать** (по чему?) *Эту актрису легко узнать по походке. В лесу из всех птиц соловья легче всего узнать по голосу. Интересно, какой фрукт он ест, издалека нелегко узнать.*

### Обратите внимание!

В тексте используется несколько выражений со словом «голос».

| Выражение | Значение | Пример |
|---|---|---|
| У (кого?) есть голос | (Кто) хорошо поёт | У всех, кроме меня, в нашей семье есть голос. |
| У (кого?) нет голоса | (Кто) не умеет петь, плохо поёт | Я могу танцевать, но не могу петь песни. У меня совсем нет голоса. |

| Узнавать (узнать) (кого?) по голосу | Услышать, как кто-то поёт, и сразу сказать, кто это, как его зовут | Владимира Высоцкого можно легко узнать по голосу. |
|---|---|---|
| Выражение | Значение | Пример |
| Прекрасный голос; ужасный голос | Красивый голос, который приятно слушать; некрасивый голос, который неприятно слушать | Одни говорят, что у Витаса прекрасный редкий голос, а другие говорят, что голос у Витаса ужасный. |
| Низкий голос; высокий голос | голос, как у медведя; голос, как у мышки | Фёдор Шаляпин пел низким голосом, а американский певец Майкл Джексон – высоким. |

## Языковые упражнения (по урокам 4-6)

1. Переведите эти предложения на русский язык, используйте выражение «подходят друг другу».

    1) 安娜和米哈伊尔不合适，她喜欢诗歌和古典音乐，而他却喜欢拳击和啤酒。

    2) 这顶帽子是粉色的，而你的大衣是黑色的，我觉得这两件东西一点也不搭。

    3) 你看，这两个零件不合适，可能第二个零件是另一个机器/另一辆车上的。

    4) 这两个国家一个有很多石油，一个缺乏石油。它们的经济状况适合开展有效的合作。

    5) 据说，金牛座的人和处女座的人很适合，彼此性格相容。

2. Постройте предложения по образцу, используйте выражение «открыть новую страницу (в чём?)»

    *Пример: А.С. Пушкин (русская литература) = А.С. Пушкин открыл новую страницу в русской литературе*

    Уильям Шекспир (мировая литература), Исаак Ньютон (физика), Чарльз Дарвин (мировая наука), Дэн Сяопин (новейшая история Китая), Михаил Глинка (русская музыка), Дмитрий Менделеев (химия), Исаак Левитан (искусство пейзажа), Юрий Гагарин (освоение космоса), Чжан Имоу (китайское кино), Стив Джобс (современные технологии), Лю Сян (китайский спорт), Пётр Первый (история Россия).

3. Постройте предложения по образцу, используйте выражение «принести с собой». Переведите эти предложения на китайский язык.

    *Пример: 2008 год, Олимпийские игры в Пекине = 2008 год принёс с собой Олимпийские игры в Пекине.*

    2003 год (космический полёт Ян Ливэя), 2004 год (выборы Президента России), 2005 год (торжественный парад на Красной площади), 2006 год (чемпионат мира по футболу в Германии), 2007 год (выпуск iPhone), 2008 год (война России и Грузии), 2009 год (запуск первого скоростного поезда в России), 2010 год (Всемирная выставка в Шанхае), 2011 год (отмена зимнего времени в России), 2012 год (запуск «Шэньчжоу-9»), 2013 год (создание Общественного телевидения России), 2014 год (присоединение Крыма к России), 2015 год (вступление Казахстана в ВТО).

Прекрасный и понятный всем язык: история русской музыки **ТЕМА 4**

4. Измените эти предложения, используйте глагол «похвастаться» (чем?).

*Пример: Иван учится лучше всех = Иван может похвастаться успехами в учёбе.*

1) Алексей не очень красивый.

2) Пётр не очень хорошо поёт.

3) У Алины замечательная фигура.

4) У Василия прекрасная память.

5) Алексей Петрович имеет немало достижений в науке.

6) Этот спортсмен имеет высокие результаты в этом году.

7) Новая модель телефона имеет большой экран.

■ **Речевые и творческие задания**

1. Перед вами два портрета Ф.И. Шаляпина. Слева – портрет Б. Кустодиева, справа – портрет К. Коровина. Оба портрета великого певца являются шедеврами живописи.

    Как вы думаете, каким человеком был Федор Иванович Шаляпин? Можете ли вы по этим портретам рассказать о его внешности, о его одежде, а также предположить, как Шаляпин жил и что любил делать?

2. У каждого из нас есть своя самая-самая любимая песня. Расскажите о своей любимой песне, о её авторах и исполнителях, о том, как вы с ней познакомились. Расскажите о том, как часто вы её слушаете. Помогает ли вам эта песня жить, учиться, преодолевать трудности?

3. О некоторых старых песнях говорят, что они «не стареют». Посмотрите на эти названия популярных китайских песен прошлых лет: 《大海》(张雨生), 《爱如潮水》(张信哲), 《千千阙歌》(陈慧娴), 《月亮代表我的心》(邓丽君), 《北京的金山上》, 《烛光里的妈妈》。

    Знаете ли вы эти песни? Нравятся ли они вам? Как относятся к этим песням старшие члены вашей семьи? Как вы считаете, чем эти песни отличаются от современных? В чём секрет их популярности и в XXI веке?

4. У русских есть пословица «Из песни слова не выкинешь», это значит, что в песне важно каждое слово. Прочитайте текст знаменитой советской песни «Солнечный круг»:

Пусть всегда будет солнце!  Пусть всегда будет мама!
Пусть всегда будет небо!  Пусть всегда…

Предположите, чем должна заканчиваться последняя строчка? Почему вы так считаете?

5. Песня «Подмосковные вечера» - самая любимая русская песня в Китае – стала настоящим символом дружбы китайско-российской дружбы. Эта песня переведена на китайский язык. К сожалению, многие прекрасные русские песни не переведены на китайский, а китайские – на русский. Давайте поможем решить эту проблему и переведём две детские песни: русскую песню «Антошка» и китайскую песню 拔萝卜.

| «Антошка» (слова Юрия Энтина) | 拔萝卜 |
|---|---|
| Антошка, Антошка, пойдем копать картошку.<br>Антошка, Антошка, пойдем копать картошку.<br>Тили-тили, трали-вали,<br>Это мы не проходили, это нам не задавали!<br>Тарам – пам – пам, тарам – пам – пам!<br>Антошка, Антошка, сыграй нам на гармошке.<br>Антошка, Антошка, сыграй нам на гармошке.<br>Тили-тили, трали-вали,<br>Это мы не проходили, это нам не задавали!<br>Тарам – пам – пам, тарам – пам – пам!<br>Антошка, Антошка, готовь к обеду ложку.<br>Антошка, Антошка, готовь к обеду ложку.<br>Тили-тили, трали-вали,<br>Это, братцы, мне по силе!<br>Откажусь теперь едва ли!<br>Тарам – пам – пам, тарам-пам-пам! | · 拔萝卜、拔萝卜。<br>· 嗨哟嗨哟，拔萝卜，<br>· 嗨哟嗨哟，拔不动，<br>· 老太婆，快快来，<br>· 快来帮我们拔萝卜。<br>· 拔萝卜、拔萝卜。<br>· 嗨哟嗨哟，拔萝卜，<br>· 嗨哟嗨哟，拔不动，<br>· 小姑娘，快快来，<br>· 快来帮我们拔萝卜。<br>· 拔萝卜、拔萝卜。<br>· 嗨哟嗨哟，拔萝卜，<br>· 嗨哟嗨哟，拔不动，<br>· 小黄狗，快快来，<br>· 快来帮我们拔萝卜。 |

6. Задание для работы в парах или группах.

Песни можно не только петь. В песни ещё можно играть. Давайте поиграем в эту игру: вы думаете о какой-то песне, но не говорите её названия и не говорите слова этой песни, а только рассказывайте о чём она. Ваш друг (ваши друзья) должна отгадать, о какой песне идёт речь. Играть лучше всего с китайскими песнями, но рассказывать о них нужно по-русски!

# Приглашаем вас на танец!

Танец родился вместе с музыкой в очень древние времена. Мы сейчас не можем сказать, что в истории искусства случилось раньше: человек научился двигаться под музыку или человек научился помогать музыкой своим движениям. Но мы точно знаем, что первые танцы (как и первые песни) были для людей не только искусством. Древние люди танцевали перед тем, как пойти на войну, танцевали, чтобы поймать много рыбы, танцевали, чтобы пошёл дождь, даже болезни лечили с помощью танца. Вот как верили древние люди в силу танца! Учёные говорят, что древние люди рассказывали друг другу какие-то истории

Танцы древних людей

не только с помощью слов, но и с помощью движений. То есть, танец – это настоящий язык, а вместо букв и слов в нём – разные движения человеческого тела. И в наше время иногда говорят так: «Танец – это язык тела».

Постепенно танцы становились всё сложнее и сложнее, но они очень долго оставались не только искусством, но и важным средством общения. Так, например, в России во времена Пушкина молодые люди часто не могли признаться девушке в любви словами (это и сейчас многим молодым людям сделать нелегко!). Но было такое правило: если за один вечер мужчина приглашал девушку танцевать три раза, она и без слов знала, что он её любит.

Танцы в эпоху Пушкина

Как и в музыке, для любого танца нужно сделать немало работы. Сначала нужно подготовить музыку, всё-таки

> Именно хореограф – это автор танца. Когда мы говорим, что автор балета «Лебединое озеро» - это Чайковский, мы говорим только о музыке. Но без хореографа музыка Чайковского осталась бы только музыкой. А прекрасный балет на музыку Чайковского придумал хореограф Мариус Петипа.

танец – это движения под музыку. Потом танец нужно придумать: нужен человек, который объяснит исполнителям, какие движения делать, когда их делать, и что эти движения значат. Человек, который придумывает танец, называется «хореограф», а само искусство придумывать танец (правильнее сказать «ставить танец») называется «хореография». И ещё для танца нужны исполнители – люди, которые будут исполнять танец, то есть, танцевать.

Сейчас танец стал очень сложным видом искусства. Бывают танцы народные, бальные, современные, спортивные. Самый уважаемый во всём мире вид танца – это классический танец, который вы знаете под названием «балет». Научиться этому виду танца очень трудно: надо учиться в специальной балетной школе 9 лет и каждый день заниматься танцем по 6-8 часов! Но в России тысячи девочек мечтают стать балеринами и танцевать в самых известных театрах мира. Вообще, в России очень любят искусство танца. Откуда появилась

> Исполнительница балета называется «балерина» или «танцовщица». Но балет – это искусство не только для девушек, его могут танцевать и мужчины. Правильное название артиста-мужчины – «танцовщик». Кроме того, можно говорить «артистка балета» или «артист балета».

эта любовь и почему российский балет стал самым лучшим в мире вы узнаете из текстов этой темы об истории танца в России.

## УРОК 1. Берёзка – дерево или танец?

В русском языке слово «танцы» появилось только в эпоху Петра Первого. Это немецкое слово великий император привёз из путешествия по Германии, где он прекрасно научился танцевать модные в то время европейский танцы. Но это не значит, что до эпохи Петра в России совсем не умели танцевать. Русские не знали европейских танцев, но всегда любили «плясать», то есть, исполнять *народные танцы* – *«пляски», «плясовые»* или *«плясы»*.

Русская пляска

Русская пляска имеет очень богатую историю и очень отличается, например, от китайских народных танцев. Молодые люди и девушки часто собирались вместе после работы, чтобы петь песни и *плясать*, это всегда было для них самым лучшим отдыхом. Молодёжь вставала кругом, внутри которого было много места. На это место

Русский хоровод

(в круг) выходила девушка, которая начинала медленно ходить по кругу. К ней выходил молодой человек, и они начинали плясать вместе. Эта часть русской пляски называется «выход». Но русская пляска – это очень свободный танец, в нём нет никаких правил, каждый пляшет так, как хочет и как умеет. Как правило, пляска начинается медленно, потом **ускоряется,** в ней участвует всё больше людей. Иногда участники пляски придумывают новые движения, а иногда **устраивают небольшой конкурс** – кто пляшет лучше. Самые известные русские пляски называются «Барыня» и «Камаринская».

> Хороводы в русской деревне обычно водили в конце весны, когда было уже тепло, появлялись первые цветы, а работы в поле было ещё не очень много (с середины лета до начала осени русские с утра до ночи работали в поле, времени для отдыха и хороводов не было). Во время хороводов девушки часто носили венки из цветов, очень красиво!

Пляска обычно всегда исполняется под быструю и весёлую музыку. Другой вид русского народного танца – *хоровод* – очень отличается от пляски, он стал любимым видом отдыха русской молодёжи с конца XVII века. Хоровод – это не совсем танец, это одновременно танец, песня и игра, поэтому мы говорим не «плясать хоровод», а «водить хоровод». Хоровод водят всегда много молодых людей и девушек, часто вся молодёжь одной деревни. Во время хоровода все его участники поют песни, **держат друг друга за руки** и так ходят по кругу.

К сожалению, в наши дни в русской деревне уже **не найти** ни хороводов, ни плясок. В наши дни

Знаменитый хоровод «Берёзка» исполняет ансамбль «Берёзка»

с народными танцами можно познакомиться только в театре или музее русской истории. Исполняют их только артисты, которые изучали историю русского народного танца. Две группы мастеров русского народного танца (группа артистов, которые исполняют танцы, называется «ансамбль») – Ансамбль народного танца имени Игоря Моисеева и Ансамбль «Берёзка» - известны во всём мире. Ансамбль «Берёзка» имени Надежды Надеждиной **получил своё название от** красивого медленного хоровода, который исполняют только девушки. «Берёзка» стала одним из прекрасных символов русской культуры.

Русская кадриль

В XIX веке в России растут города и более популярными становятся европейские танцы. Модный французский танец «*кадриль*» постепенно стал так популярен в России, что родилась его русская народная форма – *русская кадриль*. Этот танец похож на игру, в которой показывается, как молодые люди встречаются и знакомятся с девушками. Это *парный танец* (то есть, его исполняют молодые люди и девушки в парах).

В современной России сейчас в моде такие же современные танцы, как в США, Китае и во всём остальном мире. У современных танцев нет своих национальных особенностей, во всех странах и культурах они очень похожи. Но даже в наши дни тысячи молодых людей и девушек с удовольствием занимается в клубах народных танцев в школах и университетах. Прекрасные традиции русского народного танца повлияли и на развитие русского балета.

 **Запомните термины:**

| | |
|---|---|
| народный танец | 民间舞蹈 |
| пляска, плясовая, пляс | 俄罗斯式欢乐的舞蹈 |
| плясать | 跳舞 |
| хоровод | 圆圈舞 |
| кадриль, русская кадриль | 俄罗斯卡德里尔舞 |
| парный танец | 双人舞 |

 **Запомните слова и выражения (работайте со словарем!):**

**ускоряться (ускориться)** *Времени остаётся совсем мало, мы должны ускориться, чтобы закончить эту работу вовремя. Когда я встречаюсь со своей девушкой, мне* кажется, что время ускоряется, а когда врач лечит мне зубы, мне кажется, что время остановилось.

**устраивать (устроить) конкурс** *В Китае каждый год устраивают конкурс по русскому языку для студентов и аспирантов. Если устроить конкурс красоты, то, конечно, Маша будет победительницей, она самая красивая в нашем университете. Кто быстрее переведёт этот текст – ты или я? Я не хочу с тобой конкурс устраивать, давай просто переводить.*

**держать (взять) (кого?) за руку** *Женщина лет 30 шла по улице и держала за руку мальчика лет пяти, наверное, своего сына. Когда мы с Ирой были в кино, я незаметно взял её за руку и был очень счастлив. Давайте все возьмёмся за руки и покажем, что все – большие друзья!*

**не найти** (где?) (кого? чего?) (в значении «не существует») *У нас совсем маленький городок, во всём городе не найти хорошего китайского ресторана. В России не найти человека, который бы не знал, кто такой Пушкин. Во всем мире не найти другой такой красивой девушки, как ты.*

**получать (получить) своё название от** (чего?) *Город Екатеринбург получил своё название от имени жены Петра Великого, Екатерины Первой. Автомобиль «Лада» получил своё название от красивого древнерусского женского имени. Салат «Оливье» получил своё название от имени французского повара, который придумал этот салат.*

### ■ Обратите внимание!

Когда мы говорим о танцах, мы используем следующие слова и выражения:

| Значение: | Слово «пляс», «пляска» | Слово «танец» |
| --- | --- | --- |
| двигаться под музыку | плясать (сплясать) | танцевать (станцевать) |
| двигаться под музыку | (идти) пойти в пляс пускаться (пуститься) в пляс | исполнять (исполнить) танец танцевать (станцевать) танец |
| увлекаться танцами, учиться двигаться под музыку | - - - | заниматься танцами |
| двигаться под музыку вместе с другими | участвовать в плясках | участвовать в танце |
| музыка под которую двигаются | плясовая музыка | танцевальная музыка |

\* Интересно, что по-русски можно сказать «танцевать (какой) танец», хотя русский язык не любит однокоренные повторы в одном словосочетании.

### ■ Речевые и творческие задания

1. В тексте вы прочитали о традициях русского народного танца – русской пляски.

    1а) Знаете ли вы китайские народные танцы? Какие танцы вы знаете? Похожи ли они на русскую пляску? Как вы думаете, почему народные танцы России и Китая отличаются?

16) Поищите в Интернете информацию об этих традиционных китайских танцах и расскажите, почему они называются именно так: 狮子舞, 孔雀舞, 龙灯舞, 踩鼓舞, 苗族芦笙舞, 赐鱼舞, 阿细跳月.

2. Танцы играют важнейшую роль в культуре и занимают важное место в языке. Прочитайте эти китайские выражения (成语) с иероглифом 舞: 轻歌曼舞, 莺歌燕舞, 手舞足蹈, 龙飞凤舞.

Какое значение имеют эти выражения и в каких случаях они используются?

## УРОК 2. Нерусский русский балет

Русский *балет* – это **настоящая гордость России**. У многих иностранцев во всём мире к слову «русский» хорошо подходят только три слова – русская зима, русская водка и русский балет. Такая связь между словами «русский» и «балет» появилась только в последние сто лет. А до этого ни в России, ни в мире никто не считал балет русским видом искусства.

В XVIII веке считали, что самое главное в балете – это красивые девушки

Балет, как и опера, родился в Италии, но самых больших успехов в XVIII и XIX веках достигли артисты из Франции. Во времена Пушкина только французский балет считался по-настоящему красивым. Именно французский *артист балета* Ланде открыл в России в 1738 году первую *балетную школу* (в Санкт-Петербурге). Именно француза Ланде мы считаем «отцом» танцевального искусства в России. Императрицы Елизавета Петровна и Екатерина II ужасно любили балет, поэтому артисты чаще выступали во дворцах, чем в театрах. Балет в XVIII веке был очень связан с оперой, поэтому часто артисты танцевали именно во время оперы, пока певцы отдыхали. Настоящую любовь в России балет получил только в начале XIX века, в эпоху Пушкина, когда в Санкт-Петербурге работал французский *хореограф* – Шарль Дидло. Кстати, Пушкин очень любил этот вид искусства и не пропускал ни одного балета в Петербурге

Авдотья Истомина – первая звезда русского балета

(из-за любви к красивым девушкам). О своей любви к балетам Дидло и первой знаменитой русской балерине Авдотье Истоминой Пушкин написал прекрасные слова в своём романе «Евгений Онегин». Не меньше, чем Пушкин, любили балет и русские императоры, особенно Николай I. Но русский балет в первой половине XIX века всё ещё не был русским. Вот имена самых известных в это время хореографов: Артур Сен-Леон, Жюль Перро, Мариус Петипа – ни одного русского имени, потому что все они были французами. Хотя в России были и свои прекрасные балерины, зрители больше любили смотреть на известных артисток из Франции и Италии, которые **время от времени** приезжали выступать в Санкт-Петербург.

Это немного странно, но русский балет стал русским благодаря иностранцу – французскому хореографу Мариусу Петипа. Правда, Петипа почти всю свою жизнь прожил в России, где в конце XIX века стал самым известным автором балетов. В Санкт-Петербурге этот великий хореограф поставил 40 балетов, но главных успехов он достиг в конце жизни, когда поставил балеты Чайковского «Спящая красавица» (1890) и «Лебединое озеро» (1895). «Лебединое озеро» - это, без сомнения, самый известный балет в мире. Многие хореографы ставили этот балет по-своему, но *постановка* Петипа, которой уже больше 120 лет, до сих пор считается одной из самых лучших. Все уже привыкли к тому, что «Лебединое озеро» - это великий шедевр мирового искусства. Поэтому трудно поверить, что сначала (в 1870-

Мариус Петипа

1880-е годы) этот балет никому не нравился. Дело в том, что первые хореографы плохо понимали музыку Чайковского, поэтому балет у них получался скучным и непонятным. И только Петипа смог сделать из прекрасной музыки прекрасный балет, смог показать главную идею произведения Чайковского: настоящая любовь всегда сильнее всего!

> Вот сюжет балета «Лебединое озеро»: злой волшебник Ротбарт превратил красивых девушек в белых лебедей. Одну из девушек-лебедей, прекрасной Одеттой, полюбил принц Зигфрид. Он пообещал Одетте, что будет вечно любить её. Но злой Ротбарт познакомил Зигфрида с красавицей Одиллией (чёрный лебедь), и принц забыл об Одетте. Но в балете счастливый конец: Зигфрид понимает свою ошибку и побеждает Ротбарта, и Одетта снова превращается из лебедя в красивую девушку.

Петипа делал свои балеты интересными, использовал много разных движений, добавлял в балеты красивые *массовые танцы* с участием многих артистов. Чайковский как автор музыки и Петипа как хореограф в конце XIX века смогли создать первые русские балеты **мирового уровня** (то есть, не хуже французских). Это был первый шаг к великому успеху русского балетного искусства. Пока только **первый шаг**, потому что Петипа всё-таки были классиком и не хотел нарушать традиций европейского балета.

### Запомните термины:

| | |
|---|---|
| балет | 芭蕾舞 |
| балетная школа | 芭蕾学校 |
| артист балета (артистка балета; артисты балета) | 芭蕾舞演员 |
| балерина | 芭蕾舞女演员 |
| хореограф | 编舞人员，舞蹈动作设计者 |
| постановка | (芭蕾)演出 |
| массовый танец | 群舞，团体舞 |

### Запомните слова и выражения (работайте со словарём!):

**(настоящая) гордость** (чего? кого?) *Раиса – настоящая гордость нашей университета, она получила первый приз на национальном конкурсе по русскому языку. Самовары – настоящая гордость города Тула, в котором есть даже «Музей русского самовара». Эта старинная книга – настоящая гордость моей коллекции, она была издана в 1810 году.*

**время от времени** *Время от времени мы с Леной ссоримся, но всё равно она остаётся моей лучшей подругой. Все каникулы я просидел дома, только время от времени выходил купить что-нибудь из еды. Ребёнок спал неспокойно и время от времени говорил во сне: «Мама... мама...».*

**(Что?) мирового уровня** *Этот завод производит самолёты мирового уровня, которые с удовольствием покупают в 22 странах. Мой дедушка – специалист мирового уровня по истории искусства, таких специалистов в мире всего несколько человек. Современные стадионы в Сочи готовы принимать соревнования мирового уровня.*

**первый шаг к** (чему?) (также с глаголом «сделать») *Правильный выбор специальности – это первый шаг к успеху в жизни. Понять свои недостатки – значит сделать первый шаг к тому, чтобы быстро их исправить. Когда вы выучили первое русское слово «здравствуйте!», вы уже сделали первый шаг к тому, чтобы выучить трудный русский язык!*

### ■ Обратите внимание!

Глагол «ставить (поставить)» имеет хорошо вам известное значение «поместить (что?) (куда?)». Но когда мы говорим о театре, о сцене, об опере, о балете, у этого глагола появляется другое значение.

| Слово | Значение | Пример |
|---|---|---|
| ставить (поставить) (балет, оперу, спектакль) | Придумывать и обучать артистов, как надо показывать данный спектакль | В 1890 году Мариус Петипа поставил на сцене Мариинского театра балет «Спящая красавица» на музыку композитора П.И Чайковского. |
| постановка | Балет, опера, спектакль на сцене | Балет «Лебединое озеро» - прекрасная постановка, известная и любимая сегодня во всём мире. |
| постановщик | Человек, который поставил спектакль, балет, оперу; режиссёр | Балет – это сложная работа композитора, постановщика и исполнителей. |

\* Когда мы говорим о кино, мы не используем глагол «ставить» и его однокоренные слова.

## Языковые упражнения (по урокам 1-2)

1. Постройте предложения, используйте выражение «получить своё название от чего?»

   *Пример: Волгоград (Волга) = Город Волгоград получил своё название от реки Волга.*

   Новосибирск (Сибирь), Ростов-на-Дону (Дон), Новгород (новый город), Ульяновск (В.И. Ульянов (Ленин), Хабаровск (Ерофей Хабаров), Томск (река Томь), Ярославль (князь Ярослав Мудрый), Калининград (советский руководитель Михаил Калинин), Рязань (слово «резать»), Липецк (дерево липа), Магнитогорск (гора Магнитная), Владимир (князь Владимир), Орёл (птица орёл), Комсомольск-на-Амуре (комсомол), Рыбинск (рыба).

2. Постройте предложения о знаменитых блюдах в различных частях Китая, используйте выражение «настоящая гордость (чего?)». Для перевода названий блюд используйте словари и Интернет!

   *Пример: 北京烤鸭 = Утка по-пекински – это настоящая гордость Пекина.*

   北京炒肝, 天津狗不理包子, 河北驴肉火烧, 山西刀削面, 甘肃兰州拉面, 新疆羊肉串, 上海小笼包, 武汉热干面。

3. Переведите предложения на русский язык. Используйте выражение «не найти (где?) (кого? чего?)»

   1) 我们班的学生里没有一个坏人。
   2) 我们美丽的祖国没有一处地方不漂亮。
   3) 这位诗人的作品中没有忧伤的诗歌，他所有的作品都很乐观。
   4) 这个餐厅的菜单上没有葡萄酒，没有啤酒，那里根本就不提供酒精饮料。
   5) 这个城市的商店里没有一双48码的鞋。

4. Составьте предложения со словами «мирового уровня» по образцу.

   *Пример: Adidas (спортивная одежда) = Компания Adidas производит спортивную одежду мирового уровня.*

Lenovo (компьютеры), Huawei (телефоны), Hisense (телевизоры), Haier (холодильники), FAW (автомобили), ANTA (спортивная обувь), Bosideng (зимняя одежда), Midea (бытовая техника), Gree (кондиционеры), Tencent (мобильные приложения), Li-Ning (спортивная одежда).

### Речевые и творческие задания

1. Прочитайте этот диалог:

   女：先生，总在广场看见你，可是从来不看你跳舞呢？
   男：我对舞蹈一窍不通，还是欣赏你们的舞姿吧。
   女：我可以教你啊，你不会跳舞，因为你没遇到我这样的好老师。
   男：哈哈，遇到我你就会发现世界上竟然会有肢体这么不协调的学生，谢谢你的好意，我真不会跳舞。
   女：来，手伸出来，搂住我的腰，注意脚步，一二三，二二三……
   男：不好意思，踩到脚了……不好意思，又踩到你脚了。
   女：没关系，放轻松。你手怎么出汗了？
   男：我……我热。
   女：这么冷的天你还热。你看你现在跳得不是也还不错。
   男：主要是老师教得好。其实，我每次来广场只是为了欣赏一个人的婀娜舞姿，没想到今天这个人成了我的老师，真是幸福。
   女：一直以来我隐约读到了你的心意，谢谢你为我而来。
   男：你跳舞的样子，真美。

   1а) Переведите этот диалог на русский язык.

   1б) Кого из ваших знакомых вы бы больше всего хотели пригласить на танец? Почему вы выбираете именно этого человека? Какой танец вы бы хотели с ним исполнить – быстрый и весёлый или медленный и романтичный?

2. Балет как вид искусства родился в Италии, но история русского балета тесно связана с Францией. Что вы знаете о культуре этих стран? Какие известные люди или явления культуры пришли из Италии и Франции? Расскажите об этом.

   **Образец:** *Пицца – это знаменитая во всём мире еда. Пицца родилась в Италии, но сейчас её любят во всём мире. Пицца – это блюдо из теста, сыра, овощей и других продуктов, она круглая, жёлтая, похожа на солнце, потому что Италия – это солнечная страна.*

3. Шарль Дидло и Мариус Петипа родились во Франции, но стали знаменитыми в России. В следующем списке – имена иностранцев, которые стали известными благодаря их жизни и работе в Китае:

Приглашаем вас на танец! **ТЕМА 5**

1) Норман Бетьюн 白求恩 (加拿大人，医生)
2) Маттео Риччи 利玛窦 (明朝来华天文学家，传教士)
3) Марко Поло 马可波罗 (元朝来华，意大利旅行家，传教士)
4) Эдгар Сноу 埃德加·斯诺(美国记者)
5) Отто Браун 李德(德国共产国际代表)
6) Марк Генри Раузвелл 大山 ( 加拿大籍学者，主持人)

Найдите в Интернете информацию об этих людях и расскажите, чем они знамениты.

4. Прочитайте ещё раз описание знаменитого русского балета – балета П.И. Чайковского «Лебединое озеро» (в тексте). Посмотрите на фотографии:

Как зовут каждого из этих героев? Как можно описать их внешность? Что вы можете сказать о характере каждого из этих героев?

## УРОК 3. «Русский балет» приходит в Европу

Начало XX века – это время настоящей революции в русском балете. Два молодых и очень талантливых хореографа – Александр Горский и Михаил **Фокин – имели собственные мнения** о том, каким должен быть русский балет. Горский, ученик Петипа, был недоволен тем, что за многие годы своей истории балет менялся очень мало. В нём, как и сто, и двести лет назад, использовались специальные знаки. Например, если герой балета

> Горский первым научился записывать балеты (он придумал знаки, которыми записывал движения так же, как композитор нотами записывает музыку), поэтому благодаря его записям мы знаем, каким был русский балет 100 лет назад.

хотел выразить чувство любви, он показывал руками на своё сердце. Горский хотел сделать балет более **естественным**, более реалистичным, то есть, ближе к жизни. Знаменитые балеты «Жизель», «Дон Кихот», «Лебединое озеро» - всё, чем сегодня гордится Большой театр, - стали известны на весь мир именно в постановке Александра Горского (который, кстати, старался сохранить в них всё лучшее от творчества своего учителя, Мариуса Петипа). Горский всегда обращал внимание на то, что балет – это не просто красивый танец. Это сложное искусство, в

> «В танце должна быть мысль, танец можно понимать, как язык», – считал Михаил Фокин. Можно сказать, что его творчество – это «Серебряный век» в русском балете (как творчество Врубеля в живописи или как творчество Стравинского в музыке).

котором есть и танец, и музыка, и театральное искусство, и ни одна из этих частей не может быть менее важной, чем другие.

Роль Александра Горского в развитии русского балета огромна. Но в истории русского балета его имя всегда будет **стоять на втором месте после** имени Михаила Фокина. Его называют «отцом» современного *романтического балета*. Фокин всегда относился к балету очень серьёзно и был очень недоволен тем, что балет считали менее серьёзным искусством, чем оперу или драму. Фокин многое сделал в балете первым. Он первым отказался от обязательных движений, которые, по традиции, должны были встречаться в любом балете. Он первым отказался от традиционной, но очень неудобной одежды для балерин, чтобы они могли танцевать свободнее. Он первым ставил балеты на музыку великого Игоря Стравинского (многие хореографы того времени считали, что такая музыка совсем не подходит для балетов). Для

Михаил Фокин открыл новую страницу в истории русского балета

своего времени Михаил Фокин был слишком современным автором, его идеи о свободном балете нравились не всем. В крупных театрах Фокину ставить балеты не разрешали, поэтому в 1909 году Михаил Фокин стал хореографом «Русского балета»- группы артистов, которые должны были показать успехи российского танцевального искусства в Европе, в столице балета того времени – в

Анна Павлова в танце «Умирающий лебедь»

Париже.

В Париже «Русский балет» добился огромного успеха. Вся Европа увидела, какие талантливые в России хореографы и исполнители балета. С 1910 до 1914 года все европейские газеты хвалили «Русский балет», Михаила Фокина и прекрасных российских артистов – балерину Анну Павлову и *танцовщика* Вацлава Нижинского. После успехов «Русского балета» Анна Павлова до 1930-х годов стала самой знаменитой балериной в мире. Она была так популярна, что **в её честь** в Австралии даже **назвали популярный вид торта**. Павлова предпочитала исполнять грустные и романтические танцы, а самым известным в её творчестве был танец «Умирающий лебедь» (на музыку французского композитора Сен-Санса). И сама Анна Павлова навсегда останется в истории искусства как «лебедь русского балета».

Первая мировая война и революции в России не позволили звёздам русского балета вернуться на Родину, все они остались жить за границей. Русский балет только-только стал известным на весь мир, неужели его короткая и прекрасная история должна была закончиться так рано?

### Запомните термины:

| | |
|---|---|
| романтический балет | 浪漫主义芭蕾舞 |
| танцовщик (танцовщица, танцовщики) | 舞蹈家 |

### Запомните слова и выражения (работайте со словарем!):

**иметь собственное мнение** (о чём? по какому вопросу?) *Анатолий – очень интересный человек, с ним интересно говорить, у него обо всём есть собственное мнение. Ты пока еще слишком маленький, чтобы иметь собственное мнение, должен во всём слушаться родителей!*

**естественный** (синоним = непринуждённый; антоним – неестественный; со словами «улыбка, движения, жест, поза») *Современные танцы совсем нетрудно танцевать, главное, чтобы все движения были естественными. Известные артисты должны не просто всегда улыбаться, они должны делать так, чтобы их улыбка всегда выглядела естественной.*

**стоять на первом месте (на втором месте после** (кого?) (чего?) *В истории русской литературы имя А.С. Пушкина всегда будет стоять на первом месте. Имя космонавта Германа Титова всегда стоит на втором месте после имени Юрия Гагарина. Среди самых главных новогодних традиций в России на первом месте стоит украшение ёлки.*

**называть (назвать)** (кого?)(что?) **в честь** (кого? чего?) *Меня назвали Максимом в честь моего дедушки, Максима Викторовича Петрова. Водку «Путинка» назвали так* *в честь президента России В.В. Путина. Футбольную команду «Спартак» назвали так в честь древнеримского народного героя Спартака.*

### ◼ Обратите внимание!

Слово «революция» может использоваться в двух значениях.

| Слово | (1) революция | (2) революция |
|---|---|---|
| Значение | (в истории) коренное изменение в общественно-политической жизни страны | (в искусстве) коренной переворот в искусстве, отказ от старых традиций |
| Примеры | Великая Октябрьская социалистическая революция произошла в 1917 году. Санкт-Петербург называют городом трёх революций. | Начало XX века – это время настоящей революции в истории русского балета. Художники-передвижники совершили настоящую революцию в истории русской живописи. |

### ◼ Речевые и творческие задания

1. Государственный академический большой театр (ГАБТ, Большой театр) – это самый знаменитый театр в России. Балет Большого театра считается одним из лучших в мире, а само здание Большого театра на Театральной площади в Москве – шедевр архитектуры. Большой театр так известен, что его изображение есть на деньгах – на купюре в 100 рублей:

Есть ли театр в вашем родном городе (или в городе, в котором вы учитесь?) Расскажите о нём. Какие спектакли в нём идут? Чем он знаменит? Как выглядит его здание? Сколько раз вы его посещали?

Приглашаем вас на танец! ТЕМА 5

2. Этот знаменитый во всём мире торт называется «Павлова» - в честь великой русской балерины Анны Павловой:

Опишите этот торт. Выглядит ли он вкусным? А какие торты любите вы? Знаете ли вы другие названия тортов (или других блюд) в честь известных людей?

3. Великая русская балерина Анна Павлова с детства мечтала стать балериной. А какие у вас в детстве были мечты? Расскажите о них. Используйте образец:

В детстве я мечтал(а) стать (кем?), потому что я думал(а), что…

В детстве я мечтал(а) стать (кем?), потому что эта профессия казалась мне (какой?)

В детстве я мечтал(а) стать (кем?), потому что мои родители (мои родственники) …

## УРОК 4. Национальная гордость

Советская эпоха навсегда войдёт в историю по разным причинам. Это было великое время великих побед России в экономике, в науке, в спорте, в космосе. Великие победы были и в искусстве – вы уже прочитали в этом учебнике о советской живописи, скульптуре и архитектуре. Но главным символом советского искусства, настоящей «визитной карточкой» советской культуры, навсегда останется балет. Бывшая мировая столица балета – Париж – с 1940-х годов уступила место новым столицам – Москве и Ленинграду, куда приезжали тысячи гостей со всего мира, чтобы посетить знаменитые театры, посмотреть знаменитые балеты и увидеть своими глазами великих артистов. О таких высоких достижениях культуры мы говорим - «национальная гордость».

Советский балет (и современный российский балет, который продолжает его традиции) – это, конечно, национальная гордость России.

Почему советский балет добился таких успехов? У него были прекрасные традиции – традиции классического балета Мариуса Петипа и Александра Горского, традиции романтического балета Михаила Фокина. У него была прекрасная музыка русских и советских композиторов. До советского времени балет оставался увлечением только богатых людей. В СССР было совсем не так: в зале Большого театра в Москве вместе сидели школьники, студенты, рабочие, крестьяне, пенсионеры, художники и преподаватели, балет стал любимым искусством для всех.

В советское время бесплатные балетные занятия проводились для всех детей, которые хотели учиться танцевать

История советского балета начинается в 1927 году, когда артисты Большого театра поставили балет «Красный мак». Вот его сюжет: в китайский порт приходит советский корабль. В порту китайские рабочие много работают, а их американские хозяева бьют их. Капитан советского корабля защищает китайских рабочих, поэтому американцы хотят его убить, но его спасает китайская красавица Тао Хуа. Американцы недовольны тем, что Тао Хуа помогла советскому капитану, они убивают девушку. В руках у девушки – красный цветок, символ надежды на то, что скоро китайский народ получит настоящую свободу. «Красный мак», как и все советские балеты, имел в себе и старое, и новое. Старое – это прекрасные традиции Большого театра, а новое – это новая тема, которая раньше никогда не встречалась в русском балете. Тема борьбы народа за свою свободу появилась и в другом знаменитом советском балете «Пламя Парижа» (1932) о французской революции (музыка Бориса Асафьева).

Сцена из балета «Красный мак»

В советское время появляются не только новые балеты, но и новые звёзды балета: Екатерина Гельцер, Марина Семёнова, Наталья Дудинская, Асаф Мессерер, Константин Сергеев. Советские артисты считали, что мало только прекрасно танцевать, гораздо важнее показывать в танце характеры и чувства своих героев. О советских артистах балета можно сказать: «Они не просто исполнители, они – соавторы балетов» (соавтор – это второй автор).

Самой великой артисткой советского балета была Галина Сергеевна Уланова (1910-1998). Она сначала стала главной балериной Мариинского театра в Ленинграде, а с 1944 года – звездой Большого театра в Москве. Каждая роль, которую исполняла Уланова, была большим успехом. Она прекрасно выступала в главных ролях в знаменитом французском балете «Жизель», в балетах советского композитора Бориса Асафьева. Она исполняла роль Одетты в «Лебедином озере» и роль Тао Хуа в балете «Красный мак». Но главным своим успехом она считала роль Джульетты в балете «Ромео и

Галина Уланова и Константин Сергеев в балете «Ромео и Джульетта»

Галина Уланова на занятии со своим учеником Николаем Цискаридзе (в 1990-е годы – самый известный артист балета Большого театра)

Джульетта» (1940) (музыка Сергея Прокофьева, хореограф Леонид Лавровский, по сюжету великого английского писателя Шекспира). Она исполнила главную роль и в другом знаменитом балете Прокофьева «Золушка» (1944). Галина Уланова не просто танцевала – в своём танце она показывала любовь и радость, печаль и надежду, показывала все самые прекрасные чувства человека. С огромным успехом она выступала в лучших театрах по всему миру, а потом стала преподавателем балета в Большом театре и подготовила многих талантливых артистов. Имя Галины Улановой стало такой же национальной гордостью, как и весь советский балет. Сергей Прокофьев сказал о ней: «Галина Уланова – это душа русского балета».

После ухода Улановой на преподавательскую работу в 1960 году главной балериной Большого театра становится ещё одна великая советская артистка Майя Плисецкая (1925-2015). Она тоже исполняла главные роли во многих классических балетах, включая «Лебединое озеро» и «Ромео и Джульетта». Плисецкая многое сделала для того, чтобы показать в балете прекрасные

Майя Плисецкая

истории русской литературы, исполнила главные роли в балетах «Анна Каренина» (по роману Льва Толстого), «Чайка» и «Дама с собачкой» (по произведениям Антона Чехова). Музыку к этим балетам написал муж Майи Плисецкой, талантливый композитор Родион Щедрин.

Огромную роль в успехах советского балета сыграли и советские хореографы, особенно, главные хореографы Большого театра Леонид Лавровский и Юрий Григорович. Юрий Григорович работал в главном театре России с 1964 по 1995 год, где поставил 15 балетов. Среди его самых известных работ – постановки балета Чайковского «Щелкунчик», балетов Прокофьева «Каменный цветок» и «Иван Грозный». Юрий Григорович с большим уважением относился к творчеству классиков хореографии русского балета – Мариуса Петипа и Александра Горского, сохранил их лучшие достижения для современного балета. Почти все балеты Большого театра, которые идут в нём сегодня, созданы Юрием Григоровичем.

Юрий Григорович

Именно благодаря своему уважению к традициям русского искусства советский балет год от года становился всё лучше. Новые балеты шли в театрах вместе с «Лебединым озером» и «Спящей красавицей», молодые исполнители **перенимали опыт** у старших, молодые хореографы учились у опытных. В 1960-1970-е годы больших успехов достигли ученики Галины Улановой Владимир Васильев и Екатерина Максимова. Они исполняли роли и в классических балетах, и в новых балетах Юрия Григоровича и других хореографов. А потом они сами стали хореографами и преподавателями. Так великие традиции русского и советского балета сохранились до наших дней. Сегодня артисты Большого и Мариинского театров, например,

Светлана Захарова – талантливая балерина Большого театра наших дней

Диана Вишнёва, Светлана Захарова и Ульяна Лопаткина, **радуют своим искусством** любителей балета во всех театрах мира – от Нью-Йорка до Пекина. Их успехи – это продолжение великих традиций русского и советского балета. Искусство балета остаётся национальной гордостью России.

 Запомните термины:

соавтор                                              合著者

 Запомните слова и выражения (работайте со словарем!):

**«визитная карточка»** (чего?)*Русская водка давно уже стала «визитной карточкой» русской кухни. Эрмитаж – это «визитная карточка» не только Санкт-Петербурга, но и всей России. Песня «Байкал» стала «визитной карточкой» этого популярного певца.*

**уступать (уступить) место** (кому? чему?)*Жаркое лето уступило место прохладной и дождливой осени. Когда я окончил школу и поступил в университет, школьные учебники уступили место книгам по русскому языку. Настольные компьютеры всё активнее уступают место удобным ноутбукам.*

**перенимать опыт** *Группа врачей из Африки приехала в Пекин перенимать опыт китайских коллег. Мы должны перенимать передовой иностранный опыт во всех сферах жизни. Анна, как у тебя получается так хорошо переводить русские тексты, я хочу перенять твой опыт!*

**радовать** (кого?) (чем?)*Шедевры Чайковского вот уже более 10 лет радуют всех любителей классической музыки. Июньская погода радовала нас тёплыми солнечными днями. Моя бабушка любит готовить и часто радует всю семью вкусными блюдами.*

■ **Обратите внимание!**

Слово «победа» может использоваться в двух значениях.

| Слово | (1) победа | (2) победа |
|---|---|---|
| Значение | успех в войне, в битве, в спортивном состязании, когда противник получает поражение | великое достижение в искусстве, в науке |
| Примеры | 9 мая в России отмечают День Победы в Великой Отечественной войне. В футбольном матче на кубок университета команда нашего факультета одержала победу над командой факультета японского языка. | Советское время стало временем великих побед в экономике, науке, спорте и, конечно, в искусстве. Научиться ходить для маленького ребёнка – это великая победа, хотя нам, взрослым, кажется, что в этом нет ничего сложного. |

## Языковые упражнения (по урокам 3-4)

1. Переведите предложения на русский язык, используйте выражение «уступать (уступить) место (кому? чему?)»

    1) 长发不如短发时髦。
    2) 冰球是苏联时期最流行的运动项目，但是在现在的俄罗斯，冰球的地位已经被足球所取代。
    3) 将来电子词典的地位一定会被网络在线词典取代。
    4) 目前在中国，英语还是最普及的外语，地位没有被取代。

2. Постройте предложения с выражением «визитная карточка» (чего?) по образцу.

    *Пример: Красная площадь (Москва) – Красная площадь – это «визитная карточка» Москвы.*

    外滩(上海), 鼓浪屿(厦门), 西湖(杭州), 玉龙雪山(丽江), 宽窄巷(成都), 兵马俑(西安), 布达拉宫(拉萨), 老虎滩(大连), 栈桥(青岛)。

3. Измените эти предложения, используйте выражение «радовать (кого?) (чем?)».

    *Пример: Иван отлично учится. Это очень нравится его родителям = Иван радует родителей своими успехами в учёбе.*

    1) В этом магазине всегда продают свежий хлеб. Все покупатели очень довольны.
    2) Телеканал CCTV-1 показал новый сериал. Он понравился зрителям.
    3) Моя подруга подарила мне два билета в кино. Я очень обрадовался.
    4) Телеведущий рассказал новость о строительстве метро в нашем городе. Мне было приятно это слышать.
    5) В Москве сейчас стоит солнечная погода. Это прекрасно!
    6) У этого блюда отличный вкус. Я съел его с удовольствием.

4. Постройте предложения по образцу, используйте выражение «стоять на втором месте после чего?».

    *Пример: Москва, Санкт-Петербург, крупные города России = Среди крупных городов России Санкт-Петербург стоит на втором месте после Москвы.*

    1) Русские, татары, самые многочисленные национальности России
    2) Каспийское море, Байкал, крупнейшие озёра России
    3) Обь, Амур, самые длинные реки России
    4) Эльбрус, Дыхтау, самые высокие горы России
    5) Берингово море, Охотское море, самые большие моря России
    6) Саяно-Шушенская ГЭС, Красноярская ГЭС, крупнейшие ГЭС России

Приглашаем вас на танец! ТЕМА 5

7) Новороссийск, Санкт-Петербург, крупнейшие порты России

**Речевые и творческие задания**

1. Во время одного из визитов Мао Цзэдуна в Москву Сталин пригласил китайского лидера в Большой театр на балет Р. Глиера «Красный мак».

Если в Пекин приедет нынешний лидер России, куда руководители Китая могли бы его пригласить? Расскажите о произведениях искусства прошлого и современности, которыми может гордиться Китай. В каких музеях или театрах можно увидеть эти произведения искусства? Как вы считаете, что произвело бы на российского лидера самое сильное впечатление?

2. Балет – это не только прекрасные движения артистов на сцене, это всегда история. Прочитайте истории этих известных во всём мире балетов:

1) Балет «Баядерка» рассказывает историю любви красивого воина Солора и красавицы Никии. Никия – баядерка, то есть девушка, которая всю жизнь должна жить в храме, потому что её жизнь принадлежит индийскому богу Вишну. В балете встречается много элементов индийской культуры.

2) Действие балета «Дон Кихот» мало связано с великим романом «Дон Кихот». В балете рассказывается история любви испанской красавицы Китри, которую её отец хочет выдать замуж за богатого нелюбимого дворянина. Но благородный рыцарь Дон Кихот заставляет отца Китри разрешить ей выйти замуж за своего любимого молодого человека Базиля. Балет заканчивается праздником на главной площади Барселоны.

3) Балет «Дочь фараона» рассказывает о том, как английские путешественники попали в одну из египетских пирамид, где они встретились с красавицей Аспиччией – дочерью египетского правителя из далёкого прошлого – которая рассказывает путешественникам прекрасную историю своей счастливой любви к воину Таору.

4) Сюжет балета «Корсар» рассказывает романтическую историю любви пирата Конрада и красавицы Медоры. Действие балета происходит в романтическую эпоху пиратов и приключений – в начале XVIII века. Приключения уносят Конрада и Медору в самые разные страны, пока, наконец, корабль Конрада не погибает во время бури, однако влюблённые остаются живы.

Поработайте со словарём и расскажите по-китайски, о каких особенностях иностранных культур мы можем узнать из этих историй. Где и когда происходят действия этих балетов? Что общего в этих историях? Как вы считаете, почему у многих классических балетов такие похожие сюжеты?

3. Перед балетным спектаклем можно купить программку – листок бумаги с информацией о балете. Давайте посмотрим на эту программку:

Внимательно прочитайте программку и ответьте на вопросы:

1) Кто является хореографом этого балета? Что вы знаете об этом человеке?

2) Кто является автором музыки этого балета?

3) Кто такой Р.Э. Лютер и какую роль он играет в этом балете?

4) В каком театре проходит спектакль? Что вы знаете об этом театре?

5) В каком году проходит спектакль? В каком году он проходил в первый раз?

6) Кто исполняет главную роль – роль Китри? Это танцовщик или балерина? Что значат слова «Лауреат международного конкурса»?

7) Как вы думаете, какую в балетном спектакле играют художники? Что они делают?

# Любите ли вы театр?

Наш рассказ о театре мы начнём с красивых и трогательных слов: «Театр! Любите ли вы театр так, как люблю его я? Можете ли вы не любить театр сильнее всего на свете?». Этими прекрасными словами признался в любви к театру великий русский критик Белинский. Но не только Белинский любил театр больше всего на свете. Любили театр и его великие современники Пушкин и Гоголь. Любили театр и другие русские писатели: Толстой, Чехов, Горький. Любили, любят и будут любить театр и обычные люди. Любовь к театру – важная часть всей русской культуры. До сих пор в России считают:

Режиссёр объясняет актёрам, как нужно играть на сцене

если человек часто ходит в театр – это, без сомнения, культурный человек с прекрасным вкусом.

Слово «театр» в русском языке имеет два значения: во-первых, это вид искусства, во-вторых, это место, где можно посмотреть это искусство. Театр – это вид исполнительского искусства, но нельзя сказать «исполнять театр», нужно говорить «играть в театре». Мастера этого вида искусства называются актёрами и актрисами. Актёры и актрисы играют на специальной площадке в театре – на сцене. Они играют для зрителей – людей, которые приходят

Актёрам драматического театра нужно уметь выражать самые разные чувства

в театр, чтобы посмотреть на игру актёров и актрис. Действие на сцене, которое продолжается от одного до трёх часов (зрители не могут целый день сидеть в театре!), называется «спектакль». К спектаклю надо готовиться: перед спектаклем актёры и актрисы много раз повторяют то, что они будут делать и говорить (такая подготовка называется «репетиция», актёры репетируют).

Актёр готовится к спектаклю

Ими руководит режиссёр – главный человек в театре. Режиссёр учит актёров и актрис, что нужно делать на сцене (это называется «ставить спектакль»). Во время спектакля режиссёр никогда не выходит на сцену, а смотрит спектакль вместе со зрителями и очень волнуется. После спектакля зрители обычно благодарят актёров аплодисментами, дарят им цветы, а актёры благодарят зрителей поклоном. Актёры и зрители так показывают уважение друг другу, поэтому театр – это место для культурных, воспитанных людей. Именно поэтому в театре зрителям нельзя пить, есть и разговаривать во время спектакля.

Театр – сложное искусство. Самое главное в театре - это искусство красиво говорить, красиво двигаться, голосом, словами и движениями передавать разные чувства – такое искусство мы называем «драматическим искусством» или просто «драмой». Но в древние времена, когда театр только-только родился, в театре главным искусством считалось не драматическое искусство, а музыка и танцы. Актёры древнего театра больше пели и танцевали, чем говорили. Такой театр называется «музыкальным», он сохранился и сейчас. Опера, балет, пекинская опера – всё это разные виды музыкального театра. Постепенно появилась и другая форма театра, где главным стало драматическое искусство. В таком театре актёры не пели и танцевали, а ходили по сцене, разговаривали и так показывали свои мысли и чувства. Такой вид театра мы называем «драматическим». Так, например, знаменитый Большой театр в Москве – это музыкальный театр, а Малый – это драматический театр. Нужно сказать, что особая любовь русских к театру, о которой писал Белинский, это, конечно, любовь к драматическому театру. О том, как она родилась и развивалась, мы и расскажем вам в текстах по этой теме.

## УРОК 1. Театр начинается с площади

Сейчас в любом российском городе, даже не очень большом, вы можете найти *драматический театр*. Здания этих театров часто намного красивее, чем другие здания в этом городе. В русском языке театр с огромным уважением часто называют «храмом искусств». Но первый русский театр был не таким. Он, как и русская музыка и танцы, родился в народном искусстве. Русский народный театр родился на городской площади, на рынке, то есть там, где всегда было **многолюдно**.

Первыми актёрами были скоморохи – вы уже знаете о них из текстов по истории русской музыки. Скоморохи появились на Руси ещё в XI веке, но их «золотое время» – это XVI-XVII века. Они были не только музыкантами, но и первыми актёрами. Свои *спектакли*, короткие и весёлые, они показывали не на сцене, а прямо на площади, на которой собирались зрители. Между актёрами и зрителями не было никакой границы, и скоморохи часто приглашали зрителей стать участниками спектакля, петь и танцевать вместе с ними. Спектакли скоморохов

Скоморох с медведем

заставляли людей смеяться – такой вид спектаклей мы называем словом «*комедия*». В своих спектаклях скоморохи часто смеялись над богатыми и важными людьми (такой вид комедии называется словом «*сатира*»), за это их ненавидели царь и чиновники, но очень любили простые люди. Первый русский театр – театр скоморохов – был по-настоящему народным.

> Комедии скоморохов назывались словом «игрища». Сейчас это слово уже не используется, но именно от него происходит слово «играть», которым мы описываем работу современных актёров.

В 1648 году царь Алексей Михайлович **запретил** театр скоморохов, а самих артистов отправил в Сибирь. Но любовь народа к искусству театра запретить было нельзя. В XVIII веке, в эпоху Екатерины II, народный театр **пережил второе рождение** в новой форме – в балаганах. *Балаган* – это очень простой дом, который можно было построить за несколько часов. Когда артисты приезжали в город, они сами быстро строили такой маленький театр – балаган – на площади или на рынке. В балагане уже была настоящая сцена и места для зрителей, нужно было покупать билеты. Главной задачей балагана было **развлекать** людей, которые приехали на рынок за покупками, поэтому спектакли тоже были короткими и не очень серьёзными. Но балаганы ещё не были настоящими театрами, это был лишь один небольшой шаг на большом пути к развитию этого вида искусства в России.

Современный театр пришёл в

Балаган на площади (конец XIX века)

Россию из Западной Европы и **пришёл с опозданием**. В Европе театр начал быстро развиваться ещё в XV веке, а в России первый настоящий спектакль прошёл только в 1672 году. Это случилось в Кремле, а первыми зрителями стали царь и члены его семьи. Этот первый спектакль на историческую тему был очень серьёзным, продолжался почти десять часов, но царь Алексей Михайлович совсем не устал и смотрел его с большим интересом. Так драматический театр пришёл в Россию – но не через площадь, а через царский дворец.

Огромную роль в развитии театра в России сыграл Пётр I. Он понимал, что для превращения России в европейскую страну нужно привезти из-за границы и современное театральное искусство. Из-за границы он пригласил и профессиональных *актёров*, и режиссёра, но был недоволен их работой: Пётр хотел, чтобы спектакли шли на русском языке, чтобы они были простыми и понятными для русских зрителей.

Первый настоящий русский драматический театр появился в России в 1752 году, в эпоху Елизаветы Петровны. Его создателем является Фёдор Волков, молодой купец, который так полюбил театр, что бросил заниматься торговлей

Федор Волков
(художник А. Лосенко)

и стал настоящим актёром. Свой театр он открыл в Ярославле, на берегу Волги, посещать его могли все жители города. Елизавета Петровна, которая тоже очень любила театр, назвала Волкова «первым русским актёром» и дала ему задание: поставить в Ярославле и привезти в Санкт-Петербург несколько интересных спектаклей. Это задание Фёдор Волков выполнил отлично – так прошли первые в России *гастроли* (поездка актёров в другой город). Сам Фёдор Волков вошёл в историю как «отец русского театра»; он был и главным актёром, и режиссёром, и сам писал тексты для своего театра. К сожалению, искусство театра нельзя сохранить: оно умирает вместе с актёрами и режиссёрами. Мы сейчас не можем точно сказать, каким именно был первый русский театр – театр Фёдора Волкова – но можно предположить, что он очень сильно отличался от современного театра.

 Запомните термины:

| | |
|---|---|
| драматический театр | 话剧 |
| комедия | 喜剧 |
| сатира | 讽刺作品 |

| | |
|---|---|
| спектакль | 演出(戏剧) |
| балаган | 民间演艺场 |
| актёр, актриса | 男演员（女演员） |
| режиссёр (театральный) | 戏剧导演 |
| гастроли | 巡回演出 |

 **Запомните слова и выражения (работайте со словарем!):**

**многолюдный (=людный)** (о местах)*Было утро, все спешили на работу, поэтому на улицах было многолюдно. Перед Праздником Весны в Китае на всех вокзалах очень людно, все торопятся вернуться домой. Я не люблю людных и шумных мест и предпочитаю тихие спокойные улочки.*

**запретить (запрещать)** (что? что делать?)*В конце XIX веке в России запретили все книги Маркса, но молодёжь все равно читала и даже учила наизусть его произведения. Мама запретила сыну брать конфеты, но он тайком съел девять штук. Закон запрещает громко разговаривать и слушать громкую музыку после 23 часов.*

**переживать (пережить) второе рождение** *Многие старые народные традиции, например, праздник Масленица, переживают сейчас в России второе рождение. Эта старая песня была популярна 30 лет назад, потом о ней забыли, а сейчас она переживает второе рождение.*

**развлекать (развлечь)** (кого?) (чем?)*В нашем общежитии Юра – самый весёлый парень, он всех развлекает своими шутками. Известный певец опаздывал, поэтому ведущий концерта развлекал зрителей смешными историями. Если вам скучно, включите телевизор, может быть, это сможет вас развлечь.*

**с опозданием** (что сделать?)*Лучше исправить свои ошибки с опозданием, чем не исправить их совсем. Мы ждали посылку утром, а её принесли с большим опозданием только к вечеру. Я с опозданием понял, что та девушка в поезде, с которой я так и не посмел поговорить, была моей судьбой, но больше я её никогда не увижу.*

### Обратите внимание!

Уличные театры - «балаганы» - ушли в прошлое. Но слово «балаган» можно встретить и в современном русском языке.

| | Балаган – это ... | Примеры |
|---|---|---|
| (1) | Временная лёгкая деревянная постройка | На площади за день до начала ярмарки построили балаган. |
| (2) | Старинное народное театральное представление | Многое из того, что нравится нам сегодня в театре, родилось несколько столетий назад в балагане. |
| (3) | Что-то шуточное, несерьёзное | Хватит! Это не серьёзный разговор, а какой-то балаган! |

■ **Речевые и творческие задания**

1. Давайте ещё раз повторим известные слова В.Г. Белинского: «Любите ли вы театр, как люблю его я? Можете ли вы не любить театр больше всего на свете?».

   Есть ли в вашей жизни что-то такое, о чём вы можете сказать похожие слова? Составьте рассказ о том, что вы любите, используя следующую модель:

   «Любите ли вы _____, как люблю его (её) я? Можете ли вы не любить _____ больше всего на свете? Я считаю, что нет ничего лучше, чем _____. Моя любовь к _____ не знает границ. Я всегда любил и всегда буду любить _____.»

2. Маска – это всемирный символ театрального искусства. В истории китайского театра была создана целая система масок пекинской оперы. К сожалению, эти маски (как и весь жанр пекинской оперы в целом) остаётся неизвестным для всего мира. Давайте попробуем рассказать об этом замечательном искусстве на русском языке!

赵高：《宇宙锋》　　通臂猴：《石猴出世》　　姬僚：《鱼肠剑》　　荆柯：《荆轲传》

   Расскажите об этих масках и о том, каких героев пекинской оперы они представляют.

3. Русский царь Алексей Михайлович в 1648 году запретил в России народный театр. В китайской истории тоже было немало случаев, когда императоры что-то запрещали. Вот эти примеры:

   1) 1898年光绪皇帝禁止蓄发；
   2) 康熙三十一年(1692年)，康熙皇帝禁止天主教在华传播；
   3) 崇德三年（1638年），清太宗下令禁止妇女"束发裹足"；
   4) 雍正七年（1729年），雍正皇帝颁布中国第一个禁烟法令。

   Расскажите по-русски о том, что запрещали китайские императоры. Как вы считаете, почему они это делали? Как вы считаете, стоит ли что-нибудь запретить в современной жизни?

4. Фёдор Волков – первый русский актёр. Он не был великим актёром, но он вошёл в историю как первый в истории России. Используйте выражение «Первый (первая) в истории Китая» о тех, кто вошёл в историю Китая.

1) 孙富龄, 中国历史上最早的驾驶员。
2) 严姗姗, 中国电影史上的第一个女演员。
3) 王韬, 中国历史上首位报刊政论家, "中国第一报人"。
4) 郎静山, 中国历史上最早的摄影记者。
5) 神农, 中国历史传说中第一个医生。
6) 杨利伟, 中国历史上第一个航天员。
7) 刘徽, 中国历史上最早期的数学家。

Это всего лишь несколько примеров великих людей, ставших первыми в своих профессиях в истории Китая. Можете ли вы дополнить этот список?

## УРОК 2. Большая роль Малого театра

До начала XIX века драматический и *музыкальный театр* в России были очень тесно связаны. Разделение произошло только в начале XIX века, когда в Москве были построены два новых театра – один поменьше, а другой побольше. Большой театр получили актёры музыкального театра – для балетов нужна была большая *сцена*, кроме того, нужно было место для музыкантов. Актёры драматического театра получили сцену поменьше. Со временем театры получили названия по своему размеру: так появились Большой и Малый театры.

Малый театр в Москве (открыт в 1824 году) и Александринский театр в Санкт-Петербурге (1832 год) стали двумя важными

Памятник А.Н. Островскому у Малого театра в Москве

центрами театральной жизни в России первой половины XIX века. На их сценах шли спектакли по прекрасным произведениям Пушкина, Грибоедова, Гоголя. **Росло количество** любителей театра. Именно в те годы критик Белинский написал свои знаменитые слова: «Театр! Любите ли вы театр, как люблю его я?». Именно в те годы на сцены этих театров выходят первые великие русские актёры – Павел Мочалов и Михаил Щепкин, каждый из которых принёс много нового в этот вид искусства.

В драматическом театре, как и в балете, в XIX веке лучшими специалистами считались французы, именно они стали учителями первых русских актёров и актрис. Французские режиссёры придумали свои правила для драматического театра: считалось, что актёры на сцене должны всё делать красиво – красиво ходить, красиво садиться и вставать, говорить громко, ясно

Портрет Михаила Щепкина

и тоже очень красиво. Короче говоря, французы учили, что театр – это красивое искусство, поэтому он и не должен быть похож на настоящую жизнь. Но у Мочалова и Щепкина были свои взгляды на правила работы актёра.

Павел Мочалов имел огромный талант в выражении чувств на сцене. Он мог так трогательно сказать два-три слова, что все зрители в зале начинали плакать. Кроме того, он отлично умел в одном и том же спектакле выражать совершенно разные чувства: от огромной радости до страшной душевной боли. Искусство Мочалова – это искусство романтизма, чувства в нём были важнее, чем правда жизни. Михаил Щепкин, напротив, стремился к тому, чтобы выглядеть не как

актёр, а как обычный человек. Он считал, что актёр должен работать не только во время спектакля, а до него – готовиться к роли, много думать над тем, каким должен быть его герой. Его театральное искусство – это искусство реализма. Русский писатель А.И. Герцен писал про Щепкина: «Он первым принёс правду на русскую сцену».

«Золотое время» Малого театра – это эпоха Александра Островского. Пьесы Островского очень отличались от привычных для русских зрителей пьес того времени: на первый взгляд, они могли показаться немного скучными, в них не было ярких действий и красивых слов. Островский перенёс на сцену Малого театра жизнь простых людей с их обычными проблемами, с обычными переживаниями и недостатками. В чём-то пьесы Островского похожи на современные телевизионные сериалы, в которых мы с удовольствием наблюдаем за жизнью обычных людей, похожих на нас с вами.

Александр Островский написал специально для Малого театра 48 произведений (самыми известными

Пьесы Островского идут в Малом театре и сегодня. В 2004 году прошёл двухсотый спектакль «Банкрот»

стали трагедии «Гроза» и «Бесприданница» о несчастной судьбе женщины в несправедливом обществе), а сам театр в его честь до сих пор часто называют «Домом Островского». Хотя, конечно, это не совсем правильно: самым знаменитым спектаклем Малого театра считается комедия Н.В. Гоголя «Ревизор». Произведения Гоголя и Островского помогли создать в Малом театре по-настоящему русское драматическое искусство. В русском театре, **как в зеркале**, **отражалось** то стремление к добру и правде, которое было главным и в русской литературе, и в русской живописи, и в русской музыке.

### Запомните термины:

| | |
|---|---|
| музыкальный театр | 音乐剧 |
| сцена | 舞台，戏台 |
| пьеса | 剧本 |

### Запомните слова и выражения (работайте со словарем!):

**становиться (стать) центром** (чего?) *Наш университет постепенно становится центром преподавания русского языка в Китае. Исторический музей в Москве стал центром изучения прошлого России. В будущем этот небольшой городок станет центром экономического развития всего региона.*

**растёт** (росло, выросло, вырастет) **количество** (=число) (кого? чего?) *С каждым днём в мире растёт число пользователей Интернета. В КНР постоянно растёт количество вузов, каждый год открывается несколько новых университетов. Когда количество посетителей моего кафе выросло до 200 человек в день, я решил открыть второе кафе в другом районе.*

**отражаться (отразиться), как в зеркале** *В современной литературе, как в зеркале, отражаются успехи и недостатки нашего времени. В дневнике этой девушке, как в зеркале, отразились все её переживания и мечты. В выступлении Председателя КНР, как в зеркале, отразились мечты всего китайского народа о прекрасном будущем.*

### ■ Обратите внимание!

Когда мы говорим о театре, мы часто используем слово «сцена».

| | (1) Сцена | (2) Сцена |
|---|---|---|
| Значение | Часть театра, на которой происходит выступление артистов | Небольшая часть спектакля или фильма |
| Словосочетания | Выступать (выступить) на сцене; выходить (выйти) на сцену; играть (сыграть) на сцене; | Сцены из (чего? какого спектакля?); репетировать (отрепетировать) (какую) сцену |
| Примеры | С самого детства он мечтал играть на сцене. М. Щепкин считал, что перед каждым выходом на сцену, актёр должен много репетировать и специально готовиться. | Какая сцена из спектакля по пьесе А. Н. Островского «Гроза» вам понравилась больше всего? |

### Речевые и творческие задания

1. В названиях пьес А.Н. Островского часто используются русские пословицы и поговорки, а также другие устойчивые выражения.

   1а) Переведите на русский язык и объясните по-русски, что значат эти устойчивые выражения – названия пьес Островского: 自家人好算账; 贫非罪; 来得容易去得快; 智者千虑，必有一失。

   1б) Составьте диалоги, в которых можно использовать эти русские выражения.

2. Посмотрите на эти сцены из пьес А.Н. Островского:

   Как вы думаете, кто эти люди? О чём они говорят? Расскажите об этом.

## УРОК 3. Чайка – это не только птица

После эпохи Александра Островского русский драматический театр **переживал не самые лучшие времена**. Конечно, не всё было плохо: например, в самом начале XX века в Малом театре успешно работал талантливый режиссёр Александр Ленский, а в Санкт-Петербурге зрители восхищались талантом великой актрисы Веры Комиссаржевской. В Москве главной звездой была актриса Малого театра Мария Ермолова. Но для нового этапа развития русского театра нужен был великий писатель. К счастью, Гоголь и Островский не были последними великими писателями в русской истории.

В 1896 году Александринский театр в Санкт-Петербурге ставит новую пьесу «Чайка». Автор пьесы – уже очень известный в то время писатель Антон

Павлович Чехов. Актёры Александринского театра не очень поняли эту пьесу, зрителям тоже было очень скучно, спектакль **закончился полным провалом**. Только актриса Вера Комиссаржевская поняла идею Чехова и с таким талантом сыграла в этом спектакле главную роль, что её до сих пор называют «чайкой русской сцены». Тем не менее, критики «Чайку» **ругали**, Чехов очень расстроился и решил, что больше никогда в жизни не будет писать для театра. Никто тогда не знал, что с этой неудачи начнётся новая великая эпоха в истории русского драматического искусства.

Одна из самых великих актрис в истории русского театра – Вера Комиссаржевская

Пока Чехов грустил о своей неудаче с «Чайкой», в 1897 году в одном из московских ресторанов встретились два человека: известный театральный преподаватель Владимир Немирович-Данченко и молодой и талантливый режиссёр Константин Станиславский. К сожалению, мы не знаем, какие блюда заказали эти два человека, но мы точно знаем, что их разговор продолжался целых восемнадцать часов! О чём же можно говорить так долго? Они говорили о том, как сделать современный русский театр ещё лучше и реалистичнее. Они оба были не очень довольны работой Малого и Александринского театров и считали, что **пришло время** создать новый театр. В этом новом театре должны быть более реалистичные, более современные и более разнообразные спектакли, а цены на билеты должны быть ниже, чтобы больше людей могли знакомиться с прекрасным искусством. Так родился Московский Художественный театр – МХТ, директором которого стал Немирович-Данченко, а главным режиссёром - Станиславский. Театр был открыт в 1898 году, и в том же году его актёры показали чеховскую «Чайку». На этот раз спектакль прошёл с огромным успехом! Оказывается, одно и то же произведение можно поставить и сыграть на сцене совершенно по-разному, в этом и есть волшебная сила театрального искусства. «Чайка» стала первым огромным успехом МХТ и его символом.

Создатели МХТ – Константин Станиславский (слева) и Владимир Немирович-Данченко

Долгое время МХТ был одним из самых лучших в мире драматических театров. При театре с 1943 года работает знаменитый театральный институт – Школа-студия МХАТ. А чайка до сих пор украшает занавес этого великого театра.

Появление МХТ **привело к** настоящему расцвету русского

драматического театра. После «Чайки» на его сцене прошли все великие драмы Чехова, включая знаменитый «Вишнёвый сад», прекрасные пьесы Максима Горького, включая его великий шедевр «На дне», пьесы Леонида Андреева и других известных писателей того времени. МХТ был, без сомнения, современным и интересным театром, а его спектакли были популярны среди российской молодёжи начала XX века так же, как корейские сериалы – среди китайской молодёжи начала XXI века. Главный режиссёр театра – Константин Станиславский – всё время думал над тем, как сделать этот вид искусства ещё интереснее и современнее.

Чайка – символ Московского художественного театра

Постепенно он понял, что нельзя отказываться от классических традиций, поэтому в МХТ начали ставить спектакли по произведениям Пушкина, Гоголя, Достоевского и Толстого. Станиславский много работал не только как актёр и режиссёр, но и как преподаватель. Он создал длинный список правил и советов для молодых актёров, первый учебник актёрского искусства, который изучают во всём мире и знают под названием «Система Станиславского». Основа этой системы – знаменитые слова Станиславского: «В театре я больше всего не люблю театр». Понимать эти слова надо так: на сцене зритель должен видеть настоящую жизнь и забыть о том, что он в театре. Многие актёры МХТ, друзья и ученики Станиславского и Немировича-Данченко, в будущем стали настоящими звёздами театра – это Иван Москвин, Василий Качалов, Евгений Вахтангов, Михаил Тарханов, Михаил Яншин, Юрий Завадский и многие-многие другие. Многие из них стали великими личностями в истории советского искусства, создали свои собственные театры.

> Если Малый театр – это «Дом Островского», то МХТ можно назвать «Домом Чехова». Сам великий писатель не только писал пьесы для МХТ, но и женился на актрисе этого театра Ольге Книппер. Его племянник, Михаил Чехов, стал одним из лучших актёров МХТ.

Василий Качалов – один из первых великих актёров МХТ

Именно после чеховской «Чайки», после рождения МХТ искусство драматического театра заняло в русской культуре по-настоящему важное место. Ходить в театр стало модно, о новых спектаклях писали во всех газетах, а звёзды театра каждый день получали сотни писем о любви. Но

Любите ли вы театр? **ТЕМА 6**

история русского театра должна была пережить то же серьёзное испытание, что и все виды русского искусства, - испытание революциями 1917 года.

 Запомните слова и выражения (работайте со словарем!):

**переживать не (самые) лучшие времена (= переживать трудные, тяжёлые времена)**
*Сейчас экономика России переживает не лучшие времена, но мы верим в то, что в будущем всё будет хорошо. Жители Ленинграда во время войны пережили очень тяжёлые времена, которые нельзя забыть и через много лет. Сейчас эта футбольная команда переживает не лучшие времена, все матчи она проигрывает.*

**закончиться (полным) провалом (=неудачей)** *Первая моя попытка приготовить блины закончилась полным провалом: блины пришлось выбросить. Первый концерт Марии закончился неудачей: зрители выходили из зала, а некоторые кричали: «Плохо!». Свидание с Еленой закончилось для Владимира закончилось полным провалом: через 10 минут Елена сказала, что ей надо позвонить, вышла из кафе и не вернулась.*

**ругать (отругать) (кого? что?)** *Родители отругали своего сына за то, что он не сдал экзамен по географии. Не надо ругать погоду за дождь и снег, любая погода – это неплохо. В русской литературе есть интересная история, в которой повар ругал кота; пока повар его ругал, кот успел съесть у повара всю еду.*

**пришло время (делать, сделать что?)** *Начались каникулы, пришло время всем студентам возвращаться домой, какая радость для всех! Мы уже изучили творчество Пушкина и Лермонтова, пришло время поговорить о другом великом русском писателе их времени – Николае Гоголе. Скоро нашей дочери исполнится 25 лет, скоро придёт время выдавать её замуж, это очень серьёзное дело.*

**приводить (привести) (к чему?)** *Если вы будете есть много сладкого, это приведёт к тому, что у вас заболят зубы. Успехи в развитии экономики и государства в эпоху Тан привели к расцвету культуры и искусства. Увлечение Интернетом может привести к тому, что вы потеряете всех друзей в реальной жизни.*

**Обратите внимание!**

Слово «роль» имеет несколько значений.

|  | (1) Роль | (2) Роль |
|---|---|---|
| Значение | Игра актёра на сцене; показ актёром на сцене одного из героев произведения | Значение, важность кого-то или чего-то в каком-то деле или событии |
| Словосочетания | Исполнять (исполнить) роль; играть (сыграть) роль; главная роль; второстепенная роль; трагическая роль; комическая роль | Играть (сыграть) важную роль (в чём); трудно переоценить роль (кого? чего?) (в чём?); огромная роль (в чём?) принадлежит (кому? чему?) |
| Примеры | Актриса Вера Комиссаржевская талантливо сыграла главную роль в спектакле по пьесе А. Чехова «Чайка». | Роль К. Станиславского в развитии драматического искусства трудно переоценить. |

159

## Языковые упражнения (по урокам 1-3)

1. Переведите предложения на русский язык, используйте выражение «пришло время» (сделать, делать что?)
   1) 我弟弟满18岁了，和所有同龄的俄罗斯人一样，该去服兵役了。
   2) 冬天来了，该穿暖和的大衣和戴帽子了。
   3) 我们的关系含糊太长时间了，你该坦白了，你到底爱不爱我？
   4) 伊凡·伊凡诺维奇在这个工厂工作了45年，到退休的年龄了，他却怎么也舍不得自己的工厂。
   5) 老师说我们会背的生词已经足够多了，所以该听写了。

2. Постройте предложения по образцу, используйте выражение «стать центром (чего?)"
   *Пример: Москва (театральная жизнь) = Москва стала центром театральной жизни России.*
   Санкт-Петербург (культурная жизнь), МГУ (студенческая жизнь), Российская государственная библиотека (библиотечное дело), Сочи (зимние виды спорта), Крым (туризм), Российская академия наук (научные исследования), Институт русского языка им. А.С. Пушкина (обучение иностранных студентов-русистов), Урал (тяжелая промышленность), Казань (студенческий спорт), Пермь (современное искусство), Ростов-на-Дону (культура казаков), Байкал (экологический туризм), Большой театр (русский балет), Ханты-Мансийск (шахматная жизнь).

3. Составьте из двух предложений одно по образцу. Используйте глагол «приводить (привести)» (к чему?). Переведите полученные предложения на китайский язык.
   *Пример: Я заболел. Из-за этого пропустил два занятия. = Я заболел, это привело к тому, что я пропустил два занятия*
   1) Иван сказал, что я слишком толстый. Из-за этого я поссорился с ним.
   2) Я слишком много смотрел видео в WeChat. Из-за этого у меня кончился трафик (流量).
   3) Цены на нефть резко упали. Из-за этого и курс рубля изменился.
   4) Несколько дней шёл снег. Из-за этого движение машин остановилось.
   5) Борис заболел, но не обратился к врачу. Из-за этого ему стало ещё хуже.
   6) Я пролил кофе на компьютер. Из-за этого компьютер сломался.

4. Перефразируйте предложения по образцу, используйте слово "запрещать" (кому?) (что? что делать?).
   *Пример: Преподаватель говорит, что на экзамене нельзя пользоваться словарём. =*

*Преподаватель запрещает нам пользоваться словарём на экзамене.*

1) Мама говорит, что детям нельзя включать газ.

2) Президент говорит, что чиновникам нельзя отдыхать за границей.

3) Дорожный знак сообщает, что нельзя ехать быстрее 100 километров в час.

4) В новом законе написано, что детям до 18 лет нельзя продавать сигареты.

5) Бабушка говорит, что мне нельзя есть мороженое зимой.

6) Работник музея сказал нам, что в музее нельзя фотографировать.

5. Напишите первую часть этого предложения (по образцу), используйте выражение "растёт количество (число) (кого? чего?)".

*Пример:* _____: сейчас университет принимает 1500 студентов в год вместо 1000. = Растёт число новых студентов: сейчас университет принимает 500 студентов в год вместо 300.

1) _____: недавно в нашем городе построили ещё две новые школы.

2) _____: недавно в России появилось 4 новые политические партии.

3) _____: недавно у моего блога появилось ещё 10 читателей.

4) _____: в нашем клубе уже более 200 любителей русской песни.

5) _____: в больнице сообщили, что за последние два гриппом заболели ещё 20 человек.

6) _____: в Красную книгу занесли ещё два вида редких птиц.

### Речевые и творческие задания:

1. Великий русский режиссёр К.С. Станиславский вошёл в историю как автор многих знаменитых высказываний. Не все его слова можно сразу и легко понять. Например, его знаменитая фраза «Театр начинается с вешалки» речь идёт совсем не о том, что в каждом театре должен быть гардероб. Эти слова значат, что в большом и сложном деле каждая мелочь имеет значение. Попробуйте объяснить на китайском языке смысл следующих высказываний великого режиссёра:

   1) Трудное надо сделать привычным, привычное – лёгким, а лёгкое – прекрасным.

   2) Мода создана для тех, кто не умеет одеваться

   3) Книги для детей надо писать так же, как для взрослых, только еще лучше.

   4) Не всякая правда - красота, но всякая красота - правда.

   5) Учитесь слушать, понимать и любить правду о себе.

2. Слово «Чайка» в русской культуре связано со знаменитой пьесой А.П.

Чехова и спектаклем МХТ. А в китайской культуре слово «чайка» связано с детской песенкой 海鸥. Давайте переведем эту прекрасную песенку на русский язык!

海鸥海鸥我们的朋友　　　海鸥海鸥我们的朋友
你是我们的好朋友　　　　你是我们的好朋友
当我们坐上船儿去出航　　你迎着惊涛骇浪飞翔
你总飞在我们的船前船后　在风浪里和我们一起遨游
你扇动着洁白的翅膀　　　看船头上飘动的队旗
向我们快乐地招手　　　　在向你热情地招手
海鸥海鸥我们的朋友　　　海鸥海鸥我们的朋友
海鸥我们的好朋友　　　　海鸥我们的好朋友

## УРОК 4. Театр не может стоять на месте

Давайте **представим себе** Москву 1921-1922 годов. Это совсем не тот огромный город богатых и успешных людей, которым является современная Москва. Холодно, на улицах грязь, людей почти нет. Даже немного хлеба – это уже богатство, а фрукты и вовсе дороже золота. Кризис после тяжелой Гражданской войны, от которой так устала вся Россия, особенно чувствовался в столице. Кажется, что **в такое время совсем не до искусства**. Но в театрах всегда много людей. Голодная и холодная Москва всё так же, как и раньше, любит театр.

Лучшие режиссёры 1920-х годов были учениками великого Станиславского (в это время их учитель продолжал успешно руководить МХТ). Одно из правил Станиславского было таким: театр не может **стоять на месте**, этому виду искусству нужно постоянно улучшаться, режиссёр каждый день должен искать в своём творчестве что-то новое. Сам Станиславский писал в 1920 году: «Старый театр продолжать невозможно, а для нового нужны люди – молодые актёры, потому что старые актёры продолжают стоять на месте». Советская эпоха принесла в театр новые темы – тему революции, борьбы за лучшую жизнь, тему конфликта старого и нового общества. Так каким же должен быть он, новый, советский театр? **Свои поиски** подходящей формы нового театра **вели** талантливые ученики Станиславского – Евгений Вахтангов и Всеволод Мейерхольд.

Вахтангов старался продолжать традиции Станиславского. Он мечтал, чтобы новый театр стал более жизнерадостным, более близким к народу, помог простым людям избавиться от недостатков старого общества, поверить в прекрасное будущее. Его знаменитый спектакль «Принцесса Турандот» (1922) стал настоящим праздником в холодной и голодной Москве и навсегда вошёл в историю русского театра. К сожалению, режиссёр умер в 1922 году, но память о нём жива. В Москве на Арбате находится Театр Вахтангова, сейчас это один из лучших драматических театров России.

Театр Вахтангова на Арбате

Совсем по-другому понимал новый театр Всеволод Мейерхольд. Он, как и его друзья Владимир Маяковский и Дмитрий Шостакович, тоже революционеры в советской литературе и музыке, считал, что в современном искусстве должно быть как можно меньше старого и как можно больше нового, в этом не боялся спорить с самим великим Станиславским. По мнению Мейерхольда, театр стал слишком реалистичным, классическим и скучным, актёры забыли традиции народного театра, балагана. В своём театре Мейерхольд пытался использовать более яркие формы спектаклей, использовал в них искусство цирка, необычные работы современных художников. С огромным успехом в его театре прошли знаменитые комедии Маяковского «Клоп» и «Баня», зрители, как и в старых балаганах, с удовольствием смеялись над недостатками общества.

Великие революционеры русского искусства – режиссёр Мейерхольд (слева) и поэт Маяковский

В 1930-е годы началась «вторая молодость» МХТ. На его сцене с успехом шли пьесы М. Горького, М. Булгакова, молодых советских писателей, шедевры русской классики, например, «Анна Каренина». На спектакли нередко приходил лично Сталин, который **давал высокую оценку работе** этого театра. От МХАТа старались не отставать и другие столичные театры. Открытый в 1922 году Театр

В 1932 году МХТ получил новое название «МХАТ СССР им. А.М. Горького». Это название показывало, что театр стал одним из трёх главных театров страны, вместе с Большим и Малым театрами. В 1987 году в Москве стало уже два МХАТа! Хороших театров должно быть много.

Революции (сейчас Московский академический театр им. В.В. Маяковского) и московский Камерный театр (сейчас Московский драматический театр им.

А.С. Пушкина) тоже были важными центрами театральной жизни. В 1930-е годы к славе пришло новое поколение звёзд молодого советского театра – Игорь Ильинский, Михаил Жаров, Василий Топорков, Михаил Астангов, Николай Боголюбов, Лев Свердлин, Борис Щукин, Николай Симонов. Многие из них в будущем стали талантливыми преподавателями актёрского искусства.

В 1937 году в Театре Вахтангова впервые прошёл спектакль о Ленине. В роли Ленина – ученик Вахтангова Борис Щукин.

**Свои** взгляды и **планы на развитие театра были и у руководителей** советской России. Они с большим уважением относились к талантливым московским режиссёрам, но перед государством стояла большая задача – сделать драматический театр массовым искусством, открыть театры во всех городах СССР. Для этого нужно было создать систему театрального образования, и тогда лучшие театры Москвы (Театр Вахтангова и МХАТ) стали одновременно и центрами подготовки новых актёров и режиссёров. Так рождался новый – советский – театр, который продолжал традиции Станиславского, сохранял принципы реализма и высокой культуры. Совсем скоро советский драматический театр, как и советский балет, будет знаменит во всём мире.

Правда, в 1930-е годы драматический театр получил очень серьёзного конкурента – кино. Но театр, как и мечтал Станиславский, не стоял на месте. Пережив тяжелый годы Великой Отечественной войны, советский театр входил в новую, самую лучшую свою эпоху.

 Запомните слова и выражения (работайте со словарем!):

**представлять (представить) себе (что? кого?)** *Когда вам грустно, попробуйте представить себе что-то хорошее, например, зелёный лес или берег моря. Этот экзамен такой трудный, я даже не могу представить себе, как его можно сдать. Ты можешь представить себе человека, который знает двадцать языков? А я знаю такого человека.*

**не до чего? (кому?) или (когда?)** *Когда тебе нечего есть, тебе не до разговоров об искусстве. Когда у меня экзамены, мне не до развлечений, день и ночь занимаюсь. Папа, пойдём в зоопарк? - Какой зоопарк! Мне сейчас не до зоопарка, у меня сегодня важная деловая встреча.*

**стоять на месте** *Жизнь не стоит на месте, она идёт вперед, и мы не можем от неё* *отставать.* Когда вы изучаете иностранный язык, не надо стоять на месте, надо всё время расширять свои знания, стремиться к большему. В XIII-XV веках русская культура стояла на месте, её быстрое развитие началось только в эпоху Ивана Грозного.

**вести поиск (поиски)** (чего?)*Учёные всего мира давно ведут поиски ответа на вопрос «Есть ли жизнь на других планетах?». Алексей многие годы ведёт поиски подходящей девушки, но пока не может найти свою настоящую любовь.*

**дать (давать) высокую (невысокую) оценку** (чему?)*Все русские писатели давали высокую оценку творчеству А.С. Пушкину. Президент Путин дал высокую оценку работе строителей, которые создали современные стадионы в Сочи. В Интернете написали, что специалисты дают невысокую оценку телефонам этой компании, они слишком ненадёжные.*

**иметь свои планы** (на что? на кого?)*Мы с подругой купили торт, я хотела съесть его вечером, но у моей подруги были свои планы на этот торт, она днём его съела без меня. Марина хотела заниматься музыкой, но у родителей были свои планы на её будущее, и они заставили её поступить на факультет экономики. Кате нравится многим молодым людям, но у Виктора на Катю свои планы – завтра он хочет сделать ей предложение.*

### ■ Обратите внимание!

Слово «конфликт» имеет разные значения в различных ситуациях

| В разговорной речи (口语) | В политике и истории | В литературе |
|---|---|---|
| Слово «конфликт» имеет значение «ссора» (不和) | Слово «конфликт» имеет значение «борьба», «противостояние» (反对，争议), но используется и в значении «война» (武装冲突) | Слово «конфликт» - это термин со значением «борьба точек зрения разных героев» (文学作品里人物之间的矛盾冲突) |
| У меня с сестрой каждый день конфликты, я не знаю, как нам найти общий язык. | В современном мире постоянно происходят военные конфликты. | В романе «Евгений Онегин» главный конфликт – между «лишним человеком» Онегиным и современным ему обществом. |

### ■ Речевые и творческие задания

1. «Не стоять на месте» - это значит меняться, совершенствоваться, становиться лучше. Считаете ли вы, что каждый человек тоже не должен стоять на месте? Есть ли в вашей жизни что-то такое, что вы хотели бы изменить? Если у вас какие-то недостатки, которые вы хотели бы исправить? Что вы для этого делаете?

2. Для того, чтобы зрители могли получить информацию о новом спектакле, сейчас можно использовать возможности телевидения

и Интернета. А в первой половине XX века главным способом театральной рекламы была театральная афиша. Посмотрите на эту афишу:

Ответьте на вопросы:

1) В каком театре будут показывать спектакль «Дни Турбиных»? Что вы знаете об этом театре?
2) Когда пройдёт премьера (первый спектакль)? Назовите день и время.
3) Скажите, в каком порядке написаны имена актёров? Всегда ли соблюдается этот порядок?
4) Кто такой Михаил Булгаков? Почему его имя написано на афише?
5) Кто такой И.Я. Судаков? Почему его имя написано на афише отдельно от имён актёров?
6) Расскажите, о чем этот спектакль? Следующий текст поможет вам: 《图尔宾一家的日子》以编年体的形式讲述了一个白军军官的家庭，这个家庭的成员都加入了白军，但最后他们不是死去就是改变初衷。作者以同情和惋惜的笔触描写了他们在内战时期的所作所为以及思想表现，指出这些人并不是清一色的坏蛋。

## УРОК 5. Золотой век советского театра

Ни во время, ни после Великой Отечественной войны театральная жизнь не останавливалась ни на один день. Казалось, что в послевоенные годы в СССР нужно было **направить все силы** на восстановление страны, поэтому государство не могло тратить большие деньги на искусство. Но уже в 1945 году в Москве открылись два новых драматических театра, каждый год режиссёры ставили новые спектакли. Однако настоящий «золотой век» советского театра начнётся немного позже.

В 1954 году в СССР началась «*оттепель*» - время нового расцвета всех видов искусства. Особенно это было заметно в литературе, в театре и в кино.

За билетами в «Современник» всегда стояла огромная очередь

Главную роль в этом возрождении искусства играла молодёжь. В 1956 году в Москве произошло великое событие: группа молодых выпускников театральной школы МХАТа создала новый театр, его руководителем стал молодой режиссёр и актёр Олег Ефремов. Новый театр получил название «Современник», потому что актёры хотели ставить только спектакли по современным пьесам о современной жизни. После первого спектакля «Современника» зрители даже не хотели уходить домой, они сидели в театре всю ночь и разговаривали с актёрами!

Великие актёры «Современника» Евгений Евстигнеев (слева) и Андрей Мягков в спектакле «На дне» (1970)

Ефремов очень серьёзно относился к традициям Станиславского, он тоже стремился к реализму во всём: их театр был не очень похож на театр, в нём даже не было занавеса. Спектакли «Современника» были очень близки к современной жизни, они рассказывали о мечтах и проблемах молодёжи того времени. В том же 1956 году в Большой драматический театр Ленинграда (БДТ) пришёл талантливый главный режиссёр Георгий Товстоногов. Его режиссёрский стиль отличался от стиля Ефремова, но взгляды на театральное

Один из самых любимых советских актёров, звезда Театра Сатиры Андрей Миронов

искусство были такими же. С успехами Ефремова и Товстоногова в Москве и Ленинграде, в СССР начинается новая эпоха любви к театру, его «золотой век». В советских театрах в это время было трудно найти свободные места, а звёзды театра были самыми популярными людьми в стране (правда, их популярность росла больше благодаря кино, где они с успехом играли **в свободное от театральной работы время)**.

В 1950-е годы то в одном, то в другом театре появлялись спектакли, о которых писали в газетах, о которых говорила вся страна. В этих театрах появлялись свои звёзды, замечательные режиссёры и актёры, посмотреть на которых приезжали со всех уголков огромной страны. Свои бессмертные шедевры создавали режиссёры Анатолий Эфрос, Юрий Любимов, Валентин Плучек, Галина Волчек, Марк Захаров. **В один ряд с** Малым театром, МХАТом, БДТ и «Современником» **встали** московские театры «Ленком», Театр на Таганке, Театр на Малой Бронной, Театр имени Моссовета, Театр Сатиры. Сегодня в российской столице более 150 театров, большинство из которых – драматические.

Перечислить имена великих актёров того времени просто невозможно: один только список их имён занял бы несколько страниц. Но некоторые имена всё-таки нельзя не назвать: Ростислав Плятт, Иннокентий Смоктуновский, Евгений Евстигнеев, Евгений Леонов, Александр Калягин, Леонид Броневой, Андрей Миронов, Олег Борисов, Олег Даль, Сергей Юрский, Алиса Фрейндлих, Наталья Гундарева.

Аркадий Исаакович Райкин

Особое место в истории советского театра занимает творчество Аркадия Райкина. Этот талантливый актёр и режиссёр работал в жанре *комедийных миниатюр* – коротких и очень весёлых спектаклей (такие миниатюры в жанре «сяопинь» и сегодня очень популярны в Китае).Но спектакли Райкина были особенными. Для его миниатюр не нужна была большая сцена со сложными *декорациями*, не нужны были десятки актёров в красивых костюмах: обычно единственным актёром был он сам, во время спектакля он несколько раз быстро переодевался, чтобы показать разных героев. Его простые и понятные миниатюры заслужили любовь миллионов людей, а сам он говорил: «Я мечтаю не о том, чтобы зрители приходили в театр, а о том, чтобы театр приходил к зрителям». Как же нам понимать эти слова великого Райкина?

«Золотой век» советского театра – это не только удивительное мастерство великих актёров и режиссёров знаменитых московских и ленинградских театров. У театрального искусства во все времена был один серьёзный недостаток: оно не могло быть очень **массовым**. Сколько зрителей может посмотреть спектакль? В самом большом зале – не более тысячи человек. Но что делать миллионам тех, кто живёт далеко от Москвы? В советское время эту проблему успешно решали: театр сам приходил к зрителям. Известные актёры из известных театров несколько месяцев в году проводили на гастролях

В Театр юного зрителя дети приходят с радостью

– выступали в разных театрах по всему Советскому Союзу. Лучшие спектакли часто показывали по телевизору: так театральное искусство смогло прийти в миллионы семей. И в те семьи, в которых не было телевизора, театр тоже приходил: советские актёры часто выступали на радио, читали стихи, создавали прекрасные *радиоспектакли*, а радио можно слушать везде, и в горах, и в лесу, и в море. Слова «*народный театр*» в это время тоже получили новое значение – так назывались клубы любителей театра, в которых в спектаклях играли не профессиональные актёры, а обычные люди. Народные театры были очень популярны – в них играли и простые рабочие, и интеллигенты, и студенты, и даже пенсионеры! Великое искусство театра было доступно и для детей: в каждом городе работали специальные детские театры – *театры юного зрителя*. В этих театрах, а также во многих школах работали детские театральные студии, в которых школьники могли учиться театральному искусству у известных актёров и режиссёров. Так театр **вошёл в жизнь** многих людей самых разных профессий, возрастов и национальностей, стал важной частью русской души.

«Золотой век» советского театра закончился вместе с советской эпохой, закрылись народные театры, ушли с телевидения и радио спектакли, многие актёры уехали за границу. Но любовь к театру в русской душе останется навсегда. Великие традиции русского театра, как и русского балета, навсегда сохранятся в русской культуре.

 Запомните термины:

| «оттепель» | "解冻"时期（这是苏联历史上一段特殊时期，由于政治气候的变化，文化和艺术领域也出现一定的变化和发展。） |

| | |
|---|---|
| занавес | （舞台上的）幕布 |
| комедийная миниатюра | 小品 |
| декорации | 布景 |
| радиоспектакль | 广播剧 |
| народный театр | 民间戏剧（由民间的戏剧业余爱好者在空闲时间表演形成的一种民间艺术） |
| театр юного зрителя | 儿童剧院 |

 **Запомните слова и выражения (работайте со словарем!):**

**направить (направлять) все силы** (на что?) *Сейчас я все силы направляю на учёбу, поэтому не могу отвлекаться на другие дела. Наша страна сейчас направляет все силы на то, чтобы стать по-настоящему великой. Давайте направим все силы на решение этой проблемы, и тогда мы её быстро решим.*

**в свободное от (чего?)** (часто со словами "от работы, учёбы, дел") **время** *В свободные от занятий часы я смотрю фильмы на русском языке. В свободное от литературной работы время А.С. Пушкин любил рисовать. В свободное от соревнований время этот спортсмен ходит на лекции в университете.*

**встать в один ряд** (с кем? с чем?), **стоять (быть) в одном ряду** (с кем?) (с чем?) *Образование КНР в 1949 году стоит в одном ряду с самыми великими событиями XX века. Фильм Чжан Имоу «Жить» стоит в одном ряду с бессмертными шедеврами мирового кино. Южный берег Крыма стоит в одном ряду с лучшими курортными местами Европы.*

**массовый** *После Нового года по всей Москве прошли массовые праздничные мероприятия с участием около миллиона человек. Массовое увлечение китайской молодёжи фаст-фудом может стать серьёзной проблемой. Массовое участие студентов в соревнованиях превратило их в настоящий праздник спорта.*

**войти в жизнь** (кого?) *Сотовые телефоны так прочно вошли в жизнь современных людей, что многие уже не могут с ними расстаться. Три года назад русский язык вошёл в мою жизнь, три года назад я стал счастливым человеком. Каждый год в нашу жизнь входят новые слова и выражения, некоторые быстро забываются, а некоторые остаются в языке.*

■ **Обратите внимание!**

Очень часто названия театров довольно длинные, поэтому используют сокращения.

Любите ли вы театр? **ТЕМА 6**

| Сокращение | Как читается | Полное название |
|---|---|---|
| МХАТ | [мхат] | Московский художественный академический театр |
| БДТ | [бэ-дэ-тэ] | Большой драматический театр |
| Ленком | [ленком] | Московский государственный театр имени Ленинского Комсомола |
| ТЮЗ | [тюз] | Театр юного зрителя |
| им. | [имени] | Московский академический театр имени В.В. Маяковского Московский драматический театр имени А.С. Пушкина |

■ **Речевые и творческие задания**

1. В России очень любят театр. Однако нужно сказать, что в театр чаще ходят женщины, чем мужчины. Как вы думаете, почему так? Расскажите, как по-вашему, в чём ещё отличаются вкусы мужчин и женщин в искусстве?

2. В 1960-1980-е годы люди ходили в театр не только для того, чтобы смотреть спектакли. В театрах проходили и лекции известных учёных на разные темы, и поэтические вечера, на которых поэты читали свои стихи. Ещё одним интересным мероприятием в советских театрах были «творческие встречи» - встречи с известными людьми, которые рассказывали о себе и отвечали на вопросы зрителей из зала.

    На встречу с каким известным человеком вы бы хотели прийти? Почему? Чтобы вы хотели узнать об этом человеке? Придумайте 3-5 вопросов, которые вы бы хотели ему задать.

3. «Сяопинь» (小品) – это явление китайской культуры, однако оно очень похоже на русские юмористические миниатюры. Произведения искусства в жанре «сяопинь» прочно вошли в китайскую культуру.
    1) 1990年央视春晚，小品《相亲》（赵本山、黄晓娟）
    2) 1999年央视春晚，小品《昨天、今天、明天》（赵本山、宋丹丹、崔永元）
    3) 2005年央视春晚，小品《装修》(黄宏、巩汉林、林永健)
    4) 2009年央视春晚，小品《不差钱》（赵本山、小沈阳、毛毛、毕福剑）
    5) 1996年央视春晚，小品《机器人趣话》（蔡明、郭达）

    Помните ли эти миниатюры? Выберите одну из них и расскажите её сюжет. Попробуйте ответить на вопрос: почему эта миниатюра вошла в историю китайской культуры?

4. Иногда актёры, даже самые талантливые, забывают свой текст. В этой ситуации они стараются найти выход из положения, сами придумывают похожие слова. В этом диалоге на сцене актёр должен

был сравнить актрису с розой, но долго не мог вспомнить правильное сравнение:

男：亲爱的，你知道吗，你美得像一幅画。
女：画中人的婀娜娇媚怎么是我能比得了的。
男：正所谓，沉鱼落雁，闭月羞花，说的就是你吧。
女：你总是这样夸赞我，其实我很普通。
男：你的美像是三月的春风，细腻、温柔。
女：这样我就可以一直围绕在你身边。
男：亲爱的，你的美像静静的湖水，干净、清澈。
女：正如我们的爱情一样。
男：亲爱的，你美得像一支玫瑰。
女：那我把她送给你吧。

Переведите этот диалог на китайский язык. Расскажите, с кем бы вы хотели сравнить вашего любимого человека.

## УРОК 6. Театр кукол и цирк

Из народного театра, из театра скоморохов и балаганов, родились две необычные, но очень любимые в России формы театрального искусства – *театр кукол (кукольный театр)* и *цирк*. Театр кукол родился в Европе и в Россию пришёл оттуда. Мастера кукольного театра – кукольники – выступали на улицах и площадях, а кукол они надевали на руки, как перчатки. Самой известной куклой в России был Петрушка – весёлый молодой человек в красной рубашке и красной шапке. Петрушка известен в русской культуре с XIX века, а попал он в Россию, скорее всего, из Франции. Было несколько известных спектаклей с участием Петрушки – «Петрушка и полицейский», «Петрушка хочет жениться»,

Петрушка – герой русского кукольного театра

«Петрушка пошёл к врачу». Все эти спектакли – весёлые диалоги между двумя куклами-героями (обе куклы водит только один *артист-кукольник*), в которых Петрушка всегда оказывается умным, сильным и хитрым. Почему же люди так любили Петрушку? Потому что эта кукла по характеру была похожа на простого русского человека, который любит пошутить, не жалуется на тяжелую жизнь и **находит выход из трудных положений.**

Спектакли о Петрушки были очень популярны в России до начала XX века, потом этот вид искусства стали понемногу забывать. Однако театр кукол не ушёл из русской культуры, очень скоро он снова стал популярен, но уже в другой форме. Новую жизнь русскому кукольному театру подарил талантливый актёр и режиссёр Сергей Образцов.

Знаменитые «Кукольные часы» на Театре Образцова

Когда мы слышим слово «кукла», мы обычно не относимся к нему серьёзно: кукла, игрушка, это для детей. А Образцов относился к куклам очень серьёзно. В 1931 году он создал в Москве Центральный театр кукол. И сегодня этот театр, который носит имя своего создателя, является одной из главных культурных достопримечательностей России – он не менее важен, чем Третьяковская галерея или Большой театр. Кроме того, Сергей Образцов собрал одну из самых больших в мире коллекций кукол: их можно посмотреть в этом же театре. Если вы подойдёте к зданию театра (в центре Москвы, недалеко от Цветного бульвара), то увидите знаменитые «Кукольные часы», ещё одну достопримечательность Москвы.

Неподалёку от Театра кукол имени С.В. Образцова на Цветном бульваре есть ещё одна культурная достопримечательность, хорошо известная во всём мире, – это Московский цирк Никулина. Это самый известный цирк России, часто его называют просто «Цирк на Цветном бульваре». Но история циркового искусства в России началась не здесь.

Цирковое искусство пришло в Россию из Европы в XIX веке. Однако нельзя сказать, что цирк – это «иностранный гость» в русской культуре. Вспомните выступления скоморохов с медведем – это тоже одна из самых древних форм исполнительского искусства, в которой цирк и театр ещё живут вместе.

*Цирковые артисты*, как и скоморохи, переезжали из города в город и устраивали свои *представления* (так называются цирковые выступления) в балаганах. Русский цирк включал в себя самые разные виды искусства –выступления *дрессировщиков, акробатов, жонглёров, силачей, фокусников и клоунов*.

> Запомните названия цирковых специальностей. Дрессировщики – артисты, которые выступают с животными. Акробаты прекрасно умеют управлять своим телом, они делают сложные прыжки, их искусство требует отличной спортивной подготовки. Жонглёры бросают в воздух разные предметы и ловко их ловят. Силачи с лёгкостью поднимают тяжёлые предметы. Фокусники имеют очень ловкие руки, поэтому зрителям кажется, что они видят настоящие чудеса. Клоуны из всех цирковых артистов больше всего похожи на актёров театра – они стараются рассмешить зрителей.

На протяжении многих лет цирк несправедливо считали не очень серьёзным искусством, называли артистов цирка «бродягами» (то есть, бездомными людьми, из-за того, что они часто переезжали из города в город). На самом деле, цирковое искусство, как и любое другое, требует огромного таланта. Попробуйте, например, подойти ко льву или медведю. А дрессировщик это делает каждый день. Первыми знаменитыми артистами цирка в России была семья Дуровых – тоже дрессировщики. Ещё большей славы в начале XX века добились русские силачи – Иван Заикин, Иван Шемякин и Иван Поддубный. Поддубный стал известен и в Европе, и в США и долгое время считался «самым сильным человеком в мире».

В советское время решили, что цирк – это такое же важное искусство, как кино или театр. Неуважительное отношение к цирку **навсегда осталось в прошлом**. Во многих городах были построены большие постоянные цирки. Вошли в историю советские цирковые династии – целые семьи талантливых артистов цирка, в которых родители передавали своё искусство своим детям: династии дрессировщиков Дуровых, Филатовы и Запашных, фокусников Кио, артистов Кантемировых. Артисты цирка вообще часто говорят, что все они – одна большая семья, и их цирковые животные – тоже члены этой семьи.

Дрессировщик с тигром в Цирке на Цветном бульваре

У современного российского цирка, который сохранил все лучшие традиции советского цирка, есть две особенности. Многие европейские и американские цирки уже отказались от работы с животными, это дорого и неудобно. А российские дрессировщики до сих пор показывают прекрасные представления с животными, в том числе и с крупными, например, с тиграми, львами, слонами, медведями. Вторая особенность – это очень важная роль клоунов.

В европейском цирке у клоунов, обычно, роль небольшая: ему нужно **не давать зрителям скучать** между выступлениями других артистов. Поэтому слово «клоун» во многих европейских языках означает «несерьёзный человек», «дурачок». В русском цирке такое значение тоже есть, но профессия

Клоун Юрий Никулин

клоуна в цирке пользуется большим уважением. Клоуны показывают зрителям настоящие маленькие комедии, над которыми одинаково весело смеются и дети, и взрослые. Среди известных артистов русского цирка клоунов больше всего. На весь мир прославились советские клоуны Юрий Никулин, Олег Попов и Вячеслав Полунин. Цирк на Цветном бульваре носит имя Юрия Никулина, который не только был талантливым клоуном, но и прекрасным актёром кино. Посещение этого цирка обязательно **должно быть в программе каждого иностранного гостя Москвы,** потому что для знакомства с чудесным искусством цирка переводчик не нужен.

### Запомните термины:

| | |
|---|---|
| театр кукол, кукольный театр | 木偶剧 |
| цирк | 马戏 |
| кукольник | 木偶戏的演员 |
| цирковой артист (артисты цирка) | 马戏演员 |
| цирковое представление | 马戏演出 |
| дрессировщик | 驯兽员 |
| акробат | 杂技演员 |
| жонглёр | （耍球、盘、碟等的）杂技演员 |
| силач | 大力士杂技演员 |
| фокусник | 魔术师 |
| клоун | 小丑 |

### Запомните слова и выражения (работайте со словарем!):

**находить (найти, искать) выход из трудного положения** *Герой китайской культуры Сунь Укун нравится всем за свой весёлый характер и умение находить выход из самых трудных положений. Если сразу не получается найти выход из трудного положения, не надо расстраиваться, выход обязательно найдётся.*

**остаться в прошлом** *Наши ссоры и конфликты остались в прошлом, сейчас мы снова лучшие друзья. Молодость пройдет и никогда больше не вернётся, навсегда останется в прошлом. Дуэли и балы навсегда остались в прошлом, сейчас о них можно узнать только из классической литературы.*

**не давать** (кому?) **скучать** (синонимы = развлекать, веселить, поднимать настроение) *Наш сосед в поезде не давал нам скучаю, всю дорогу он пел весёлые песни и рассказывал истории. Наш маленький сын не даёт нам скучать, он всегда придумывает что-то интересное.*

**быть в программе (входить в программу)** (посещения, визита, путешествия, поездки) *Посещение Третьяковской галереи входит в программу почти каждого туриста, приезжающего в Москву. В программу визита президента В.В. Путина в Китай вошло посещение одного из китайских университетов. В программу поездки* *китайских туристов по Дальнему Востоку вошёл традиционный русский обед в деревенском доме.*

### ■ Обратите внимание!

Слово "династия" всегда обозначает людей разных поколений одной семьи. Используется это слово в двух основных значениях

| Династия | Первое значение | Второе значение |
| --- | --- | --- |
| Смысл | Разные поколения царей или императоров | Разные поколения одной семьи, в которой все выбирают одну и ту же профессию |
| Модель | династия + фамилия в форме "каких" (если фамилия изменяется) | династия + фамилия в форме "каких" (если фамилия изменяется); династия + профессия |
| Пример | династия Цин (в Китае), династия Романовых (в России), династия Виндзоров (в Англии) | династия Ивановых, династия Дуровых, династия врачей, династия учителей |
| В предложении | Пу И - последний представитель императорской династии Цин | В семье Ивановых вот уже три поколения продолжается династия врачей |
| Частая ошибка: династия (в первом значении) - это люди, а не время! Нельзя говорить: "Храм Неба был построен в династии Мин". Правильно так: "Храм Неба был построен в эпоху Мин". | | |

## Языковые упражнения (по урокам 4-6)

1. Переведите предложения на русский язык, используйте выражение "(кому?) не до (чего?)".

   1) 我现在顾不上恋爱，一心只想着怎样找个好工作。
   2) 伊万诺夫家有四个孩子，他们从不无聊，家里一直很欢乐。
   3) 父母总是很忙，小安东总能听到"别碍事儿!自己一边儿玩会儿! 现在没空理你!"之类的话。
   4) 总统顾不上管琐事，他每天有很多更重要的事。
   5) 老师解释了点东西，但我没心思听他的讲解，一心只想吃东西。

2. Постройте предложения по образцу. Используйте выражение "стоять (быть) в одном ряду (с кем?) (с чем?)". Составьте собственные предложения с этим выражением.

   *Пример: Москва (Париж, Лондон) = Москва стоит в одном ряду с Парижем, Лондоном и другими столицами Европы.*

   а) Чунцин (Пекин, Шанхай); Тайшань (Суншань, Хэншань); Южно-Китайское море (Восточно-Китайское море, Жёлтое море); Ляонин (Цзилинь, Хэйлунцзян); Национальный музей Китая (Гугун, площадь Тяньаньмэнь); университет Фудань (университет Цинхуа, Пекинский университет).

   б) Чехов (Толстой, Достоевский); Мусоргский (Глинка, Чайковский); Шишкин

(Репин, Крамской); Алексей Леонов (Юрий Гагарин, Герман Титов); Константин Рокоссовский (Георгий Жуков, Александр Василевский); Пётр Первый (Иван Грозный, Екатерина Вторая); Медведев (Ельцин, Путин); Лу Синь (Лао Шэ, Ба Цзинь); Ван Вэй (Ли Бо, Ду Фу); Нин Цзэтао (Сунь Ян, Лю Сян).

3. Постройте предложения по образцу. Используйте выражение "войти в нашу жизнь".

   *Пример: Интернет = Интернет вошёл в нашу жизнь в начале XXI века.*

   Телевидение, автомобили, супермаркеты, сотовые телефоны, кино, космические полёты, DVD, баскетбол, скоростные поезда, фаст-фуд, онлайн-покупки, WeChat, 3D-кинотеатры, караоке, электричество, лапша быстрого приготовления (方便面).

4. Составьте предложения по образцу, используйте выражение "входить в программу поездки (куда?)"

   *Пример:* 天安门广场 (北京) = *Посещение площади Тяньаньмэнь обязательно должно входить в программу поездки в Пекин.*

   故宫（北京），东方明珠（上海），中山陵（南京），广州塔（广州），西湖（杭州），泰山（泰安），布达拉宫（西藏），乐山大佛（乐山），兵马俑（西安），孔庙（曲阜），丽江古城（丽江），黄鹤楼（武汉），趵突泉（济南）。

■ **Речевые и творческие задания**

1. Китайский театр теней – это один из видов искусства кукольного театра. К сожалению, этот вид искусства почти неизвестен в России. Прочитайте этот текст:

   皮影戏是中国民间古老的传统艺术，始于战国，历史悠久，源远流长，是一种以兽皮或纸板做成的人物剪影表演故事的民间戏剧。表演时，艺人们在白色幕布后面，一边操纵影人，一边用当地流行的曲调讲述故事，同时配以打击乐器和弦乐，有浓厚的乡土气息。在过去还没有电影、电视的年代，皮影戏曾是十分受欢迎的民间娱乐活动之一。

   Расскажите своими словами о том, что это за вид искусства и чем он отличается от русского театра кукол.

2. В тексте вы прочитали о том, что в советском цирке огромную роль играли семейные династии, то есть семьи, в которых дети выбирают ту же профессию, что и их родители. Расскажите, есть ли семейные династии среди ваших родственников или знакомых. Хотите ли вы сами продолжить (или прервать) семейную династию? Почему?

3. Посмотрите на эти картинки. На них изображены представители разных цирковых профессий.

3а) Найдите на этих картинках акробата, жонглера, силача, фокусника, дрессировщика и клоуна.

3б) Как вы считаете, какая из этих цирковых профессий самая трудная? Если бы вы были артистом цирка, какую профессию вы бы выбрали?

# Волшебный мир кино

Мы начинаем разговор о виде искусства, к которому очень подходит слово «самый». Кино – это самый молодой вид искусства, мы даже знаем день его рождения: 28 декабря 1895 года. По сравнению живописью, архитектурой, музыкой и театром, история которых насчитывает тысячи лет, кино находится ещё, можно сказать, в детском возрасте. Кино – это самый объединяющий вид искусства, его одинаково любят люди всех возрастов и культур. Кино – это самый трудоёмкий вид

Волшебный мир кино рождается так. С камерой – великий советский режиссёр Татьяна Лиознова

искусства: для создания одного фильма нужна огромная работа сотен людей. Кино – это самый сложный вид искусства: в нём есть и живопись, и театр, и музыка, и литература. Как искусство кино за такое короткое время добилось таких успехов? Этого никто не может объяснить. Поэтому ещё можно сказать, что кино – это самый необъяснимый, самый волшебный вид искусства.

Произведение искусства в кино называется «фильм». Как и в театре, и в балете над фильмом одновременно работает множество людей. Прежде всего, для фильма нужна литературная основа, текст – он называется «сценарий», его пишет писатель-сценарист. Потом начинается главная часть создания фильма – съёмки. Съёмки ведёт специалист – оператор. Профессия оператора очень похожа на профессию художника, но в руках у него вместо кисти более сложный инструмент – кинокамера. Кинокамера даёт оператору огромную свободу, которой нет у художника, – оператор может показать нам лицо человека и близко, и издалека, и с разных сторон. Место, где проходят съёмки, называется «съёмочной площадкой». Съемочная площадка может быть где угодно – в лесу, на улице города, на

> Слово «съёмки» происходит от глагола снимать. Операторы с помощью камеры снимают пейзажи, предметы и актёров. Про актёров, работа которых в кино очень похожа на работу в театре, можно сказать, что они «играют в фильме» или «снимаются в фильме».

179

Идут съёмки! С камерой – известный режиссёр Никита Михалков

берегу моря, но для удобства (чтобы не ездить далеко) съёмочную площадку часто делают в специальном большом здании – на киностудии. Актёры выходят на съёмочную площадку, как на сцену в театре. Работой актёров и оператора руководит главный человек на съёмочной площадке – режиссёр. Вокруг режиссёра, как около генерала на войне, всегда много помощников. Если режиссёру что-то не нравится, он недовольно кричит: «Стоп! Ещё раз!». Если режиссёру всё нравится, он довольно кричит: «Снято! Спасибо всем!». Из-за того, что актёрам приходится часто повторять свои слова или действия, фильм снимают не полностью, а по частям. Каждая часть продолжается всего несколько минут и называется «эпизод». Съёмки обычно продолжаются несколько недель, потом актёры и оператор могут отдыхать, но работа над фильмом на этом не заканчивается.

После съёмок начинается последний и очень важный этап работы над фильмом. Режиссёр внимательно смотрит все эпизоды, которые снял оператор, подбирает подходящую музыку, составляет из них – постепенно, эпизод за эпизодом, готовый фильм. В этом ему помогает большая группа технических специалистов. Большинство эпизодов, которые снял оператор и в которых так старательно снимались актёры, в готовый фильм не попадут, поэтому актёры обычно очень сердятся на режиссёра. Бедный режиссёр! Он исправляет сценарий, выбирает актёров, руководит съёмками, подбирает музыку, составляет эпизод за эпизодом, несколько месяцев мало спит и не успевает пообедать. Работы у кинорежиссёра намного больше, чем у театрального режиссёра, но и славы у кинорежиссёра больше, ведь спектакль продолжается всего один вечер, а фильм, как картина или скульптура, останется навсегда.

Поэтому, когда фильм показывают в кинотеатрах, режиссёр волнуется больше всех: ведь это он, а не сценарист и не актёры, является автором фильма. Но зрители не видят режиссёра, они видят только актёров, которым и достаётся больше всего славы. Наверное, из-за этого все режиссёры немного завидуют актёрам.

Огромная популярность кино – это и счастье, и несчастье. Каждый день в кинотеатры во всём мире ходят миллионы людей – ни музеи, ни театры не могут даже мечтать о такой популярности. Но посмотрите на зрителей в кинотеатре: они всё время что-то едят, разговаривают друг с другом, иногда говорят по телефону. Можете ли вы представить себе такое в театре или музее?

Разве так нужно вести себя во время встречи с искусством?

Когда говорят о кино, часто вспоминают знаменитые слова Ленина, который называл его «важнейшим из всех искусств». Создатель советского государства понимал, что кино имеет огромные возможности в распространении среди людей правильных идей – например, любви к Родине, стремления к справедливости и других. Кроме того, кино в те годы помогло познакомить миллионы людей с лучшими достижениями русской культуры, воспитать уважение к ней. Много лет прошло с того времени, но кино по-прежнему является очень важным. В жизни современного человека, человека XXI века, кино (вместе с телевидением) играет более важную роль,

Советский плакат о том, что кино – это искусство для всех, в каждом городе СССР должен быть кинотеатр

чем, например, живопись, театр, балет или литература. И в русской культуре шедевры кино играют огромную объединяющую роль: иногда всю семью трудно собрать за праздничным столом, но легко собрать перед телевизором, по которому показывают любимый фильм.

## УРОК 1. Без звука и цвета

В России первый фильм показали в 1896 году, в том же году, что и чеховскую «Чайку» в Александринском театре Санкт-Петербурга. Но «Чайка» никому не понравилась, а новое для России искусство кино понравилось многим. До 1909 года в России показывали только иностранные фильмы, но тогда все фильмы были без звука, поэтому российские зрители могли смотреть их без перевода. Первым автором русского кино стал Александр Ханжонков: он **занимался бизнесом** и быстро понял, что новое искусство может принести ему немало денег. Специалистов по созданию кино тогда не было, поэтому сначала Ханжонков многое делал сам – был и *сценаристом, и режиссёром*, и оператором. Но потом он действительно заработал много денег, открыл первую в России киностудию (сначала в Москве, а потом в Крыму), даже выпускал свой журнал о кино. Ханжонков снимал фильмы и по шедеврам русской литературы, и по сюжетам русской истории, и даже снимал учебные фильмы о жизни животных и о медицине.

Успех Ханжонкова стал примером для многих: в России началось быстрое

Первая звезда русского кино – актриса Вера Холодная

развитие кино. К 1917 году в стране снимали 200 фильмов в год. Появились и свои звёзды кино – актёр Иван Мозжухин и актриса Вера Холодная. Они имели яркую внешность и часто играли в фильмах о несчастной любви: зрителям это очень нравилось. Фильмы 1910-х годов трудно сравнивать с современными: они были чёрно-белыми, в них не было звука (в кинотеатре во время фильма играл музыкант), актёры кино играли намного слабее актёров театра.

В те годы не все понимали, что кино – это искусство будущего. Для многих оно было всего лишь дешёвым развлечением, а не настоящим искусством. Но Ленин смог понять его важность и решил, что кино должно стать **государственным делом**. Ханжонков использовал кино, чтобы заработать побольше денег, а молодое советское государство, наоборот, тратило большие деньги на выпуск новых фильмов и строительство новых киностудий.

Очень скоро государственная поддержка кино **дала свои плоды**. Уже в 1920-е годы прекрасные фильмы снимали советские режиссёры Яков Протазанов, Лев Кулешов, Фридрих Эрмлер.

Афиша фильма «Броненосец Потёмкин» - самого великого советского фильма 1920-х годов

Огромных успехов добился молодой украинский режиссёр Александр Довженко. Два мастера – Сергей Эйзенштейн и Всеволод Пудовкин – добились мировой славы. Их фильмы до сих пор изучают на всех факультетах кино как золотую классику этого вида искусства.

Сергей Михайлович Эйзенштейн (1898 – 1948) – это не просто талантливый режиссёр, даже не просто великий режиссёр. Это человек, которого часто называют словами «гений кино». Именно Эйзенштейн стал первым великим русским кинорежиссёром. В 1925 году он снял фильм «Броненосец

Сергей Эйзенштейн – гений советского кино

«Потёмкин» (это название русского военного корабля, который в 1905 году участвовал в первой русской революции). Этот фильм входит в число 10 самых великих шедевров в истории мирового кино. А его автору – Сергею Эйзенштейну – в 1925 году было только 27 лет! С помощью языка кино (благодаря прекрасной работе оператора Эдуарда Тиссэ, верного друга и помощника Эйзенштейна) автор смог ярко выразить самые разные человеческие чувства, показать огонь в сердцах первых русских революционеров. Сергей Эйзенштейн в 1920-е годы **был очень увлечён** именно теми особенностями и возможностями искусства кино, которых нет в других видах искусства. В 1976 году для того, чтобы ещё сильнее передать революционные чувства, к фильму добавили прекрасную музыку Дмитрия Шостаковича.

Тема революции стала главной и во втором фильме Эйзенштейна. Он назывался «Октябрь» и был снят в 1927 году (к 10-летию Великой Октябрьской социалистической революции). «Октябрь» не получил такой же всемирной славы, как «Броненосец «Потёмкин», но сыграл важную воспитательную роль: фильм не только рассказывал об исторических событиях, но и ярко показывал разницу между старым миром (до революции) и новым миром (после революции).

Всеволод Пудовкин в 1926 году снял замечательный фильм «Мать» (по известному роману Максима Горького), а в 1927 году сделал к юбилею Великой Октябрьской социалистической революции свой подарок: фильм «Конец Санкт-Петербурга».

Можно сказать, что Эйзенштейн и Пудовкин – это великие путешественники, которые первыми открыли в мире кино много нового и интересного. Их открытия использовали режиссёры всего мира. В 1930-е годы Эйзенштейн и Пудовкин продолжали снимать прекрасные фильмы, писать книги о кино, работали преподавателями. До 1940-х годов они оставались самыми уважаемыми мастерами советского кино.

 Запомните термины:

| | |
|---|---|
| сценарист | 编剧 |
| режиссёр (кинорежиссёр) | （电影）导演 |
| оператор | （电影的）摄影师 |
| киностудия | 电影制片厂 |

**Запомните слова и выражения (работайте со словарем!):**

**заниматься (заняться) бизнесом** *После окончания университета я планирую заняться бизнесом: открою свою компанию, буду сам себе хозяин. Родители Иры занимаются бизнесом, они всё время проводят в деловых поездках, а на воспитание дочери у них времени не всегда хватает.*

**государственное дело (= дело государственной важности)** *Защита окружающей среды – это не просто важное дело, это государственное дело, поэтому государство обращает на экологию всё больше внимания. Я считаю, что распространение китайского языка и китайской культуры в мире – это дело государственной важности, пусть весь мир больше узнает о нашей стране.*

**давать (дать, приносить) свои плоды** *Многочасовые занятия русским языком дали свои плоды: сейчас Ван Хуа говорит по-русски совершенно свободно. Виктор каждый день писал Татьяне письма о любви, и, наконец, его настойчивость дала свои плоды: Татьяна согласилась выйти за него замуж. Реформы дают свои плоды не сразу, а, как правило, через 5-10 лет.*

**увлекаться (= быть увлеченным) (чем?) (кем?)** *С детства Анатолий был увлечён шахматами, ничего другое его не интересовало. Я уже несколько лет увлечён мечтой выучить пять иностранных языков, все силы направляю на это. Саша некоторое время был увлечён Верой, но потом у него появилось новое увлечение – Вика, мне кажется, Саша не очень серьёзный.*

**Обратите внимание!**

Когда мы говорим о кино, мы часто используем слова «снимать» и «играть».

| Слово | снимать (снять) фильм | играть (сыграть) в кино (на сцене) |
|---|---|---|
| Значение | создавать (создать) фильм | исполнять (исполнить) роль в кино или на сцене; сниматься (сняться) в кино |
| Примеры | Сергей Эйзенштейн снял известный во всём мире фильм «Броненосец «Потёмкин». | В первых чёрно-белых фильмах играли Иван Мозжухин и Вера Холодная. |
| Ещё можно сказать… | снимать (снять) одежду; снимать (снять) картину со стены; снимать (снять) квартиру; | играть на музыкальном инструменте; играть в футбол; играть с детьми |

**Речевые и творческие задания**

1. В первые годы развития кино в фильмах не было звука, поэтому актёрам приходилось показывать свои чувства не голосом, а только выражением лица.

Волшебный мир кино **ТЕМА 7**

Попробуйте описать эти выражения лица и объяснить, какие чувства они выражают.

2. Когда кино только появилось, многие считали его искусством для бедных. В начале XX века считали, что театр, балет и опера - это искусство для богатых, а кино и цирк - это искусство для бедных. Согласны ли вы с этим мнением? Как вы считаете, существует ли "искусство для бедных" и "искусство для богатых"? Если у человека мало денег, какой вид искусства будет для него самым доступным в наши дни?

3. Фильм С.М. Эйзенштейна "Броненосец "Потёмкин" попал в список 10 самых великих фильмов за всю историю кино. Такие списки составляют специалисты - кинорежиссёры и кинокритики. Часто свои списки "10 лучших фильмов" составляют и СМИ (журналы, телепрограммы, сайты). Вот два таких списка:

| 10 самых великих китайских фильмов | 10 самых великих фильмов мирового кино |
|---|---|
| 1. 《霸王别姬》 | 1. 《肖申克的救赎》 |
| 2. 《阳光灿烂的日子》 | 2. 《沉默的羔羊》 |
| 3. 《活着》 | 3. 《悲惨世界》 |
| 4. 《大红灯笼高高挂》 | 4. 《教父》 |
| 5. 《和你在一起》 | 5. 《阿甘正传》 |
| 6. 《看上去很美》 | 6. 《勇敢的心》 |
| 7. 《让子弹飞》 | 7. 《罗马假日》 |
| 8. 《十七岁的单车》 | 8. 《泰坦尼克》 |
| 9. 《阿飞正传》 | 9. 《人鬼情未了》 |
| 10. 《英雄》 | 10. 《乱世佳人》 |

Какие из этих фильмов вы смотрели? Какое впечатление они на вас произвели? Можете ли вы вспомнить их режиссёров и главных актёров? Коротко расскажите о сюжете одного из фильмов из этих списков.

4. В конце текста режиссёры Сергей Эйзенштейн и Всеволод Пудовкин сравниваются с "великими путешественниками", которые открыли много нового в мире кино. Давайте поговорим о настоящих великих путешественниках.

库克船长；玄奘；哥伦布；南森；郑和；徐霞客。

Знаете ли вы их имена? Куда они путешествовали, какие новые земли открыли? А кого ещё из великих людей Китая можно сравнить с "великими путешественниками"? Что они открыли?

# УРОК 2. Всенародная любовь

В самом начале 1930-х годов в советском кино началась совершенно новая эпоха: в кино пришёл звук. Первым советским фильмом со звуком

Николай Баталов – звезда фильма «Путёвка в жизнь», один из самых любимых киноактёров 1930-х годов

(*звуковым фильмом*) стал шедевр Николая Экка «Путёвка в жизнь». Эти слова означают «начало новой жизни»; фильм получил такое название, потому что рассказывал о том, как менялись его герои – подростки. Раньше они были хулиганами и ничего не умели делать, но, благодаря умным и терпеливым учителям, они закончили школу, получили профессии и стали прекрасными людьми. Этот фильм с большим успехом прошёл в 107 странах мира и принёс советскому искусству большую славу. В 1936 году Экк снял первый в СССР *цветной фильм*. Этот талантливый человек не стал великим режиссёром, но вошёл в историю именно благодаря своим успехам в техническом развитии кино.

Советское кино в 1920-е годы делало только первые шаги, а уже в 1930-е годы эти шаги стали твёрдыми и уверенными. Именно в 1930-е годы кино прочно заняло место самого популярного вида искусства. Впрочем, слово «популярный» не подходит для некоторых фильмов 1930-х годов, их лучше назвать «всенародно любимыми». Именно любовь всего народа, особенно молодёжи, заставляла зрителей смотреть некоторые фильмы по 30-50 раз (билеты в кино стоили тогда недорого). Из многих всенародно любимых фильмов один имел по-настоящему огромный успех – сумасшедшей популярности фильма «Чапаев» **могли бы позавидовать** самые лучшие американские киноленты.

Кадр из фильма братьев Васильевых «Чапаев»

Фильм «Чапаев» в 1934 году сняли режиссёры Георгий и Сергей Васильевы. Их так часто спрашивали: «Вы братья?», что они называли себя «Братья Васильевы», хотя, на самом деле, не были родственниками. Фильм был снят по роману Дмитрия Фурманова «Чапаев» о жизни народного героя Василия Ивановича Чапаева, командира Красной Армии во время Гражданской войны. Книга тоже была популярна, но впервые в истории русского искусства успех кинокартины намного **превзошёл** успех книги. Главную роль прекрасно исполнил талантливый актёр Борис Бабочкин.

> Фильм стал настолько популярным, что в русской культуре появились сотни анекдотов (笑话), героями которых стали герои этого фильма: Чапаев и его молодые друзья Петька и Анка. Люди так часто повторяли слова из этого фильма, что они превратились в поговорки. Так «Чапаев» стал первым из многих шедевров советского кино, которые сильно повлияли на современный русский язык, подарил ему много новых устойчивых выражений (成语).

О любви советских людей к этому прекрасному фильму можно написать очень длинный текст. Так, например, в одном из кинотеатров Ленинграда этот фильм показывали каждый день два года, и каждый раз в этом кинотеатре не было свободных мест. Сталин смотрел фильм «Чапаев» более 30 раз (советский лидер вообще очень любил кино, но к «Чапаеву» у него было **особенно тёплое отношение**). В 1950-е годы эту киноленту с огромным интересом смотрели и китайские зрители.

Ещё один знаменитый фильм того времени – «Юность Максима» режиссёров Григория Козинцева и Леонида Трауберга - **имеет с «Чапаевым» много общего:** оба фильма были сняты в Ленинграде, оба фильма были сняты в 1934 году, оба фильма были сняты двумя режиссёрами, оба фильма заслужили всенародную любовь. «Юность Максима» рассказывает о том, как простой рабочий Максим становится революционером. В современном кино у популярных фильмов всегда есть продолжения – после успеха «Отличного фильма» всегда появляется «Отличный фильм 2», потом «Отличный фильм 3» и так далее. У фильма «Юность Максима» тоже появилось продолжение – «Возвращение Максима» (1937), а

> Многие мечтали, чтобы у фильма «Чапаев» тоже было продолжение, но его быть не могло: в конце фильма главный герой (как в жизни) погибает.

потом ещё одно продолжение «Выборгская сторона» (1938). Так в советском кино появилась первая *кинотрилогия* – три фильма с общим сюжетом. У этой кинокартины тоже была своя звезда – актёр Борис Чирков. В фильме он поёт русскую песню XIX века «Крутится, вертится шар голубой», которая стала первой знаменитой «песней из фильма».

*Исторический фильм* «Александр Невский» (о событиях 1242 года, когда князь Александр Невский защищал северные русские земли от врагов из Европы) в 1938 году снял уже знакомый вам режиссёр Сергей Эйзенштейн. Мы не зря считаем Эйзенштейна гением: он добился огромной славы в 1920-е годы, но не остановился на этом. Жизнь менялась, кино менялось, и Эйзенштейн менялся, учился снимать кино по-новому. «Александр Невский» был не только интересным, но и современным фильмом, с прекрасными актёрами (главную роль блестяще исполнил Николай Черкасов) и чудесной музыкой Сергея Прокофьева. Картина вызывала у зрителей патриотические чувства: нужно любить свою Родину и быть готовым всегда защитить её, как Александр Невский, даже против самого сильного врага. Такое чувство было очень важным – **приближалась** большая **война** с очень сильным врагом.

В роли Александра Невского – актёр Николай Черкасов

«Чапаев» и «Александр Невский» были любимыми фильмами всех советских мальчиков и мужчин. Девушки в те времена (и вообще во все времена) предпочитали фильмы не о войне, а о любви. В 1930-е годы были и такие фильмы – замечательные *музыкальные комедии*, весёлые киноленты с оптимистичными и радостными песнями. Главным мастером этого жанра считался Григорий Александров.

Григорий Александров был другом, учеником и помощником великого Сергея Эйзенштейна. Долгое время он вместе со своим учителем занимался серьёзным кино. В 1933 году Александрова пригласил в гости великий писатель Максим Горький. В тот вечер среди гостей Горького был сам Сталин, большой любитель кино. За ужином говорили о кино, и тогда Сталин сказал: «Почему у американцев

Григорий Александров

так много хороших комедий, а у нас нет? Почему наши режиссёры думают, что комедия – это не очень серьёзный жанр кино? Это неправильно. Сделайте нам, товарищ Александров, хорошую советскую комедию».

Александров успешно выполнил поручение Сталина, снял комедию «Весёлые ребята» (1934) с прекрасной музыкой композитора Исаака Дунаевского и певцом Леонидом Утёсовым в главной роли. Его комедии

Российская марка, посвященная Любови Орловой (слева – кадр из фильма «Весёлые ребята»)

«Цирк»(1936), «Волга-Волга» (1938) и «Светлый путь» (1940) тоже были очень популярны. Во всех фильмах Григория Александрова главную роль исполняла его жена - Любовь Петровна Орлова. В современной России её можно было бы назвать словом «суперзвезда» - она была самой популярной женщиной своего времени, все советские девушки хотели быть на неё похожи.

Ещё одним талантливым мастером музыкальной комедии в 1930-е годы стал Иван Пырьев, который снял два шедевра: «Трактористы» (1939) и «Свинарка и пастух» (1941). Эти комедии прекрасно выражали оптимизм и радость жизни советских людей. Эти комедии с весёлой музыкой и множеством шуток всё-таки были советскими фильмами, авторы выражали в них важные для советского общества идеи любви к труду, дружбы народов, стремления к миру.

Мы перечислили уже множество фильмов, но это далеко не все шедевры советского кино 1930-х годов. В 1930-е годы начинает свой творческий путь великий советский режиссёр Сергей Герасимов («Семеро смелых» (1936), «Учитель» (1939). Другой великий режиссёр Михаил Ромм снимает два замечательных фильма о Ленине: «Ленин в Октябре» (1937) и «Ленин в 1918 году» (1939). В довоенное время разные режиссёры сняли сразу несколько шедевров о важных событиях в истории России: «Пётр Первый» (1939), «Минин и Пожарский» (1939), «Суворов» (1940). Если бы не началась война, кто знает, сколько ещё прекрасных фильмов 1930-х годов нужно было бы описать в этом тексте?

 Запомните термины:

| | |
|---|---|
| звуковой фильм | 有声影片 |
| цветной фильм | 彩色影片 |

| кинотрилогия | 电影三部曲 |
| исторический фильм | 历史影片 |
| музыкальная комедия | 音乐喜剧 |

 **Запомните слова и выражения (работайте со словарем!):**

**(кто? Что?) мог бы (может) позавидовать** *Настя скромно говорит, что у неё обычный голос, а я считаю, что такому чудесному голосу, как у Насти, могла бы позавидовать любая певица. Таким красивым и широким улицам, как в моём родном городе, могла бы позавидовать любая столица. В нашей столовой готовят очень вкусно, ей мог бы позавидовать любой дорогой ресторан.*

**превосходить (превзойти) (кого? что?)(по чему? в чём? чем?)** *В России футбол по популярности намного превосходит все остальные виды спорта. Ростом Федя превосходит своих одноклассников, а вот в учёбе, к сожалению, не превосходит. Числом носителей китайский язык превосходит все прочие языки мира.*

**особенно тёплое отношение к (кому? чему?)** *У русских в культуре всегда было особенно тёплое отношение к хлебу, выбрасывать хлеб в России считается плохим поступком. Анна чувствовала особенно тёплое отношение к себе со стороны Василия, которому она очень нравилась. После поездки в Китай у меня навсегда осталось особенно тёплое отношение к этой стране.*

**иметь много (мало) общего с (кем? чем?)** *У искусства театра много общего с кино, поэтому актёры театра часто снимаются в фильмах. У Володи нет ничего общего с Петром, они совершенно разные люди. Гуандунская кухня имеет очень мало общего с сычуаньской, отличия есть и в способах приготовления блюд, и в выборе продуктов.*

**приближаться**(о событиях или времени)*Приближается туристический сезон, всё больше людей заранее заказывают билеты на самолёт и гостиницы. Приближается 200-летний юбилей Карла Маркса, великого философа и экономиста. Приближается 16 января, день рождения моей подруги, а я до сих пор не знаю, что ей подарить.*

■ **Обратите внимание!**

У слова «фильм» есть синонимы.

| Общее слово | Фильм | Картина | Лента |
| --- | --- | --- | --- |
| Показывали именно в кинотеатрах | Кинофильм | Кинокартина | Кинолента |
| Показывали по телевидению | Телефильм | Телекартина (редко) | - - |
| В современном русском языке слова «лента» и «кинолента» используются всё реже. | | | |

# Языковые упражнения (по урокам 1-2)

1. Переведите предложения на русский язык, используйте выражение «(не) иметь много общего (с кем?) (с чем?)». Перед переводом ещё раз обратите внимание на примеры употребления данной конструкции после урока 2.

    1) 圣彼得堡和莫斯科完全不一样，无论是外观上还是感觉上都截然不同。
    2) 中国象棋和国际象棋有很多相似之处，因为它们有着共同的历史。
    3) 俄语和汉语没有任何共同之处，因为在19世纪之前这两种语言几乎没有过交集。
    4) 玛丽娜和阿列克谢有很多共同点:他们都爱秋天、咖啡和爱情电影。
    5) 通常，莫斯科中餐馆里的那些中国菜和真正的中国菜一点儿也不一样。

2. Постройте предложения по образцу. Используйте выражение «с детства увлечён (увлечена) (чем?) Для перевода названий увлечений поработайте со словарём!

    *Пример:* 李艳 (中国象棋) = *Ли Янь с детства увлечена сянци.*

    刘洋 (集邮), 张力 (花样滑冰), 李丽 (折纸), 杨蕾 (芭蕾舞), 陈芳(书法), 李明 (戏剧表演, 诗歌创作), 王华 (武术), 陈伟 (烹饪), 李红 (摄影), 王艳 (自行车运动), 王小雨 (收集明信片), 黄文利 (学习外语), 张璐璐(街舞)。

3. Постройте предложения по образцу. Используйте выражение «мог бы позавидовать» в нужной грамматической форме.

    *Пример: Москва (красота) = Красоте Москвы мог бы позавидовать любой город мира.*

    А) Россия (размеры), Китай (древняя культура), Санкт-Петербург (достопримечательности), Ханчжоу (каналы), Сиху (красота), Гималаи (высота), Амур (длина), Хайнань (климат), Сочи (современная архитектура), Внутренняя Монголия (чистый воздух), Шанхай (магазины).

    Б) Яо Мин (рост), Чжан Имоу (талант), Ма Юнь (богатство), Чжао Бэньшань (чувство юмора), Нин Цзэтао (спортивные успехи), Ван Фэй (голос), Гао Юаньюань (красота), Лю Янь (фигура),Чжоу Цзелунь (слава).

4. Измените предложения по образцу. Используйте выражение «превосходить всех (в чём? или чем?).

    *Пример: Маша самая красивая в нашей группе = Маша превосходит в нашей группе всех красотой.*

    1) Юра в нашей группе имеет самые лучшие музыкальные способности.
    2) Алексей лучше всех в нашей группе пишет стихи.
    3) Михаил лучше других мальчиков нашей группы умеет играть в баскетбол.

4) У Ильи самое лучшее в нашей группе чувство юмора.

5) Артём занимается боксом, поэтому он в нашей группе самый сильный.

6) Света в нашей группе лучше всех танцует.

7) Катя играет в мацзян лучше, чем её соседки по комнате.

5. Объедините предложения по образцу. Используйте глагол «приближаться».

*Пример: Скоро будет мой день рождения. Я уже думаю, кого мне пригласить. = Приближается мой день рождения, поэтому я думаю, кого мне пригласить.*

1) Скоро наступит весна. Скоро станет теплее и снег растает.

2) Скоро придёт Новый год. Люди ходят по магазинам, выбирают подарки.

3) Скоро будет 23 февраля. Соня написала для своего папы поздравительные стихи.

4) Скоро надо будет сдавать экзамены. Всем студентам нужно как следует подготовиться.

5) Скоро будут каникулы. Пора подумать, как их весело провести.

6) Скоро пройдет встреча лидеров России и Китая. Весь мир ждёт эту встречу.

### Речевые и творческие задания

1. Первые суперзвёзды китайского кино - великие актрисы Ху Де (胡蝶) и Жуань Линъюй (阮玲玉), к сожалению, совершенно неизвестны в России. Давайте исправим эту несправедливость!

Расскажите об их жизни, о том, в каких фильмах они снимались, о том, как они стали известными. Кого ещё из китайских актёров или актрис прошлых лет можно назвать суперзвездой?

2. В 1930-е годы многие люди смотрели один и тот же фильм по 30 раз и больше (самыми популярными были "Чапаев" и "Весёлые ребята"). Есть ли какие-нибудь фильмы (китайские или нет), которые вы смотрели много раз? Если да, то расскажите об этом фильме и расскажите, что заставляет вас смотреть этот фильм снова и снова. Если нет, то считаете ли вы, что фильм и книгу достаточно посмотреть (прочитать) только один раз и возвращаться к ним больше не нужно?

В ответах используйте русское слово "пересмотреть (пересматривать) фильм(ы)" и "перечитать (перечитывать) книгу (книги)".

3. Согласны ли вы с мнением, что "комедия - это тоже очень серьёзный жанр кино"? Любите ли вы комедии или предпочитаете другие жанры кино? Почему вы любите (или не очень любите) этот жанр? Приведите примеры нескольких по-настоящему смешных и интересных кинокомедий (китайских и иностранных). Как объяснить, что среди самых великих фильмов в истории кино так мало комедий?

## УРОК 3. Военное и послевоенное кино

В годы Великой Отечественной войны все силы советского государства были направлены на защиту Родины. Против фашистов воевала не только героическая Красная Армия, но и писатели, художники, композиторы, актёры и режиссёры. Искусство стало оружием для борьбы с врагом, и особенно важную роль в этом играли два вида искусства – песни и кино. Лучшие актёры и режиссёры вынуждены были уехать из Москвы и Ленинграда подальше от войны – в Среднюю Азию – где они продолжали снимать фильмы. Чаще всего снимали короткие фильмы - истории о смелости и силе советских людей, чтобы с помощью кино показать: враг сильный, но его можно победить, и советский народ обязательно его победит.

Несмотря на все трудности военного времени, в период с 1942 по 1945 появляется несколько замечательных шедевров кино. В 1943 году режиссёр Фридрих Эрмлер (известный своими шедеврами 1920-х годов) снял фильм «Она защищает Родину» о простой русской женщине Прасковье, настоящем народном герое. В фильме много трагических моментов, например, фашисты безжалостно убивают маленького сына Прасковьи, их жестокость заставляет зрителей чувствовать огромную ненависть к врагам и желание защищать Родину так же мужественно, как Прасковья.

Совсем другим был ещё один шедевр военных лет – фильм Леонида

Лукова «Два бойца» (1943). В этом фильме показан не только героизм советских солдат, но и их характеры, отношения, надежды и мечты. Фильм о дружбе весёлого Аркадия из Одессы и доброго Саши с Урала стал самым популярным фильмом тех лет, а песни из этого фильма пела вся страна.

Сталин и другие руководители СССР хотели, чтобы советский народ **верил в победу**. Они попросили режиссёров с помощью искусства кино показать, что у русского народа прекрасные военные традиции, что он часто побеждал врагов. Во время войны снимались фильмы о талантливых полководцах и их победах в русской истории (по примеру прекрасного фильма «Суворов» 1940 года): «Кутузов» (1943), «Иван Грозный» (1945), «Адмирал Нахимов» (1946); о героях Гражданской войны (по примеру фильма «Чапаев»): «Александр Пархоменко» (1942), «Котовский» (1942).

Плакат фильма "Два бойца" (1943)

В тяжёлые военные годы продолжал свою работу Сергей Эйзенштейн: он хотел **повторить успех** «Александра Невского» и снять большой исторический фильм «Иван Грозный». В работе над новым фильмом участвовали те же люди - оператор Эдуард Тиссэ, композитор Сергей Прокофьев, актёр Николай Черкасов. Первая часть «Ивана Грозного» (о молодых годах первого русского царя) с успехом вышла в 1945 году, а вторая часть (о конце эпохи Грозного) не понравилась Сталину, поэтому зрители смогли увидеть её намного позже – после смерти Сталина и самого режиссёра, только в 1958 году.

Печальная судьба последнего фильма Сергея Эйзенштейна «Иван Грозный», к сожалению, была не единственным примером проблем в послевоенном советском кино. В 1946 году руководители страны **приняли очень тяжёлое для искусства кино решение**: нужно снимать намного меньше фильмов, всего 10-15 в год. Мы знаем об огромной любви народа к советскому кино, поэтому объяснить причины такого странного решения непросто. В эти годы руководители страны критиковали многих режиссёров (в том числе великих Эйзенштейна и Пудовкина) за то, что они

Великий актёр Николай Черкасов в роли Ивана Грозного

неправильно показывают в своих фильмах историю и современную жизнь в стране. К сожалению, эта критика привела к тому, что количество шедевров советского кино стало намного меньше.

Но всё-таки шедевры были: в 1947 и 1948 году вышло сразу четыре замечательных фильма. Фильмы «Подвиг разведчика» (режиссёр Борис Барнет), «Повесть о настоящем человеке» (Александр Столпер) и «Рядовой Александр Матросов» (Леонид Луков) рассказывают о мужестве советских

Звёздами фильма "Молодая гвардия" (1948) стали молодые актёры

людей в их героической борьбе с фашистами. В этих патриотических фильмах главным было не искусство режиссёра и не таланты актёров, а огромное чувство любви к Родине и веры в Победу. Особое место в этом списке занимает фильм Сергея Герасимова «Молодая гвардия» по роману Александра Фадеева – в нём патриотические чувства выражены прекрасной игрой молодых актёров (многие из которых потом станут звёздами советского кино 1950-1970-х годов) и с помощью музыки Дмитрия Шостаковича.

В 1946-1953 годах самым популярным жанром в советском кино стал биографический фильм (то есть, фильм о жизни какого-то великого человека). Так появились замечательные фильмы об учёных Иване Павлове и Иване Мичурине, механиках Николае Жуковском и Александре Попове, путешественниках Пржевальском и Миклухо-Маклае, о композиторах Глинке, Мусоргском и Римском-Корсакове. Эти фильмы, конечно, не были шедеврами, но они прекрасно показали, как искусство кино может помогать образованию и воспитанию молодёжи. Именно **за это так ценили** жанр биографического кино руководители СССР.

Запомните термины:

биографический фильм            传记片

Запомните слова и выражения (работайте со словарем!):

**верить (поверить)** (во что?) (в победу, в мечту, в будущее, в счастье, в себя, в свои силы) *Каждый молодой человек должен верить в счастливое будущее для себя, своей страны и всего мира. Во время матча мы проигрывали 0-2, но до конца верили в победу и, в конце концов, победили 4-2. Нужно поверить в свои силы, тогда ты сможешь решить* *любые проблемы.*

**повторить успех** (чего?) *Этот спортсмен получил золотую медаль на Олимпиаде в Пекине, а через 4 года в Лондоне повторил свой успех. Сможет ли он снова повторить успех на следующей Олимпиаде? Мультфильм «Кунфу Панда 3» не только повторил успех двух предыдущих мультфильмов, но и превзошёл их по количеству зрителей.*

**принимать (принять) тяжёлое (непростое)** (для кого? для чего?) **решение** *Родители приняли непростое для всей семьи решение: продать машину, чтобы заплатить за учёбу их ребёнка. Нам нужно принять непростое решение и выбрать одного из трёх кандидатов для участия в конкурсе. Мэр города принял тяжёлое, но необходимое решение: запретил людям использовать личные машины, пока качество воздуха не станет лучше.*

**ценить** (кого? что?) (за что?) *Руководители компании ценят Петра Сергеевича за его опыт и трудолюбие. Китайцы ценят морской огурец за то, что он очень полезен для здоровья. Я ценю этот старый словарь за то, что он, как старый друг, часто помогал мне.*

### ■ Обратите внимание!

В тексте урока 3 «Военное и послевоенное кино» мы встречаем немало слов и выражений на тему «Война».

| Слово | Значение | Пример | Однокоренные слова |
|---|---|---|---|
| Безжалостный | жестокий, бессердечный | Враги были безжалостны даже по отношению к детям, женщинам и старикам. | безжалостно; жалость |
| Жестокий | беспощадный, безжалостный, суровый | Жестокие действия фашистов не могли остаться безнаказанными. | жестоко; жестокость |
| ненавистный | заставляющий почувствовать злобу, отвращение, ненависть | Солдаты Красной армии бросили все силы на то, чтобы разбить ненавистного врага. | ненавистно; ненавидеть (возненавидеть); ненависть |
| мужественный | храбрый, стойкий, смелый | Прасковья оказалась мужественной женщиной. Она не впала в отчаяние, а решила отомстить фашистам за своего ребёнка. | мужественно; мужество |
| героический | готовый к свершению подвига, к самопожертвованию в критической ситуации | Многие фильмы военного времени рассказывают о героической борьбе всего советского народа с фашистами. | героически; героизм |

### ■ Речевые и творческие задания

1. В китайской культуре существует большое количество прекрасных патриотических фильмов (红色电影). Прочитайте этот текст:

   红色电影是指红色题材的电影。"红色电影"中的"红色"是指流贯在作品血脉中的革命精神和英雄主义的思想风貌。经典作品：《烈火金刚》《红岩》《红色娘子军》《南征北战》《地道战》《铁道游击队》《狼牙山五壮士》《闪闪的红星》《风云儿女》《永不消逝的电波》《冰山上的来客》《东京审判》等。

Знаете ли вы эти шедевры китайского патриотического кино? Что в них общего? Почему эти фильмы, снятые много лет назад, остаются важными и известными и в наши дни? Чему они учат? Расскажите об одном из этих фильмов по-русски.

2. В замечательном фильме "Два бойца" два главных героя, который приехали из разных мест СССР. Весёлый и хитрый Аркадий родился в городе Одесса, а сильный и добрый Саша - на Урале. В России считается, что у всех жителей Одессы отличное чувство юмора, а на Урале живут крепкие, смелые и добрые люди.

   Как вы считаете, влияет ли место рождения на характер человека? В китайской культуре существует целая система мнений по этому вопросу. Расскажите о том, откуда вы приехали и чем отличаются люди в вашем родном городе (провинции).

3. "Тёмная ночь" - песня из фильма "Два бойца" - была одной из самых популярных в СССР. Давайте познакомимся с отрывком из этой песни:

   *Верю в тебя, дорогую подругу мою,*
   *Эта вера от пули меня тёмной ночью хранила...*
   *Радостно мне, я спокоен в смертельном бою,*
   *Знаю, встретишь любовью меня, чтоб со мной не случилось...*
   *Смерть не страшна, с ней не раз мы встречались в степи,*
   *Вот и теперь надо мною она кружится...*
   *Ты меня ждёшь и у детской кроватки не спишь,*
   *И поэтому знаю: со мной ничего не случится! ...*

   Как вы думаете, кто в этой песне "я", а кто "ты"? Расскажите по-русски, о чём эта песня? Попробуйте перевести эти слова на китайский язык.

4. С конца 1930-х и до начала 1950-х годов в советском кино был очень популярен жанр "биографический фильм". Знаете ли вы биографические фильмы в китайском кино? Расскажите о китайских биографических фильмах, которые вы посмотрели. Может быть, в истории вашей Родины есть великие люди, о которых нужно снять биографический фильм? О чьей жизни вы бы сняли такой фильм?

# УРОК 4. Великая весна

Период 1946-1953 годов в истории советского кино можно сравнить с суровой холодной зимой, когда всё покрыто снегом, не поют птицы, и люди стараются не выходить на улицу. В природе после такой тяжёлой зимы обычно быстро наступает тёплая весна. Проснулось от долгого зимнего сна и советское кино: в 1954 году началась его весна, его великое возрождение. И зрители, и режиссёры, и актёры соскучились по хорошим фильмам, поэтому их количество выросло почти в 10 раз – до 110-120 фильмов в год!

Большое количество – это не всегда высокое качество. Но с 1954 года в советском кино начинаются какие-то чудеса: каждый год выходит 2-3 шедевра, а в некоторые годы (1957, 1958, 1959) - даже больше. Именно в эти годы советские мастера кино **подарили миру** бессмертные шедевры– «Летят журавли» (1957, реж. М. Калатозов), «Баллада о солдате» (1959, реж. Г. Чухрай), «Тихий Дон» (1959, реж. С. Герасимов), «Коммунист» (1957, реж. Юлий Райзман), «Судьба человека» (1959, реж. С. Бондарчук) и многие другие замечательные фильмы.

Актриса Татьяна Самойлова - знаменитая красавица советского кино

В то же самое время успешно развивается и искусство драматического театра – главного «конкурента» кино. Но в эпоху «оттепели» между этими двумя видами искусства отношения тоже были тёплыми: это было не соперничество, а сотрудничество. Талантливые актёры театра с удовольствием снимались в фильмах, а звёзды кино приходили выступать в театры, где рассказывали зрителям о своей работе в кино.

Фильм «Летят журавли» - это как раз пример такого сотрудничества. Пьеса советского писателя В. Розова «Вечно живые» **дала рождение** театру «Современник». Спектакль по этой пьесе получился замечательный,

> В 1958 году фильм «Летят журавли» получил главный приз на самом престижном международном кинофестивале в Каннах (Франция). Этот приз среди специалистов ценится намного выше, чем американский «Оскар». Успех в Каннах пришёл благодаря тому, что понятно без слов: благодаря красоте Татьяны Самойловой и талантливой работе оператора С. Урусевского. За всю историю русского кино только «Летят журавли» добились такого огромного успеха.

но театр есть театр, на сцене нельзя показать мысли, мечты, сомнения героев, нельзя точно показать обстановку, в которой они жили. Всё это прекрасно показали в своём фильме «Летят журавли» режиссёр Михаил Калатозов и оператор Сергей Урусевский. Главные роли в фильме исполнили молодые актёры Алексей Баталов и Татьяна Самойлова, и эта работа сделала их знаменитыми.

Трудно сказать, какое произведение искусства добилось большего успеха: спектакль «Вечно живые» Олега Ефремова или фильм «Летят журавли» Михаила Калатозова. Оба произведения навсегда вошли в золотой фонд русской культуры. Однако спектакль известен только в России, а фильм получил всемирную славу и, вместе с фильмом «Броненосец «Потемкин», о котором вы уже знаете, входит в число самых великих шедевров в истории кино.

В 1960 году на Каннском *кинофестивале* во Франции показали ещё один замечательный советский фильм – «Балладу о солдате» Григория Чухрая. Режиссёр этого фильма сам **прошёл войну**, поэтому его фильм получился по-настоящему честным и трогательным. Фильм «Баллада о солдате» не смог повторить успех фильма «Летят журавли» и получить первый приз, но все-таки вошёл в число лучших фильмов фестиваля, заслужив большую любовь европейских зрителей.

Кадр из фильма "Баллада о солдате" (1959). Роль солдата Алёши Скворцова исполнил актёр Владимир Ивашов

Одним из лучших фильмов этого золотого времени советского кино стал фильм «Коммунист» режиссёра Юлия Райзмана. В центре этого фильма – как и в фильмах «Летят журавли» и «Баллада о солдате» - простой человек, не очень красивый и не очень талантливый, на первый взгляд, совершенно обычный. Но оказывается, что это не обычный, а великий человек, который не жалеет ни сил, ни своей жизни для своей страны. Главную роль в этом фильме сыграл молодой актёр Евгений Урбанский. Судьба этого талантливого артиста сложилась трагически: сыграв всего в нескольких фильмах (в том числе в шедеврах Григория Чухрая «Баллада о солдате» и «Чистое небо»), в возрасте 33 лет он погиб – погиб в машине во время съемок нового фильма.

> Создание художественного фильма по сюжету книги называется словом «экранизация». Например, фильм «Летят журавли» - это экранизация пьесы В. Розова «Вечно живые». У пьесы А.Н. Островского «Бесприданница» было три экранизации – 1912, 1936 и 1984 года.

Мастера советского кино в эпоху «оттепели» обратили своё внимание на произведения русской и мировой классической литературы. Книги великих писателей превратились в замечательные фильмы, герои этих произведений в исполнении прекрасных актёров казались не литературными персонажами, а живыми людьми. Большой роман (например, «Тихий Дон» М.А. Шолохова, «Хождение по мукам» А.Н. Толстого, «Войну и мир» Л.Н. Толстого) не каждый сможет прочитать – не у каждого хватит на это времени и любви к литературе. В 1957-1959 годах режиссёр Сергей Герасимов (вы уже читали про его успехи в 1930-е годы) снял фильм «Тихий Дон», а режиссёр Григорий Рошаль – «Хождение по мукам». Посмотрев эти фильмы, многие жители СССР из кинотеатра шли сразу в библиотеку, чтобы поскорее прочитать эти книги. Так искусство кино воспитывало любовь к литературе! Делали в СССР фильмы и по шедеврам иностранной литературы: замечательные фильмы «Дон Кихот» (1957) и «Гамлет» (1964) снял великий мастер Григорий Козинцев.

На съемках "Судьбы человека" (1959). Сергей Бондарчук (справа) с писателем Михаилом Шолоховым (слева)

Чтобы сделать отличную *экранизацию*, не обязательно брать большой роман. Это прекрасно доказал в 1959 году молодой режиссёр Сергей Бондарчук (через 20 лет его будут считать самым великим советским режиссёром и называть только словом «Мастер»), который снял фильм «Судьба человека» по небольшому рассказу Михаила Шолохова. Главную роль – роль солдата Андрея Соколова – сыграл сам Сергей Бондарчук, показав, что талант актёра и талант режиссёра могут объединяться в одном человеке.

Список фильмов-шедевров «оттепели», перечисленных в этом тексте, можно продолжать и продолжать. **Нельзя не рассказать** о талантливом режиссёре Иосифе Хейфице, авторе прекрасных фильмов «Большая семья» (1954) и «Дорогой мой человек» (1958). В этих фильмах, экранизациях советской прозы, показаны судьбы простых советских людей – рабочих, инженеров, врачей. О простых чувствах простых людей рассказывают и фильм Марлена Хуциева «Весна на Заречной улице» (1956) и Станислава Ростоцкого «Дело было в Пенькове» (1957). Искренние фильмы

Фильм "Девчата" (1961) - простая история любви

о лучших качествах человека снимает режиссёр Лев Кулиджанов («Дом, в котором я живу» (1957), «Отчий дом» (1959) и «Когда деревья были большими» (1961). Немного наивные, но очень трогательные и добрые комедии Юрия Чулюкина («Неподдающиеся» (1959) и «Девчата» (1961) до сих пор остаются любимыми фильмами всех поколений. В эпоху «оттепели» начинает свой путь в кино один из самых успешных советских режиссёров, мастер советской комедии Эльдар Рязанов. Его фильм «Карнавальная ночь» (1956) стал одним из первых знаменитых новогодних фильмов.

Итак, «великая весна» советского кино началась в 1954 году. А когда же она кончилась? На этот вопрос трудно ответить, потому что успешное развитие этого вида искусства в СССР продолжалось и в 1960-е, и в 1970-е годы. После тёплой весны всегда начинается жаркое лето, и этот закон природы повторился и в истории советского кино.

### Запомните термины:

| | |
|---|---|
| кинофестиваль | 电影节 |
| экранизация | 文学或戏剧作品等的电影改编 |

### Запомните слова и выражения (работайте со словарём!):

**дарить (подарить) миру** (что? кого?) *Россия подарила миру Пушкина, Толстого, Чехова, Чайковского, Репина, Менделеева, Уланову, Гагарина. Эпоха Тан подарила миру сразу несколько замечательных поэтов, художников, мыслителей. Этот композитор подарил миру несколько произведений, которые стали бессмертными шедеврами.*

**дать рождение** (кому? чему?) *Михаил Глинка своим произведением «Иван Сусанин» дал рождение русской национальной опере. Дэн Сяопин дал рождение политике реформ и открытости. Эта актриса дала рождение моде на короткие причёски.*

**пройти войну** *Люди, которые прошли войну, никогда не забудут её ужаса. Дедушка Ивана прошёл всю войну, два раза был ранен, имеет много наград. Современная молодёжь не встречала серьёзных трудностей и не может смотреть на мир глазами тех, кто прошёл настоящую войну.*

**нельзя не** (что делать? что сделать? (грамматическая конструкция) *Нельзя не любить дело, которые ты делаешь, нельзя не любить иностранный язык, который ты изучаешь. Когда мы говорим о китайской культуре, нельзя не вспомнить, что она является одной из самых древних в мире. Маленьких детей нельзя не любить: они такие милые, такие красивые, такие забавные!*

## Обратите внимание!

Фильмы, как и люди, имеют своё лицо и своё характер. Они могут вызывать у человека самые разные чувства.

| Фильм... | Это значит... | Например |
|---|---|---|
| честный | Такой фильм рассказывает всю правду о жизни его героев. | Фильм «Летят журавли» |
| трогательный | Такой фильм заставляет нас переживать вместе с главными героями и оставляет след в душе. | Фильм «Баллада о солдате» |
| искренний | Такой фильм выражает настоящие чувства, от чистого сердца рассказывает о чём-то. | Фильм «Судьба человека» |
| наивный | Такой фильм выражает очень простые чувства или рассказывает очень простую, понятную историю | Фильм «Девчата» |
| добрый | Такой фильм рассказывает нам хорошую историю с хорошим концом, где хорошие люди всегда побеждают плохих людей и плохие обстоятельства. | Фильм «Дом, в котором я живу» |

## Речевые и творческие задания

1. В тексте вы прочитали о советских фильмах, получивших призы на престижных европейских кинофестивалях в Каннах, Берлине и Венеции. Шедевры китайского кино тоже добивались таких высоких успехов. Вот некоторые из них:

   一、夏纳

   1993年，电影节最高殊荣金棕榈奖（最佳影片）：陈凯歌《霸王别姬》

   2000年，评审团大奖：姜文《鬼子来了》

   2005年，评委会奖：王小帅《青红》

   2013年，第66届电影节最佳剧本：贾樟柯《天注定》

   二、柏林

   1988年，第38届金熊奖：张艺谋《红高粱》

   1993年，第43届金熊奖：谢飞《香魂女》

   1996年，第46届金熊奖：最佳导演严浩《太阳有耳》

   2003年，第53届特别创新奖：张艺谋《英雄》；特别艺术贡献奖：李杨《盲井》

   2007年，第57届金熊奖：王全安《图雅的婚事》

   三、威尼斯

   1994年，第51届金狮奖最佳影片：蔡明亮《爱情万岁》；最佳男演员：夏雨《阳光灿烂的日子》

   1999年，第56届金狮奖最佳影片：张艺谋《一个都不能少》

   2006年，第63届金狮奖最佳影片：贾樟柯《三峡好人》

Смотрели ли вы какие-нибудь из этих фильмов? Как объяснить их успех на престижных международных фестивалях? Расскажите об этих фильмах по-русски.

2. В эпоху "оттепели" центральной темой советского кино становится тема любви. Одним из самых трогательных фильмов о любви стал фильм "Баллада о солдате".

Герои этого фильма - 19-летний солдат Алёша и девушка Шура - за время короткого знакомства переживают первую в жизни любовь. Они не смогли рассказать друг другу о своих чувствах, но в фильме есть такие слова (это мысли Шуры):

*Алеша, когда я сказала вам, что у меня никого нет, я ведь призналась, что люблю вас! Почему вы мне ничего не сказали?*

Можно ли признаться в любви так, чтобы не говорить слова "Я тебя люблю"? Как вы думаете, какими другими словами (или какими действиями) можно выразить свою любовь? Расскажите об этом.

3. В советскую эпоху было создано множество экранизаций литературных шедевров русской и мировой литературы. Как вы относитесь к экранизациям? Считаете ли вы, что они помогают знакомиться с литературой или, наоборот, мешают? Есть ли среди ваших любимых фильмов экранизации? Есть ли среди ваших любимых книг такие, по которым сняты фильмы? Что вы думаете об этих фильмах? Есть ли среди ваших любимых книг такие, по которым, по вашему мнению, обязательно нужно снять фильм?

# УРОК 5. Хорошая привычка

В 1961 году весь мир узнал имя первого человека, побывавшего в космосе. Имя Юрия Гагарина навсегда вошло в историю, в то время Гагарин был самым знаменитым человеком на Земле. Почему же имена современных героев космоса мы не можем запомнить так же хорошо? Их стало очень много, и люди привыкли к новостям о новых космических успехах.

В советском кино 1960-1970-х годов была такая же ситуация: замечательных шедевров было так много, что к ним все привыкли. Люди, как и в 1930-е годы, часто ходили в кинотеатры, но смотреть 30 раз один и тот же фильм (как это было с фильмом «Чапаев») было уже странно: новые и интересные фильмы появлялись часто, поэтому жители СССР привыкли к хорошему кино. На наш взгляд, это очень хорошая привычка!

> Вот что писали о кино в 1960-е годы: «Искусство кино — одно из самых сильных и прекрасных достижений человечества XX в. Подобно успехам в физике, химии, медицине, в космосе, и другим достижениям человеческого ума и таланта, киноискусство обладает огромной силой, ему принадлежит будущее!»

В 1960-1970-е годы в советском кино продолжается традиция экранизаций русской классической и современной советской литературы. После огромного успеха своего первого фильма «Судьба человека» режиссёр Сергей Бондарчук решил снять фильм «Война и мир» (1961-1967). После шести лет огромной работы великая книга превратилась в великий фильм. Сам режиссёр, как и в фильме «Судьба человека», исполнил одну из главных ролей, а другой звездой фильма стал замечательный советский актёр Вячеслав Тихонов.

Звезды фильма "Война и мир" - Людмила Савельева и Вячеслав Тихонов

«Война и мир» Сергея Бондарчука до сих пор является одной из лучших экранизаций в истории мирового кино. В 1969 этот фильм получил известную американскую *кинопремию* «Оскар». Американцы были уверены, что только в Голливуде умеют снимать по-настоящему красивое, зрелищное, современное кино, но фильм «Война и мир» **заставил их изменить своё мнение**. У шедевра Бондарчука, наверное, только один недостаток: он идёт больше восьми часов!

Настоящими шедеврами кино стали и другие экранизации известными режиссёрами бессмертной классики: «Анна Каренина» (реж. А. Зархи, 1967), «Братья Карамазовы» (реж. И. Пырьев, 1968), «Преступление и наказание» (реж. Л. Кулиджанов, 1969) и другие.

В.М. Шукшин - автор сценария, режиссёр и исполнитель главной роли в фильме "Калина красная" (1973)

Ещё в конце 1950-х годов начал сниматься в фильмах Василий Макарович Шукшин, который был не только одним из самых великих советских писателей, но и прекрасным актёром, и режиссёром. Интересно, что кино для Шукшина было профессией (он получил высшее образование по специальности «Режиссёр кино»), а литература – хобби, но в историю Шукшин вошёл именно как писатель. Однако не нужно думать, что он был слабым режиссёром: его фильмы **пользовались не меньшим успехом**, чем его рассказы. Шукшин снимал фильмы только по собственным сценариям: таким был и первый фильм «Живёт такой парень» (1964), и все следующие. Главным успехом В.М. Шукшина стал его последний фильм «Калина красная» (1973) - искренний и трогательный рассказ о судьбе бывшего вора Егора Прокудина, который смог стать хорошим человеком. Роль Егора Прокудина – настоящего русского человека, человека со сложным характером, грубоватого снаружи, но очень доброго и ранимого внутри, превосходно сыграл сам В.М. Шукшин.

**Большие надежды** в начале своего творческого пути **подавал** молодой режиссёр Андрей Тарковский. Его первые фильмы – «Иваново детство» (1962) и «Андрей Рублёв» (1966) – заставляли зрителя не только переживать,

Режиссёр Андрей Тарковский

но и думать. Успех этих фильмов принёс Тарковскому огромную славу во всём мире и множество призов на самых разных международных кинофестивалях. И, к сожалению, автор не выдержал давления этой славой: его следующие фильмы были настолько сложными, что их никто (кроме самого автора и самых горячих его поклонников) не мог понять. Народной любви фильмы Тарковского не получили.

А вот советский режиссёр Леонид Гайдай никогда не получал никаких международных призов. У него был только один приз – любовь миллионов

Самые любимые "хулиганы" советского кино - актёры Ю. Никулин (слева), Е. Моргунов и Г. Вицин (справа)

советских людей. Леонид Гайдай снимал только комедии, а люди любили смеяться и в 1960-1970-е годы, и сейчас тоже любят. Может быть, именно поэтому фильмы Гайдая и сегодня остаются самыми популярными фильмами на русском языке для всех поколений. Главным героем первых комедий «Операция «Ы» (1965) и «Кавказская пленница» (1967) стал неуклюжий и стеснительный, но очень милый студент Шурик, который сразу полюбился всем зрителям. Но ещё больше им **полюбились** отрицательные герои этих комедий – трое обаятельных хулиганов, роли которых замечательно исполнили актёры Евгений Моргунов, Георгий Вицин и Юрий Никулин (его вы помните по тексту о советском цирке).

> Фильмы Леонида Гайдая настолько популярны, что многие слова из этих фильмов превратились в известные поговорки («Надо, Федя, надо!», «Птичку жалко», «Экзамен для меня – всегда праздник!», «Царь ненастоящий!» и многие другие)

Юрий Никулин исполнил главную роль и в самой знаменитой комедии Леонида Гайдая – в фильме «Бриллиантовая рука» (1969). Нельзя найти в России человека, который не смотрел (и не любил бы!) этот фильм. То же самое можно сказать и о комедии «Иван Васильевич меняет профессию» (1973). Леонид Гайдай снял и несколько замечательных экранизаций советской литературы 1920-х годов (комедии «12 стульев» (1971) и «Не может быть!» (1975). И сегодня фильмы Леонида Гайдая – отличный выбор для всех иностранных студентов, которые только начинают знакомиться с русским языком и русской культурой.

Мастер комедии Леонид Гайдай

Комедию Гайдая «Бриллиантовая рука» часто называют «самым любимым русским фильмом XX века». Но за это звание с ним могут поспорить ещё два шедевра этого периода: комедия Александра Серого «Джентльмены удачи» (1971) и фильм Владимира Мотыля «Белое солнце пустыни» (1970). Без этих фильмов невозможно представить себе русскую культуру.

Особое место в советском кино 1960-1970-х годов занимают фильмы о

> Российские туристы, приезжая в Китай (или другую страну Азии), часто говорят: «Восток – дело тонкое!» (значит, трудно понять мысли жителей Азии). Эта поговорка родилась в фильме «Белое солнце пустыни», как и многие другие, например, «Открой личико!» или «За державу обидно»

Великой Отечественной войне. Память о войне жила тогда в душе каждого советского человека, поэтому военные фильмы пользовались огромной популярностью. Большинство шедевров тех лет – экранизации. Например, по хорошо известной в Китае повести Бориса Васильева «А зори здесь тихие» в 1972 году режиссёр Станислав Ростоцкий снял замечательный *одноимённый фильм*. Знаменитыми стали и экранизации «Горячий снег», «На войне, как на войне», «Живые и мёртвые», «Возмездие». Советские фильмы о войне были очень разными. Иногда самым важным в них было показать исторические факты (как в фильме Юрия Озерова «Освобождение» (1972). А иногда важнее было показать чувства человека на войне, как в фильмах Леонида Быкова.

Леонид Быков - режиссёр и исполнитель главной роли в фильме "В бой идут одни "старики" (1973)

У каждого жителя России есть свои любимые фильмы о войне, но особенную любовь заслужили трогательные фильмы советского режиссёра Леонида Быкова «В бой идут одни «старики» (1973) и «Аты-баты, шли солдаты...» (1976). Как и Шукшин, Быков предпочитал сам исполнять главные роли в своих фильмах. Эти фильмы заставляют зрителей с болью в сердце вспоминать войну и сегодня, а их героям в некоторых городах даже установили памятники.

  **Запомните термины:**

кинопремия                              电影奖

  **Запомните слова и выражения (работайте со словарем!):**

**заставлять (заставить) (кого?) изменить своё мнение** *(о чём?) (о ком?) Раньше я считал Андрея слабым человеком, но недавно он во время пожара спас ребёнка, и этот смелый поступок заставил меня изменить своё мнение о нём. Я раньше думал, что в Китае совсем нет подходящей для иностранцев еды, но несколько прекрасных обедов в китайских ресторанах заставили меня полностью изменить своё мнение.*

**пользоваться успехом (= иметь успех) (у кого?) (среди кого?)** *Онлайн-игры пользуются огромным успехом у современной китайской молодёжи. Марина молода, красива, у неё прекрасная фигура, неудивительно, что она пользуется успехом у молодых людей. Онлайн-покупки раньше имели успех только среди молодёжи, но в последние годы они начинают пользоваться успехом и у людей старшего возраста.*

**подавать большие надежды** *Из всех моих студентов Ван Мэйхуа подаёт самые* *большие надежды, думаю, она станет отличным специалистом. В молодости этот пианист подавал большие надежды, побеждал на конкурсах, но, к сожалению, потом из него ничего великого не получилось. Этот фильм и до выхода на экраны подавал большие надежды, и после выхода в свет превзошёл все самые смелые ожидания.*

**полюбиться** (кому?)*В Пекине мне больше всего полюбился не многолюдный парк Ихэюань, а более спокойный парк Бэйхай. Песня «Подмосковные вечера» ещё в 1950-е годы полюбилась китайцам, эта любовь не прошла до сих пор. Из всех необычных китайских продуктов мне больше всего полюбилось мясо осла.*

■ **Обратите внимание!**

В текстах часто встречаются прилагательные «замечательный», «прекрасный», «интересный», «современный», «огромный», «популярный», «известный», «любимый», с которыми вы хорошо знакомы. Обратите внимание на другие имена прилагательные, которые используются в тексте «Хорошая привычка».

| зрелищное кино | бессмертная классика | слабый режиссёр |
| отличный выбор | народная любовь | горячий поклонник |
| добрый и ранимый человек | грубоватый человек | обаятельный хулиган |
| искренний и трогательный рассказ | | неуклюжий и стеснительный студент |
| отрицательный герой | творческий путь | великая книга |

## Языковые упражнения (по урокам 3-5)

1. Переведите предложения на русский язык, используйте конструкцию «нельзя не (что делать? что сделать?)»

   1) 当你第一次走进特列季亚科夫画廊的时候，一定会兴奋地喊一声"我的天哪！"
   2) 俄罗斯文学课本上像苏联文学这种文学历史上的重要时期不能不注意。
   3) 不能不表扬一下这个学生在写毕业论文时候的自主和努力。
   4) 20岁，不由得会幻想爱情，相信幸福，怀揣伟大的梦想。

2. Постройте предложения по образцу. Используйте выражение «пользуется успехом (у кого?) (среди кого?)». При построении предложения обращайте внимание на то, что используется две модели.

   *Пример 1.* 周杰伦= *Песни Чжоу Цзелуня пользуются успехом среди китайской молодёжи.*

   *Пример 2.* 邓丽君= *Песни Дэн Лицзюнь до сих пор пользуются успехом среди людей старшего поколения.*

   梁静茹，张学友，李宇春，张国荣，蔡琴，林俊杰，那英，王力宏，齐秦，孙燕姿。

3. Постройте предложения по образцу. Используйте глагол «полюбиться» (кому?).

   *Пример:* 我可能不会爱你 (李大仁) = *Из всех героев сериала «Как же можно не любить тебя?» мне больше всего полюбился Ли Дажэнь.*

   《甄嬛传》(甄嬛);《芈月传》(芈姝);《何以笙箫默》(赵默笙);《爱情公寓》(曾小贤);《太子妃升职记》(张芃芃);《步步惊心》(四阿哥);《花千骨》(白子画);《琅琊榜》(梅长苏)。

4. Объедините эти предложения по образцу. Используйте глагол «ценить» (кого?) (за что?).

   *Пример: Иван – честный человек. Его друзьям это нравится. = Друзья ценят Ивана за честность.*

   1) Алексей имеет огромный опыт в переводе. Коллеги считают, что это прекрасно.
   2) Игорь Сергеевич очень трудолюбивый. В его фирме уважают это качество.
   3) Полина очень добрая девушка. Её знакомые всегда отмечают это качество.
   4) Виктор всегда говорит то, что думает. Окружающим нравится его прямота.
   5) Павел Павлович очень много читает и много знает. Ученики уважают его за это.
   6) У Анны прекрасное чувство юмора. Друзья любят Анну за это.

5. Постройте предложения по образцу, используйте выражение «заставить (кого?) изменить своё мнение». Во всех предложениях используйте образец «Я раньше (всегда) думал(а), что…».

   *Пример: сычуаньская кухня, поездка в Чэнду = Я раньше думал, что сычуаньская кухня не подходит для иностранцев, но поездка в Чэнду заставила меня изменить своё мнение.*

   1) «Путешествие на Запад», знакомство с этой книгой
   2) бадминтон, выступления Линь Даня
   3) китайский язык, учёба в Китае
   4) современная китайская музыка, песни Чжоу Цзелуня
   5) китайская молодёжь, общение с китайскими друзьями
   6) мясо осла, обед в этом ресторане

### Речевые и творческие задания

1. В советских кинотеатрах не было попкорна(爆米花)! В них было такое правило: кушать и пить можно только в буфете и только до начала фильма. Кушать или пить что-то в зрительном зале во время фильма считалось некультурно. В современных кинотеатрах, как вы знаете, ситуация такая:

Как вы считаете, нужно ли обязательно что-то есть в кинотеатре? Когда вы приходите в кинотеатр, что вы покупаете из еды? Покупаете ли вы больше или меньше еды, чем другие люди? Не мешает ли вам еда смотреть фильм? Как вы считаете, какая еда (零食) лучше всего подходит для кино?

2. В первых фильмах Леонида Гайдая особую любовь зрителей заслужили актёры Ю. Никулин, Г. Вицин и Е. Моргунов, которые исполняли роли трёх хулиганов - Труса, Балбеса и Бывалого. Эти киногерои так популярны, что им даже поставили памятники во многих городах России (это памятник в Хабаровске):

Попробуйте объяснить по-русски, что значат слова "трус", "балбес" и "бывалый". Попробуйте описать внешность и характер этих героев и расскажите, кто из них кто.

3. Многие слова из советских фильмов стали "крылатыми", значит, превратились в пословицы и поговорки.

3а) Попробуйте соотнести крылатые выражения из советских фильмов и их объяснения. Расскажите, почему вы считаете именно так.

| Крылатые слова | Значение |
|---|---|
| Таможня даёт добро! ("Белое солнце пустыни") | Кажется, он тратит слишком много денег. |
| Я не трус, но я боюсь! ("Бриллиантовая рука") | Плохо не иметь своего мнения. |
| Это я удачно зашёл! ("Иван Васильевич меняет профессию") | Я не уверен в своих силах |
| Все побежали, и я побежал... ("Джентльмены удачи") | Я попал в безвыходное положение |
| Студентка, спортсменка и просто красавица ("Кавказская пленница") | Мне очень повезло! |
| Наши люди за хлебом на такси не ездят! ("Бриллиантовая рука") | Я разрешаю тебе это сделать |
| Замуровали, демоны! ("Иван Васильевич меняет профессию") | Она очень хорошая девушка |

3б) Знакомы ли вам эти крылатые слова из китайских фильмов? Расскажите о том, из каких фильмов они попали в китайский язык и в каких ситуациях их можно использовать в жизни:

1) 我猜着了开头，但我猜不中这结局。(《大话西游》)
2) 有人就有恩怨，有恩怨就有江湖。人就是江湖，你怎么退出。(《笑傲江湖》)
3) 往往都是事情改变人，人却改变不了事情。(《无间道》)
4) 哪呢哪呢？我看见了，我看见了！这是爱情的力量！(《不见不散》)
5) 有信心不一定会成功，没信心一定不会成功。(《英雄本色》)
6) 别以为长得帅我就不打你！(《功夫》)

## УРОК 6. Эпоха телевидения

У каждого из вас дома есть телевизор. Фильмы по телевизору вы смотрите гораздо чаще, чем в кинотеатре. В 1970-1980-е годы в СССР телевизоры появились в большинстве семей, что позволило смотреть дома интересные передачи и прекрасные фильмы. Телевидение не стало соперником кино, оно стало его помощником.

Мы уже рассказывали о таком замечательном жанре искусства, как «*телеспектакль*». Телеспектакль – это результат сотрудничества театра и телевидения. Результатом сотрудничества кино и телевидения является «телефильм». Телефильм – это фильм, который показывают не в кинотеатре, а по телевизору. Многие советские телефильмы стали настоящими шедеврами.

> Фильм «Семнадцать мгновений весны» состоял из 12 серий, поэтому его называли «многосерийным телефильмом». В современном русском языке вместо этого длинного выражения используется «телесериал» или просто «сериал». Сейчас часто шутят, что «Семнадцать мгновений весны» был первым советским сериалом.

Самым знаменитым *телефильмом* за всю историю советского искусства стал фильм Татьяны Лиозновой «Семнадцать мгновений весны» (1973). Трудно сказать, почему этот фильм завоевал такую громадную популярность: то ли благодаря таланту женщины-режиссёра Татьяны Лиозновой, то ли благодаря замечательной музыке советского композитора Микаэла Таривердиева, то ли благодаря чудесной игре актёров, а скорее всего – благодаря всему этому вместе. Фильм рассказывает историю советского разведчика, который во время Великой Отечественной войны работал в Берлине под немецкой фамилией Штирлиц. Роль главного героя – Штирлица – прекрасно исполнил Вячеслав Тихонов; его герой

Татьяна Лиознова и Вячеслав Тихонов (справа) на съёмках телефильма "17 мгновений весны"

так понравился зрителям, что «Семнадцать мгновений весны» часто называют «фильм про Штирлица». В летние дни 1973 года, когда по телевизору впервые показывали этот фильм, улицы советских городов **пустели**, как ночью: ни людей, ни машин, все смотрели «фильм про Штирлица». И сегодня этот фильм, его герои и многие их слова знакомы всем, кто говорит по-русски.

Таким же знаменитым телефильмом стал шедевр Станислава Говорухина «Место встречи изменить нельзя» (1979). Этот фильм рассказывает о работе московской милиции. Главную роль в нём сыграл замечательный поэт и актёр Владимир Высоцкий (о нём

Владимир Конкин и Владимир Высоцкий (справа)

мы писали в тексте о советской песне). Большую известность получили и другие телефильмы: «Старший сын» (реж. В. Мельников, 1975), «По семейным обстоятельствам» (реж. А. Коренев, 1977), «Покровские ворота» (реж. М. Казаков, 1982). Трогательная история отношений молодого учителя со своими взрослыми учениками рассказывается в фильме Алексея Коренева «Большая перемена» (1973). Все эти телефильмы до сих пор **вызывают большой интерес зрителей**, поэтому их время от времени повторно показывают по телевизору.

"Ирония судьбы, или С лёгким паром!" (1975) - это история о неожиданно найденной настоящей любви

Но есть в истории советского кино один фильм, который показывают по телевизору **регулярно** (каждый год), и всегда в один и тот же день – 31 декабря. Это уникальный фильм советского кино, фильм-традиция – шедевр Эльдара Рязанова «Ирония судьбы, или С лёгким паром»(1975).

Алиса Фрейндлих и Андрей Мягков в фильме "Служебный роман"

«Ирония судьбы, или С лёгким паром!» - это, как и первая комедия Э. Рязанова «Карнавальная ночь», новогодний фильм (его сюжет связан с любимым русским праздником – Новым годом). В истории советского кино есть немало хороших новогодних фильмов - «Чародеи» (1982), «Старый Новый год» (1980), «Новогодние приключения Маши и Вити» (1975). Популярен этот жанр и в наши дни (например, фильмы Тимура Бекмамбетова «Ирония судьбы. Продолжение» (2007), «Ёлки» (2010) и другие). Но именно «Ирония судьбы» стала настоящим символом Нового года в России – вместе с Дедом Морозом, Снегурочкой, новогодней ёлкой и выступлением президента.

Эльдар Александрович Рязанов (как и Леонид Гайдай) – это режиссёр, которого почти не знают за границей, не очень высоко ценят специалисты в истории кино, но прекрасно знают и любят все

Фильм Г. Данелия "Афоня" - история о том, как плохой человек стал хорошим

поколения российских зрителей. Этот автор за многие годы **выработал свой стиль** – все его фильмы одновременно и смешные, и немного грустные, они заставляют зрителя и плакать, и улыбаться. У этого режиссёра было несколько «любимых актёров», которые играли во многих его фильмах, как, например, главная звезда «Иронии судьбы» Андрей Мягков. А ещё во всех фильмах Рязанова звучат трогательные песни, которые поют и сегодня.

После огромного успеха «Иронии судьбы» Эльдар Рязанов сразу снял ещё один шедевр – фильм «Служебный роман» (1977). Фильм рассказывает историю о том, как скромный чиновник влюбился в свою строгую начальницу. Превосходная актёрская игра Андрея Мягкова и звезды ленинградского театра Алисы Фрейндлих не могла оставить зрителей равнодушными в 1977 года и не может оставить никого равнодушным и сегодня. Следующие фильмы Рязанова – «Вокзал для двоих» (1982) и «Жестокий романс» (1984) – пусть и не смогли повторить сумасшедшего успеха «Служебного романа» - но тоже стали настоящими шедеврами.

Стиль талантливого советского режиссёра Георгия Данелия чем-то похож на стиль Рязанова: он тоже любил снимать грустные комедии. Главные герои всех его фильмов – люди, **которые не могут найти себя**. Кому-то его фильмы могут показаться слишком грустными, но именно за трогательные слёзы **сопереживания** главным героям зрители всегда будут благодарныего фильмам «Афоня» (1975), «Мимино» (1977), «Осенний марафон» (1979). Всенародно любимым стал и его *фантастический фильм* «Кин-дза-дза!» (1986).

В конце советской эпохи, конечно, не появлялось так много шедевров, как в 1950-е годы, но некоторые фильмы всё-таки получали всемирную известность. Престижную американскую кинопремию «Оскар» в 1976 году получил фильм «Дерсу Узала», который в СССР с участием советских актёров снял великий мастер японского кино Акира Куросава. В 1980 году в США снова вручали «Оскар» советскому фильму. На этот раз успеха добился трогательный фильм о любви не самого известного режиссёра Владимира Меньшова «Москва слезам не верит».

Вера Алентова в роли Катерины и Алексей Баталов в роли Гоши (фильм "Москва слезам не верит")

Американским специалистам очень понравилась простая история о трудной судьбе Катерины Тихомировой, девушки с сильным характером, которая добилась успеха в жизни и к 40 годам нашла настоящую любовь.

Детям в СССР всегда пытались дать всё лучшее, что было в стране. Работали специальные кинотеатры, где показывали только фильмы и мультфильмы для детей. Каждые выходные посмотреть знаменитую телепередачу «В гостях у сказки» перед телевизором собиралась вся семья. В этой программе показывали *фильмы-сказки* – этот жанр детского кино создали советские режиссеры Александр Птушко и Александр Роу в 1930-1960-е годы. В 1970-1980-е годы традиции детского кино продолжают успешно развиваться. Огромным успехом пользовались детские фильмы режиссёра Ролана Быкова, фильмы-сказки Леонида Нечаева «Приключения Буратино» (1975), «Про Красную Шапочку» (1977), музыкальные фильмы Владимира Аленикова «Приключения Петрова и Васечкина» (1983) и «Каникулы Петрова и Васечкина»

Звезда телефильма "Гостья из будущего" Наташа Гусева

(1984), фильмы о первой любви «Вам и не снилось» (1981) и «В моей смерти прошу винить Клаву К.» (1979). Но самыми любимыми у советских школьников были телефильмы Константина Бромберга «Приключения Электроника» (1979) и Павла Арсенова «Гостья из будущего» (1985). В обоих этих произведениях фантастика и мечты о будущем соединяются с реальной жизнью советской школы. «Гостья из будущего» считается символом 1980-х годов, символом последнего советского поколения.

Современное российское кино, как и все остальные жанры современного российского искусства, пока ещё ищет себя. Традиции советского кино сохранились: в наши дни часто появляются новые фильмы, которые повторяют старые сюжеты советских шедевров, но создать новые шедевры у современных режиссёров пока не получается.

### Запомните термины:

| | |
|---|---|
| телевидение | 电视艺术 |
| телеспектакль | 电视剧(不同于现代意义上的电视连续剧，而是把话剧搬上电视荧幕的一种艺术形式) |
| телефильм | 电视影片 |
| телепередача (телепрограмма) | 电视节目 |
| фантастический фильм | 幻想影片 |
| фильм-сказка | 童话影片 |

### Запомните слова и выражения (работайте со словарем!):

**пустеть (опустеть)** *Наступила ночь, улицы опустели, было тихо и темно. Лекция закончилась, аудитория быстро опустела, только преподаватель остался, он собирал* книги в сумку. На тарелке был большой торт, но через пять минут тарелка опустела, а торт был очень вкусным!

**вызывать (вызвать) большой интерес** *Новость о визите Владимира Путина в Китай вызвала большой интерес как в Китае, так и в России. Новые фильмы этого режиссёра – это всегда событие, они всегда вызывают большой интерес зрителей. Распродажа вызвала большой интерес среди покупателей, с утра в магазине было многолюдно.*

**регулярно** *Если вы хотите всегда быть в форме, нужно регулярно заниматься спортом. На этом телеканале регулярно, каждый вторник и четверг, выходят программы о русском языке. Я регулярно проверяю свою электронную почту, но так и не получил твоё письмо.*

**вырабатывать (выработать) свой стиль** (свой подход, свой метод, своё мнение) *Моя мама очень вкусно готовит, за многие годы она выработала свой стиль, её блюда очень легко узнать. Я долго наблюдал за последними новостями из России и выработал своё мнение по этому поводу.*

**найти себя** (в жизни) *О человеке, который не знает, как правильно жить, как быть счастливым, можно сказать, что он не может найти себя. Мой папа – это пример для меня, он нашёл себя в жизни, стал успешным и уважаемым человеком. Многие молодые люди не знают, как найти себя, а мне кажется, главное – это найти себе работу по душе.*

**сопереживать** (кому? чему?)(**сопереживание**)*Когда я смотрю сериалы о любви, я так сопереживаю героям, что всегда плачу. Мы должны учить детей быть добрыми, сопереживать чужому несчастью.*

### Обратите внимание!

В русском языке немало слов, которые начинаются с префикса «теле-». Он пришёл из греческого языка и имеет значение «далеко», «на большом расстоянии».

| телевидение | телефон | телеграф |
| телевизор | телефонист | телеграмма |
| телескоп | телепатия | телефакс |
| (в современном русском языке вместо слова «телефакс» используется слово «факс») | | |

Кроме того, «теле-» может означать и «телевидение». Во всех этих словах именно так:

| телестудия | телепрограмма | телепередача |
| телеканал | телефильм | телеинтервью |
| телеведущий | телеконцерт | телесериал |

Волшебный мир кино **ТЕМА 7**

■ **Речевые и творческие задания**

1. Прочитайте этот «Диалог перед телевизором»:

女：天天看篮球，天天看篮球，我真是忍无可忍了！遥控器给我，我要看《都市恋人》，今天大结局。

男：别闹！正到关键时刻，三分球，马上进了！

女：今天我就要看电视剧，一定要！

男：宝贝儿，今天是这个赛季最后一场，你听话，让我看完好不好？

女：不好！今天必须看大结局。这么小的事情都不听我的，你根本不爱我。

男：爱你，最爱你了，你先给我换台，还有十五分钟就结束了。

女：你是爱篮球，不是爱我！

男：你和篮球有什么争风吃醋的，你现在怎么这么刁蛮任性？

女：我刁蛮任性？我就想看个电视剧你就不能让着我。

男：看场球赛就剩十五分钟你就在这搅和。

女：啊！怎么停电了。亲爱的，你在哪儿？我有点害怕。

男：别怕，我在这儿呢。

女：还好你在。

男：这回乖了，不张牙舞爪大吵大闹了。

女：好啦，以后我们再也不因为看电视的事情吵架了好不好。

男：好，听你的。

1а) Переведите этот диалог на русский язык.

1б) Расскажите о том, что нужно делать в такой ситуации? Как избежать ссоры из-за того, что разные люди любят разные телепрограммы? Бывали ли в вашей жизни такие ситуации? Что вы делали в подобных случаях?

2. Песня "У природы нет плохой погоды" из фильма Э.А. Рязанова "Служебный роман" стала одной из самых популярных в русской культуре. Слова этой песни написал сам Э.А. Рязанов (который написал много стихов для известных песен из своих фильмов). Давайте познакомимся с этой песней.

*У природы нет плохой погоды,*
*Каждая погода благодать,*
*Дождь ли снег, любое время года,*
*Надо благодарно принимать.*

*(...)*

*Смену лет закаты и восходы,*
*И любви последней благодать,*
*Как и дату своего ухода*
*Надо благодарно принимать,*

217

Как вы понимаете слова "У природы нет плохой погоды?" О чём в этой песне рассказывает автор? Согласны ли вы с его мнением? Попробуйте перевести эту песню на китайский язык.

3. Советский телефильм Павла Арсенова "Гостья из будущего" рассказывал историю школьницы Алисы Селезнёвой, которая приехала в Москву 1984 года из Москвы 2084 года, совершив путешествие во времени. В фильме Алиса рассказывает о будущем.

   А что о будущем думаете вы? Расскажите, как вы представляете себе жизнь в вашей стране и в мире в 2084 году? Что изменится, а что останется таким же, как и сейчас?

4. В современной китайской культуре огромную роль играют телесериалы (电视剧). Подготовьте рассказ о вашем любимом телесериале (китайском или иностранном) по этому плану:

| | |
|---|---|
| Название сериала | |
| Годы выхода | |
| Страна | |
| Главная тема | |
| Место и время действия | |
| Главные актёры | |
| Немного о сюжете | |
| Почему он стал вашим любимым сериалом? | |
| Почему этот сериал стоит посмотреть друзьям из России? | |

5. Многие советские фильмы объединяют старшие и младшие поколения: когда эти фильмы показывают по телевизору, их собирается смотреть вся семья. Есть ли в вашей семье такие "объединяющие" фильмы, которые любите и вы, и ваши родители? Расскажите об одном из таких фильмов.

## УРОК 7. Мультфильм – это серьезно

Многие думают, что *мультфильмы* – это что-то детское и несерьезное. Это совсем не так! Мультфильмы, как и фильмы, это произведения искусства, а само искусство по-русски называется «*мультипликация*». И у этого вида искусства тоже есть своя история, свои богатые и интересные традиции.

Родилось искусство мультипликации в конце XIX века, немного раньше, чем искусство кино. В России история мультипликации начинается в 1910-е годы. Тогда в Москве работал замечательный художник Владислав Старевич – первый знаменитый русский *мультипликатор*. Старевич своими руками делал красивые куклы, которые становились героями его фильмов. В 1919 году Старевич уехал из России и большую часть жизни работал во Франции. Его произведения сейчас мало

> «Мультипликация» – это русское название; в английском и других языках мира искусство создания мультфильмов называется словом «анимация» (animation). Во всём мире создатели этого вида искусства (как знаменитый американский мастер Уолт Дисней (WaltDisney) называются «аниматоры», а по-русски «художники-мультипликаторы».

кто знает, но специалисты считают, что Владислав Старевич стал одним из «отцов» современной мультипликации **и внёс большой вклад в развитие** этого вида искусства.

В 1930-е годы в мультипликации начинается эпоха самого талантливого мастера в истории этого вида искусства – эпоха Уолта Диснея. Благодаря успехам этого американского мастера, мультипликация во всем мире становится не менее уважаемым видом искусством, чем кино. В 1936 году в СССР открылся первый центр по производству мультфильмов – знаменитый «Союзмультфильм», режиссёры и художники которогосоздали более 1500 мультфильмов.

«Золотое время» советской мультипликации начинается сразу после Великой Отечественной войны и продолжается до конца 1980-х годов. В 1940-1950-е годы каждый год выходило совсем немного мультфильмов, но все они были настоящими шедеврами («Цветик-Семицветик» (1948), «Аленький цветочек» (1952), «Золотая антилопа» (1954), «12 месяцев» (1956), «Снежная королева» (1957). Это рисованные *мультфильмы*: для их создания сначала нужно было сделать множество рисунков, что требовало большой работы. Советские художники-мультипликаторы **подходили к своей работе очень серьёзно,** а мультфильмы получались такими красивыми и реалистичными, что их с удовольствием смотрели в кинотеатрах и дети, и их

В мультфильме "Ну, погоди!" Волк и Заяц попадают в разные ситуации

"Ребята, давайте жить дружно!" - знаменитые слова Кота Леопольда

родители.

В 1950-е годы предпочитали делать длинные мультфильмы – не менее 30 минут. В 1960-е годы мультфильмы становятся короче – до 10 минут, но популярными становятся *многосерийные мультфильмы*. Самый известный советский многосерийный мультфильм – это, конечно, «Ну, погоди!» (режиссёр Вячеслав Котёночкин). Эта весёлая история о приключениях доброго и милого Зайца и хулигана-Волка скоро будет отмечать своё 50-летие. Вячеслав Котёночкин создал 16 серий этого мультфильма, а в наши дни новые серии создаёт его сын. Ещё один знаменитый многосерийный мультфильм - "Кот Леопольд" (10 серий, 1975-1984, реж. Анатолий Резников) в наши дни тоже переживает второе рождение.

Есть в истории советской мультипликации свои звёзды – замечательные *режиссёры-мультипликаторы* (режиссёры мультфильмов). В 1950-е годы свои шедевры создавали Лев Атаманов и сёстры Валентина и Зинаида Брумберг. В 1960-е годы знаменитым автором стал Фёдор Хитрук (автор мультфильмов «Винни-Пух» (1969-1972). Жанр *кукольных мультфильмов* развивал режиссёр Роман Качанов. Его мультфильмы про Крокодила Гену (1969-1983) и сегодня пользуются огромной популярностью не только в России, но и в Японии и Корее. Замечательные мультфильмы о разных видах спорта создал Борис Дёжкин. В 1980-е годы всемирную известность получили режиссёры-мультипликаторы Александр Татарский и Гарри Бардин.

В СССР авторы мультфильмов считали, что их искусство - **это прекрасный способ не только порадовать детей** и их родителей, но и рассказать о культуре разных стран и народов. В конце 1940-х годов, в эпоху большой дружбы СССР и КНР, появились мультфильмы по китайским сказкам "Жёлтый аист" (1950) и "Братья Лю" (1953). Настоящим шедевром стал многосерийный мультфильм Романа Давыдова "Маугли" (1967-1971) по книге английского писателя Киплинга и мультфильмы Александры Снежко-Блоцкой о Древней Греции (1969-1974). Вот почему мы назвали наш текст "Мультфильм - это серьёзно".

Но не только поэтому. Мы в раннем детстве начинаем знакомство с миром именно с мультфильмов. И все жители России сначала посмотрели мультфильмы про Волка и Зайца, Крокодила Гену, Кота Леопольда и других любимых героев, и только потом познакомились с другими произведениями искусства. Современные российские дети смотрят те же мультфильмы, что и их родители много лет назад. Мультфильмы помогают ребёнку **сделать первые шаги в огромном мире русской культуры**. Вот почему мультфильмы - это очень серьёзно.

Волшебный мир кино **ТЕМА 7**

### Запомните термины:

| | |
|---|---|
| мультфильм | 动画片 |
| мультипликация | 动画摄制 |
| мультипликатор | 动画片制作者 |
| рисованный мультфильм | 手绘动画 |
| многосерийный мультфильм | 多集动画片，系列动画片 |
| кукольный мультфильм | 木偶动画 |
| режиссёр-мультипликатор | 动画导演 |

### Запомните слова и выражения (работайте со словарём!):

**вносить (внести) большой (огромный, значительный) вклад в развитие** (чего?) *Великий китайский мудрец Лао-цзы внёс большой вклад в развитие философии. Экономика Китая вносит огромный вклад в развитие мировой экономики. Реформы Петра Великого внесли огромный вклад в развитие России как европейской страны.*

**подходить (подойти) к работе** (к делу) **серьёзно** *Если ты будешь всегда подходить к любому делу серьёзно, тебе никогда не придётся исправлять ошибки. Когда в нашей семье отмечают Новый год, мои мама и бабушка подходят к этому делу очень серьёзно и готовят не меньше 20 блюд. К своей внешности и одежде все девушки подходят очень серьёзно, в этом деле для них мелочей быть не может.*

**прекрасный (хороший, подходящий) способ** (что сделать?) *Прекрасный способ лучше узнать человека – отправиться вместе с ним в путешествие на несколько дней. Самый лучший способ поправить своё здоровье – хорошо отдохнуть и выспаться. Обязательно посетите провинцию Хэнань, это прекрасный способ познакомиться с древней историей Китая.*

**делать первые шаги (в чём?)** *Студенты первого курса пока ещё делают первые шаги в изучении русского языка, им предстоит ещё много лет осваивать этот трудный язык. Свои первые шаги в поэзии Пушкин сделал ещё в детстве, когда писал стихи на французском языке. Я пока ещё только первые шаги делаю в бадминтоне, а вот наш тренер – настоящий мастер, он даже участвовал в международных соревнованиях.*

### Обратите внимание!

В тексте урока 7 «Мультфильм – это серьёзно» используются очень близкие по смыслу выражения:

| Выражение | Пример |
|---|---|
| Вносить (внести) большой вклад в развитие мультипликации | Владислав Старевич внёс большой вклад в развитие мультипликации. |
| Становиться (стать) самым талантливым мастером в области мультипликации | В 1930-е годы начинается эпоха Уолта Диснея - человека, который стал самым талантливым мастером в области мультипликации. |
| Начинается «золотое время» мультипликации | «Золотое время» мультипликации начинается в 1930-е годы, когда свою работу начинает Уолт Дисней. |
| Пользоваться огромной популярностью | Мультфильмы про Крокодила Гену и сегодня пользуются огромной популярностью. |
| Получать (получить) всемирную известность | Режиссёры-мультипликаторы Александр Татарский и Гарри Бардин в 1980-е годы получили всемирную известность. |
| Становиться (стать) настоящим шедевром | Многосерийный мультфильм «Маугли» Романа Давыдова стал настоящим шедевром. |

## Языковые упражнения (по урокам 6-7)

1. Переведите предложения на русский язык, используйте выражение «самый лучший способ (что сделать?)».

    1) 最好的真正了解俄罗斯的办法，不是去莫斯科，而是去伏尔加河或乌拉尔河上的小城。
    2) 普京认为，最好的休息方式是远离人群去钓鱼或者打猎。
    3) 最好的学习外语的方法是和母语者交流。
    4) 最好的减肥方法是多运动和合理饮食。

2. Постройте предложения по образцу, используйте выражение «внести большой вклад в развитие (чего?).

    *Пример: Дмитрий Менделеев (химия) = Дмитрий Менделеев внёс большой вклад в развитие химии.*

    余秋雨 (散文家), 季羡林 (国学家), 屠呦呦 (药学家), 钱学森 (科学家), 李四光 (地质学家), 华罗庚 (数学家), 孔子 (教育家), 杨振宁 (物理学家), 司马迁 (史学家), 俞伟超 (考古学家).

3. Измените предложения по образцу. Используйте выражение «подходить (к чему?) серьёзно»

    *Пример: Виктор всегда очень внимательно делает домашнее задание = Виктор всегда серьёзно подходит к домашнему заданию.*

    1) Этот молодой спортсмен всегда очень старательно занимается на тренировках.
    2) Актёр Кирилл Лавров всегда очень серьёзно относился к своим спектаклям.
    3) Эта компания с большим вниманием разрабатывает каждую новую модель.
    4) Профессор Петренко каждую свою лекцию проводит с большим энтузиазмом.
    5) Валя вкусно готовит, в каждое своё блюдо вкладывает душу.
    6) Алина к экзаменам в магистратуру готовится и днём, и ночью.

4. Постройте предложения по образцу, используйте выражение «вызвать большой интерес» (у кого?).

   *Обратите внимание: новость в газете, но новость на телеканале, на радио, на сайте.*

   *Обратите внимание: газета – читатели, сайт – посетители, телеканал – зрители, радио – слушатели.*

   *Пример: телеканал «Россия» = Эта новость на телеканале «Россия» вызвала большой интерес у слушателей.*

   Телеканал «Звезда», газета «Ведомости», сайт РБК, Русское радио, «Новая газета», сайт «Газета.ру», газета «Известия», телеканал НТВ, сайт «Взгляд», радио «Эхо Москвы», телеканал РенТВ, газета «Коммерсант», сайт «Лента.ру», радио «Вести», телеканал ТВЦ, радио «Пятница».

5. Постройте предложения по образцу. Используйте выражение «делать первые шаги (в чём?»

   *Пример: Владислав Артемьев (шахматы) = Владислав Артемьев пока делает первые шаги в шахматах, в будущем он может стать великим шахматистом.*

   Елизавета Туктамышева (фигурное катание), Павел Кулижников (конькобежный спорт), Кирилл Стрельцов (биатлон), Михаил Акименко (лёгкая атлетика), Мария Вадеева (баскетбол), Роман Чепик (тяжёлая атлетика), Владимир Ткачёв (хоккей), Егор Денисов (футбол), Олеся Чернятина (плавание), Елизавета Котова (волейбол).

### Речевые и творческие задания

1. Героями советских мультфильмов часто являются животные. Это неудивительно: дети любят милых животных. Посмотрите на эти картинки:

Нравятся ли вам животные на этих картинках? Любите ли вы животных? Есть ли у вас домашние животные? Какие животные вам кажутся самыми симпатичными?

2. Кот Матроскин, герой знаменитого мультфильма, стал «лицом» известной марки молока. На первой картинке – Кот Матроскин в мультфильме, на следующих – уже в рекламе.

Знаете ли вы примеры того, когда знаменитый герой мультфильма используется в рекламе? Есть ли такие примеры в Китае? Расскажите об этом.

3. Многие взрослые люди до сих пор с удовольствием смотрят мультфильмы. Они говорят, что мультфильмы помогают им вспомнить своё детство (по-русски говорят «вернуться в детство»). А в детстве у каждого из нас были теплые воспоминания.

Расскажите, пожалуйста, о самом лучшем, самом светлом, самом теплом воспоминании из вашего детства. Вспоминаете ли вы о нём сейчас? Что напоминает вам об этом?

# Список имен авторов и названий произведений искусства, упоминаемых в учебных текстах

## А

«А зори здесь тихие...» (фильм С.И. Ростоцкого по повести Б.Л. Васильева) 《这里的黎明静悄悄》（罗斯托茨基执导电影作品，改编自瓦西里耶夫同名小说）

«Адмирал Нахимов» (фильм В.И. Пудовкина) 《海军上将纳希莫夫》（普多夫金电影）

Айвазовский, Иван Константинович (1817 – 1900) – русский художник-маринист 伊凡·艾瓦佐夫斯基（俄罗斯海景画家）

Академия художеств в Санкт-Петербурге – первый в России художественный вуз. Современное название – Институт имени Репина 圣彼得堡艺术科学院（俄罗斯第一所艺术类院校，更名后叫做列宾美术学院）

«Александр Невский» (фильм С.М. Эйзенштейна) 《亚历山大·涅夫斯基》（爱森斯坦执导电影作品）

«Александр Пархоменко» (фильм Л.Д. Лукова) 《亚历山大·帕尔霍缅科》（卢科夫执导电影作品）

Александринский театр – один из старейших драматических театров Санкт-Петербурга. Современное название – Российский государственный академический театр драмы им. А.С. Пушкина 亚历山大歌剧院（圣彼得堡历史最悠久的歌剧院之一，更名后改称为俄罗斯圣彼得堡普希金歌剧院）

Александров, Григорий Васильевич (1903 – 1983) – советский кинорежиссёр 格里高利·亚历山德罗夫(电影导演)

Алеников, Владимир Михайлович (1948) – советский и российский кинорежиссёр 弗拉基米尔·阿列尼科夫（电影导演）

«Аленький цветочек» (мультфильм Л.К. Атаманова) 《鲜红的小花儿》（阿塔马诺夫动画电影作品）

«Алёнушка» (картина В.М. Васнецова) 《阿廖努什卡》（画家瓦斯涅佐夫作品）

Алябьев, Александр Александрович (1787 – 1851) – русский композитор 亚历山大·阿里亚比耶夫（作曲家）

Андрей Рублёв (1360 – 1428) – русский иконописец 安德烈·卢布廖夫（圣像画家）

«Андрей Рублёв» (фильм А.А. Тарковского) 《安德烈·卢布廖夫》（塔尔科夫斯基电影作品）

Аникушин, Михаил Константинович (1917 – 1997) – советский скульптор 米哈伊尔·阿尼库申（雕塑家）

«Анна Каренина» (балет Р.К. Щедрина) 《安娜·卡列尼娜》（作曲家谢德林创作的芭蕾舞作品）

«Анна Каренина» (фильм А.Г. Зархи по роману Л.Н. Толстого) 《安娜·卡列尼娜》（扎尔希执导电影作品，改编自列夫·托尔斯泰同名长篇小说）

Ансамбль народного танца имени Игоря Моисеева – российский танцевальный коллектив 俄罗斯莫伊谢耶夫国立民俗舞蹈团

Ансамбль народного танца «Берёзка» имени Надежды Надеждиной – российский танцевальный коллектив 俄罗斯国家模范"小白桦"舞蹈艺术团

«Апофеоз войны» (картина В.В. Верещагина) 《战争祭礼》（画家韦列夏金作品）

«Арест пропагандиста» (картина И.Е. Репина) 《宣传者被捕》（列宾作品）

Архангельский собор Московского Кремля (памятник древнерусского зодчества) （莫斯科）克里姆林宫内的天使长大教堂（古代俄罗斯建筑文物）

Арсенов, Павел Оганезович (1936 – 1999) – советский кинорежиссёр 帕维尔·阿尔谢诺夫（电影导演）

Асафьев, Борис Владимирович (1884 – 1949) – советский композитор 鲍里斯·阿萨菲耶夫（电影导演）

Астангов, Михаил Фёдорович (1900 – 1965) – советский актёр 米哈伊尔·阿斯坦戈夫（演员）

Атаманов, Лев Константинович (1905 – 1981) – советский режиссёр мультфильмов 列夫·阿塔马诺夫（动画导演）

«Аты-баты, шли солдаты…» (фильм Л.Ф. Быкова) 《嘿—嘿，士兵在前进》（导演贝科夫执导电影作品）

«Афоня» (фильм Г.Н. Данелия) 《阿丰尼亚》（导演达涅利亚电影作品）

**Б**

Бабочкин, Борис Андреевич (1904 – 1975) – советский актёр театра и кино, театральный режиссёр 鲍里斯·巴博奇金（演员，导演）

Балакирев, Милий Алексеевич (1836 – 1910) – русский композитор, руководитель объединения «Могучая кучка» 米利·巴拉基列夫（指挥家，新俄罗斯乐派"强力集团"带头人）

«Баллада о солдате» (фильм Г.Н. Чухрая) 《士兵之歌》（丘赫莱电影作品）

«Баня» (комедия по пьесе В.В. Маяковского с музыкой Д.Д. Шостаковича, режиссёр В.Э. Мейерхольд) 《澡堂》（根据诗人马雅可夫斯基剧本编写的一部喜剧，其配乐作品作者为肖斯塔科维奇，导演为梅耶霍德）

Бардин, Гарри Яковлевич (1941) – советский и российский режиссёр мультфильмов 哈里·巴尔金（动画导演）

Барнет, Борис Васильевич (1902 – 1965) – советский кинорежиссёр 鲍里斯·巴尔涅特（电影导演）

«Барыня» (русский народный танец) 《芭勒娘舞曲》（俄罗斯民族舞蹈）

Баснер, Вениамин Ефимович (1925 – 1996) – советский композитор 韦尼阿明·巴斯涅尔（指挥家）

Баталов, Алексей Владимирович (1928) – советский кинорежиссёр, актёр театра и кино 阿列克谢·巴塔洛夫（演员，导演）

Бекмамбетов, Тимур Нуруахитович (1961) – российский и казахстанский кинорежиссёр 铁木儿·别克马姆别多夫（俄罗斯和哈萨克斯坦导演）

Белинский, Виссарион Григорьевич (1811 – 1848) – русский литературный критик 维萨里昂·别林斯基（文学评论家）

«Белое солнце пустыни» (фильм В.Я. Мотыля) 《沙漠白日》（莫季尔电影作品）

Белый дом в Москве (арх. Д.Н. Чечулин) 白宫，俄罗斯联邦政府大楼，位于莫斯科（建筑师德米特里·切丘林）

Бенуа, Александр Николаевич (1870 – 1960) – русский художник, создатель объединения «Мир искусства» 亚历山大·别努阿（艺术家，艺术流派"艺术世界"创建者）

«Бесприданница» (спектакль Малого театра по пьесе А.Н. Островского) 《没有嫁妆的新娘》

（根据奥斯特洛夫斯基剧本改编的小剧院戏剧）

Благовещенский собор Московского Кремля (памятник древнерусского зодчества) （莫斯科）克里姆林宫内的报喜大教堂（古代俄罗斯建筑文物）

Блантер, Матвей Исаакович (1903 – 1990) – советский композитор 马特维·布兰捷尔（作曲家）

Бове, Осип Иванович – российский архитектор (1784 – 1834) 奥西普·博韦（建筑师）

«Богатыри» (картина В.М. Васнецова) 《三勇士》（画家瓦斯涅佐夫作品）

Боголюбов, Николай Иванович (1899 – 1980) – советский актёр 尼古拉·波戈柳博夫（演员）

Богословский, Никита Владимирович (1913 – 2004) – советский композитор 尼基塔·博戈斯洛夫斯基（作曲家）

«Большая перемена» (телефильм А.А. Коренева по повести Г.М. Садовникова «Иду к людям») 《巨大的改变》（科列涅夫电视作品，改编自萨多夫尼科夫小说《我到人们中去》）

«Большая семья» (фильм И.Е. Хейфица по роману В.А. Кочетова «Журбины») 《大家族》（约瑟夫·赫依费茨导演根据弗谢沃罗德·柯切托夫小说《茹尔宾一家》改编的电影）

«Большевик» (картина Б.М. Кустодиева) 画作《布尔什维克》（画家库斯托季耶夫作品）

Большой дворец в Петергофе (арх. Франческо Растрелли) 彼得宫大宫殿（设计师弗朗切斯科·拉斯特雷利作品）

Большой драматический театр (БДТ) – драматический театр в Санкт-Петербурге. Современное название: Большой драматический театр имени Г.А. Товстоногова. 圣彼得堡托夫斯托诺戈夫大话剧院（旧名为圣彼得堡大歌剧院）

Большой Кремлёвский дворец в Москве (арх. К.А. Тон) （莫斯科）克里姆林宫（设计师托恩作品）

Большой театр в Москве (памятник архитектуры, архитектор О.И. Бове) （莫斯科）大剧院（建筑师博韦代表作品）

«Борис Годунов» (опера М.П. Мусоргского) 《鲍里斯·戈都诺夫》（穆索尔斯基的戏剧作品）

Бондарчук, Сергей Фёдорович (1920 – 1994) – советский кинорежиссёр и актёр кино 谢尔盖·邦达尔丘克（电影演员、导演）

Борисов, Олег Иванович (1929 – 1994) – советский актёр театра и кино 奥列格·鲍里索夫（演员）

Боровиковский, Владимир Лукич (1757 – 1825) – русский художник, мастер портрета 弗拉基米尔·博罗维科夫斯基（肖像画画家）

Бородин, Александр Порфирьевич (1833 – 1887) – русский композитор и учёный 亚历山大·鲍罗廷（作曲家，科学家）

«Боярыня Морозова» (картина В.И. Сурикова) 《女贵族莫洛佐娃》（苏里科夫绘画作品）

Братья Васильевы – псевдоним советских кинорежиссёров Георгия Николаевича Васильева (1899 – 1946) и Сергея Дмитриевича Васильева (1900 – 1959) 瓦西里耶夫兄弟（导演格奥尔吉·瓦西里耶夫和谢尔盖·瓦西里耶夫二人笔名）

«Братья Карамазовы» (фильм И.А. Пырьева по роману Ф.М. Достоевского) 《卡拉马佐夫兄弟》（佩里耶夫根据陀思妥耶夫斯基长篇小说导演的电影）

«Братья Лю» (мультфильм Д.Н. Бабиченко по китайским сказкам) 《刘氏兄弟》（巴比琴科根据中国民间故事改编的动画电影）

«Бриллиантовая рука» (фильм Л.И. Гайдая) 《钻石胳膊》（盖代执导电影作品）

Бродский, Исаак Израилевич (1883 – 1939) – советский художник, автор картин о В.И. Ленине 伊萨克·布罗茨基（艺术家，列宁题材部分画作者）

Бромберг, Константин Леонидович (1939 – ) – советский кинорежиссёр 康斯坦丁·布罗姆贝尔克（电影导演）

Броневой, Леонид Сергеевич (1928 – ) – советский

актёр Леонид · Блуонеивой (演员)

«Броненосец «Потёмкин» (фильм С.М. Эйзенштейна) 《战舰 "波将金"号》（爱森斯坦执导电影作品）

Брумберг, Валентина Семёновна (1899 – 1975) и Зинаида Семёновна (1900 – 1983) – советские режиссёры мультфильмов 瓦莲金娜·布鲁姆贝尔克、季娜伊达·布鲁姆贝尔克（动画导演）

Брюллов, Карл Павлович (1799 – 1852) – русский художник 卡尔·布留洛夫（艺术家）

«Будущие лётчики» (картина А.А. Дейнеки) 《未来的飞行员》(画家杰伊涅卡作品)

Булгаков, Михаил Афанасьевич (1891 – 1940) – русский писатель, автор пьес для МХАТа 米哈伊尔·布尔加科夫（作家，莫斯科模范艺术剧院编剧）

«Булыжник – оружие пролетариата» (скульптор И.Д. Шадр) 《圆石块——无产者的武器》（雕塑家沙德尔作品）

«Бурлаки на Волге» (картина И.Е. Репина) 《伏尔加河上的纤夫》（画家列宾作品）

Быков, Леонид Фёдорович (1928 – 1979) – советский кинорежиссёр и актёр кино 列昂尼德·贝科夫（电影导演、演员）

Быков, Ролан Антонович (1929 – 1998) – советский кинорежиссёр, актёр театра и кино 罗兰·贝科夫（导演、演员）

**В**

«В бой идут одни старики» (фильм Л.Ф. Быкова) 电影《老将出马》（贝科夫导演作品）

«В моей смерти прошу винить Клаву К...» (фильм Н.И. Лебедева и Э.В. Ясана по повести М.Г. Львовского) 《将我的死归咎于可拉娃》（列别杰夫和亚山执导影片，改编自利沃夫斯基同名小说）

«Вам и не снилось» (фильм И.А. Фрэза по повести Г.Н. Щербаковой «Роман и Юлька») 《君亦无眠》（弗雷斯执导电影，改编自谢尔巴科娃短篇小说《罗蒙和尤里卡》）

Васильев, Владимир Викторович (1940 – ) – советский и российский артист балета, хореограф 弗拉基米尔·瓦西里耶夫（芭蕾舞演员、编导）

Васнецов, Виктор Михайлович (1848 – 1926) – русский художник, автор картин на сюжеты русских сказок 维克多·瓦斯涅佐夫（童话故事画家）

Вахтангов, Евгений Багратионович (1883 – 1922) – русский и советский актёр, театральный режиссёр 叶甫盖尼·瓦赫坦戈夫（演员、戏剧导演）

ВДНХ, главное здание (памятник архитектуры, арх. Г.В. Щуко) (Москва) 苏联国民经济成就展览馆主楼（建筑文物，其设计者为舒科）

Венецианов, Алексей Гаврилович (1780 – 1847) – русский художник, автор картин о жизни крестьян 阿列克谢·魏涅齐阿诺夫（画家，画作主题多为农民生活）

Верещагин, Василий Васильевич (1842 – 1904) – русский художник-баталист 瓦西里·韦列夏金（军事画家）

Вертинский, Александр Николаевич (1889 – 1957) – русский и советский певец и артист 亚历山大·维尔金斯基（歌手、演员）

«Весёлые ребята» (фильм Г.В. Александрова) 电影《快乐的人们》（亚历山德罗夫执导电影）

«Весна на Заречной улице» (фильм М.М. Хуциева) 电影《滨河街的春天》（胡齐耶夫执导电影）

«Весна священная» (балет И.Ф. Стравинского) 芭蕾《春之祭》（作曲家斯特拉文斯基作品）

«Вечер на Волге» (картина И.И. Левитана) 画作《伏尔加河的黄昏》（画家列维坦作品）

«Вечно живые» (спектакль театра «Современник» по пьесе В.С. Розова) 《永生的人们》（"现代人"剧院剧目，罗佐夫作品）

Визбор, Юрий Иосифович (1934 – 1984) - советский киноактёр, поэт и исполнитель авторской песни 尤里·维茨博尔（影视演员，诗人，自创歌手）

# Список имен авторов и названий произведений искусства, упоминаемых в учебных текстах

«Винни-Пух» (мультфильм Ф.С. Хитрука) 动画片《小熊维尼》（希特鲁克执导动画片作品）

«Витязь на распутье» (картина В.М. Васнецова) 画作《十字路口的勇士》（画家瓦斯涅佐夫作品）

Вицин, Георгий Михайлович (1917 – 2001) – советский актёр кино 格奥尔基·维钦（苏联影视演员）

Вишнёва, Диана Викторовна (1976 – ) – российская балерина 吉安娜·维什尼奥娃（芭蕾舞演员）

«Вишнёвый сад» (спектакль МХТ по пьесе А.П. Чехова) 《樱桃园》（莫斯科艺术剧院剧目，作家契诃夫作品）

«Владимирка» (картина И.И. Левитана) 画作《弗拉基米尔卡》（画家列维坦作品）

«Возмездие» (фильм А.Б. Столпера по роману К.М. Симонова «Солдатами не рождаются») 《复仇》（亚历山大·斯托尔佩尔执导电影，作品根据西蒙诺夫的长篇小说《军人不是天生的》改编）

«Воин-освободитель» в Берлине (скульптор Е.И. Вучетич)（柏林）《战士—解放者》（符切季奇雕塑作品）

«Война и мир» (опера С.С. Прокофьева) 《战争与和平》（作曲家普罗科菲耶夫歌剧作品）

«Война и мир» (фильм С.Ф. Бондарчука по роману Л.Н. Толстого) 《战争与和平》（邦达尔丘克执导影片，改编自列夫·托尔斯泰同名长篇小说）

«Вокзал для двоих» (фильм Э.А. Рязанова) 《两个人的车站》（梁赞诺夫执导电影作品）

«Волга-Волга» (фильм Г.В. Александрова) 《伏尔加—伏尔加》（亚历山德罗夫执导电影作品）

Волков, Фёдор Григорьевич (1729 – 1763) – русский актёр, создатель первого русского театра 费奥多尔·沃尔科夫（演员、俄罗斯第一个剧院的创始人）

Волчек, Галина Борисовна (1933 – ) – советский и российский театральный режиссёр 加林娜·沃尔切克（剧院导演）

Врубель, Михаил Александрович (1856 – 1910) – русский художник 米哈伊尔·弗鲁别利（画家）

«Вузовцы» (картина Б.В. Иогансона) 《工农速成大学生》（画家约甘松作品）

Вучетич, Евгений Викторович (1908 – 1974) – советский скульптор 叶甫盖尼·符切季奇（雕塑家）

Высоцкий, Владимир Семёнович (1938 – 1980) – советский актёр, поэт и исполнитель авторской песни 弗拉基米尔·维索茨基（演员、歌手、原创歌手）

## Г

Гайдай, Леонид Иович (1923 – 1993) – советский кинорежиссёр 列昂尼德·盖代（电影导演）

«Гамлет» (фильм Г.М. Козинцева по трагедии Уильяма Шекспира) 《哈姆雷特》（科津采夫电影执导作品，根据莎士比亚悲剧改编）

Ге, Николай Николаевич (1831 – 1894) – русский художник 尼古拉·格（画家）

Гельфрейх, Владимир Георгиевич (1885 – 1967) – советский архитектор 弗拉基米尔·格尔夫列伊赫（建筑师）

Гельцер, Екатерина Васильевна (1876 – 1962) – русская и советская балерина 叶卡捷琳娜·格利采尔（芭蕾舞女演员）

Герасимов, Сергей Аполлинариевич (1905 – 1986) – советский кинорежиссёр 谢尔盖·阿波里纳里耶维奇·格拉西莫夫（电影导演）

Герасимов, Сергей Васильевич (1885 – 1964) – советский художник 谢尔盖·瓦西里耶维奇·格拉西莫夫（画家）

«Гитарист» (картина В.А. Тропинина) 画作《吉他手》（画家特罗皮宁作品）

Глазунов, Александр Константинович (1865 – 1936) – русский композитор 亚历山大·格拉祖诺夫（作曲家）

Глинка, Михаил Иванович (1804 – 1857) – русский композитор 米哈伊尔·格林卡（作曲家）

Глиэр, Рейнгольд Морицевич (1874 – 1956) – советский композитор 莱因霍尔德·格里埃尔（作曲家）

Говорухин, Станислав Сергеевич (1936 – ) – советский кинорежиссёр 斯坦尼斯拉夫·戈沃鲁钦（电影导演）

Гордеев, Фёдор Гордеевич (1744 – 1810) – русский скульптор 费奥多尔·戈尔杰耶夫（雕塑家）

Горский, Александр Алексеевич (1871 – 1924) – русский хореограф 亚历山大·戈尔斯基（芭蕾舞剧导演）

«Горячий снег» (фильм Г.Г. Егиазарова по роману Ю.В. Бондарева)《热的雪》（叶基阿扎洛夫执导电影作品根据邦达列夫的长篇小说改编）

«Гостья из будущего» (телефильм П.О. Арсенова по повести Кира Булычёва «Сто лет тому вперёд») 电视剧《来自未来的客人们》（阿尔谢诺夫执导电视剧作品，根据基尔·布雷乔夫小说《一百年以后》改编）

Государственный исторический музей в Москве (памятник архитектуры, арх. В.О. Шервуд и А.П. Попов) 莫斯科国家历史博物馆（建筑文物，其设计者为舍尔伍德和波波夫）

«Грачи прилетели» (картина А.К. Саврасова)《白嘴鸦飞来了》（画家萨符拉索夫作品）

«Гроза» (спектакль Малого театра по пьесе А.Н. Островского)《大雷雨》（小剧院的戏剧，剧本：奥斯特洛夫斯基）

Греков, Митрофан Борисович (1882 – 1934) – советский художник 米特罗凡·格列科夫（画家）

Григорович, Юрий Николаевич (1927 – ) – советский и российский хореограф 尤里·格里戈罗维奇（芭蕾舞编导）

ГУМ (памятник архитектуры, арх. А.Н. Померанцев)（莫斯科）国立百货商场（建筑师波梅兰采夫作品）

Гундарева, Наталья Георгиевна (1948 – 2005) – советская актриса театра и кино 娜塔莉亚·贡达列娃（戏剧、影视演员）

## Д

Давыдов, Роман Владимирович (1913 – 1988) – советский режиссёр мультфильмов 罗曼·达维多夫（动画片导演）

Даль, Олег Иванович (1941 – 1981) – советский актёр театра и кино 奥列格·达里（演员）

«Дама с собачкой» (балет Р.К. Щедрина)《带着狗的女人》（作曲家谢德林芭蕾舞作品）

Данелия, Георгий Николаевич (1930 – ) – советский и российский кинорежиссёр 格奥尔基·达涅利亚（电影导演）

Даргомыжский, Александр Сергеевич (1813 – 1869) – русский композитор 亚历山大·达尔戈梅斯基（作曲家）

«Два бойца» (фильм Л.Д. Лукова)《两个战士》（卢柯夫执导电影作品）

«Двенадцать месяцев» (мультфильм И.П. Иванова-Вано)《十二个月》（伊万诺夫-瓦诺执导动画片作品）

«Двенадцать стульев» (фильм Л.И. Гайдая по роману И. Ильфа и Е. Петрова)《十二把椅子》（盖代执导电影作品，根据伊里夫、彼得罗夫长篇小说改编）

«Девочка с персиками» (картина В.А. Серова)《少女与桃子》（谢洛夫绘画作品）

«Девчата» (фильм Ю.С. Чулюкина)《少女心事》（楚柳金执导电影）

«Девятый вал» (картина И.К. Айвазовского)《九级浪》（海景画家艾瓦佐夫斯基作品）

Дейнека, Александр Александрович (1899 – 1969) – советский художник 亚历山大·杰伊涅卡（艺术家）

«Дело было в Пенькове» (фильм С.И. Ростоцкого)《宾科夫事件》（罗斯托茨基执导电影）

«Дерсу Узала» (советско-японский фильм Акиры Куросавы по произведениям В.К. Арсеньева)《德苏乌扎啦》（日俄双籍导演黑泽明执导作品，改编自阿尔谢涅夫同名小说）

Дёжкин, Борис Петрович (1914 – 1992) – советский

## Список имен авторов и названий произведений искусства, упоминаемых в учебных текстах

режиссёр мультфильмов 鲍里斯·焦什金(动画片导演)

«Джентльмены удачи» (фильм А.И. Серого) 《成功男士》（谢雷执导电影）

Дидло, Шарль (1767 – 1837) – французский хореограф, работал в России 查理·狄德罗（法国芭蕾舞剧导演）

Добронравов, Николай Николаевич (1928) – советский поэт, муж А.Н. Пахмутовой 尼古拉·多布朗拉沃夫（诗人，巴赫慕托娃丈夫）

Довженко, Александр Петрович (1894 – 1956) – советский кинорежиссёр 亚历山大·多夫任科（电影导演）

«Дом, в котором я живу» (фильм Л.А. Кулиджанова) 《我住的房子》（列夫·库里让诺夫导演作品）

«Дон Кихот» (балет Л. Минкуса, хореография М. Петипа и А.А. Горского) 《唐·吉诃德》（芭蕾舞作曲：明库斯，编舞：佩京和戈尔斯基）

«Дон Кихот» (фильм Г.М. Козинцева по роману Мигеля Сервантеса) 《唐·吉诃德》（科津采夫电影，改编自塞万提斯的小说）

«Дорогой мой человек» (фильм И.Е. Хейфица по роману Ю.П. Германа) 《我亲爱的人》（约瑟夫·海菲茨导演根据尤里·格尔曼小说改编的电影）

«Дружба народов СССР», фонтан (арх. К.Т. Топуридзе) 人民友谊喷泉（建筑师：康斯坦丁·托普里泽）

Дудинская, Наталия Михайловна (1912 – 2003) – советская балерина 娜塔莉娅·杜京斯卡雅（芭蕾舞演员）

Дунаевский, Исаак Осипович (1900 – 1955) – советский композитор 伊萨克·杜纳耶夫斯基（作曲家）

Дуровы – знаменитая русская и советская цирковая династия артистов-дрессировщиков (самый известный представитель – Владимир Леонидович Дуров (1863 – 1934) 杜洛夫家族——著名杂技演员世家（代表人物：弗拉基米尔·列奥尼多维奇·杜洛夫）

### Е

«Евгений Онегин» (опера П.И. Чайковского) 《叶甫盖尼·奥涅金》（彼得·柴可夫斯基歌剧）

Евстигнеев, Евгений Александрович (1926 – 1992) – советский актёр театра и кино 叶甫盖尼·叶甫斯基格涅耶夫（演员）

Ермолова, Мария Николаевна (1853 – 1928) – русская актриса 玛利亚·叶尔莫洛娃（演员）

Ефремов, Олег Николаевич (1927 – 2000) – советский актёр и театральный режиссёр 奥列格·叶甫列莫夫（演员、戏剧导演）

«Ёлки» (фильм Т.Н. Бекмамбетова) 《新年枞树》（别克马姆别多夫执导电影）

### Ж

Жаров, Михаил Иванович (1899 – 1981) – советский актёр 米哈伊尔·热洛夫（演员）

«Жар-птица» (балет И.Ф. Стравинского) 《火鸟》（斯特拉文斯基芭蕾舞作品）

«Жестокий романс» (фильм Э.А. Рязанова по трагедии А.Н. Островского «Бесприданница») 《残酷的罗曼史》（梁赞诺夫执导电影，根据奥斯特洛斯基悲剧小说《没有陪嫁的女人》改编）

«Жёлтый аист» (мультфильм Л.К. Атаманова по китайским сказкам) 《黄鹤》（阿塔马诺夫动画片作品，据中国童话改编）

«Живёт такой парень» (фильм В.М. Шукшина по собственным рассказам) 《有这么一个小伙子》（作家舒克申自编自导电影作品）

«Живые и мёртвые» (фильм А.Б. Столпера по роману К.М. Симонова) 《生者与死者》（斯托尔佩尔执导电影，改编自西蒙诺夫小说）

«Жизель» (балет А. Адана, хореография М. Петипа и А.А. Горского) 《吉赛尔》（芭蕾舞作曲者为亚当，编舞者为佩京和戈尔斯基）

## З

Завадский, Юрий Александрович (1894 – 1977) – советский актёр и театральный режиссёр 尤里·扎瓦茨基（演员、戏剧导演）

Заикин, Иван Михайлович (1880 – 1948) – русский артист цирка 伊万·扎伊金（杂技演员）

Запашные – знаменитая советская и российская цирковая династия артистов-дрессировщиков (основатель – Михаил Сергеевич Запашный (1900 – 1982) 扎巴什内家族——著名杂技演员世家（创始人：米哈伊尔·谢尔盖耶维奇·扎巴什内）

«Запорожцы» (картина И.Е. Репина) 《扎波罗热人》(列宾作品)

Зархи, Александр Григорьевич (1908 – 1997) – советский кинорежиссёр 亚历山大·扎尔希（电影导演）

Захаров, Марк Анатольевич (1933 – ) – советский и российский театральный режиссёр 马克·扎哈罗夫（戏剧导演）

Захарова, Светлана Юрьевна (1970 – ) – российская балерина 斯维特兰娜·扎哈洛娃（芭蕾舞演员）

Зацепин, Александр Сергеевич (1926 – ) – советский композитор 亚历山大·扎采宾（作曲家）

Зимний дворец в Санкт-Петербурге (арх. Франческо Растрелли) 弗拉基米尔的金门（古代俄罗斯建筑文物）

«Золотая антилопа» (мультфильм Л.К. Атаманова) 《金羚羊》（阿塔马诺夫动画片作品）

«Золотая осень»(картина И.И. Левитана) 画作《金色的秋天》（画家列维坦作品）

«Золотой петушок» (опера Н.А. Римского-Корсакова) 《金公鸡》（里姆斯基—科萨科夫歌剧作品）

Золотые ворота во Владимире (памятник древнерусского зодчества) （弗拉基米尔）金门（古代俄罗斯建筑）

«Золушка» (балет С.С. Прокофьева) (灰姑娘)(普罗科菲耶夫芭蕾作品)

Зыкина, Людмила Георгиевна (1929 – 2008) – советская певица 柳德米拉·季金娜（歌手）

## И

«Иван Васильевич меняет профессию» (фильм Л.И. Гайдая) 《伊万·瓦西里耶维奇换职业》（盖代执导电影作品）

«Иван Грозный» (балет С.С. Прокофьева, хореография Ю.Н. Григоровича) 《伊凡雷帝》（芭蕾作曲：普罗科菲耶夫，编舞：格里戈罗维奇）

«Иван Грозный» (Фильм С.М. Эйзенштейна) 《伊凡雷帝》（爱森斯坦执导电影作品）

«Иван Грозный и сын его Иван 16 ноября 1581 года» (картина И.Е. Репина) 《1581年11月16日伊凡雷帝和被他杀死的儿子》（列宾作品）

«Иваново детство» (фильм А.А. Тарковского) 《伊万的童年》（安德列·塔尔科夫斯基导演电影）

«Иван Сусанин» («Жизнь за царя»)(опера М.И. Глинки) 《伊凡·苏萨宁》（即《为沙皇献身》）（格林卡歌剧作品）

«Иван Царевич на Сером Волке» (картина В.М. Васнецова) 《骑着灰狼的伊凡王子》（画家瓦斯涅佐夫作品）

Иванов, Александр Андреевич (1806 – 1858) русский художния 亚历山大·伊万诺夫（画家）

Ильинский, Игорь Владимирович (1901 – 1987) – советский актёр 伊戈尔·伊利因斯基（演员）

Иогансон, Борис Васильевич (1893 – 1973) – советский художник 鲍里斯·约干松（画家）

«Иоланта» (опера П.И. Чайковского) 《约兰塔》（彼得·柴可夫斯基歌剧）

«Ирония судьбы, или с лёгким паром!» (телефильм Э.А. Рязанова) 《命运的捉弄》（梁赞诺夫执导电影）

«Ирония судьбы. Продолжение» (фильм Т.Н. Бекмамбетова) 《命运的捉弄2》（别克马姆别多夫执导电影）

## Список имен авторов и названий произведений искусства, упоминаемых в учебных текстах

Истомина, Авдотья Ильинична (1799 – 1848) – русская балерина 阿芙多吉娅·伊斯多米娜（芭蕾舞演员）

### К

Кабалевский, Дмитрий Борисович (1904 – 1987) – советский композитор 德米特里·卡巴列夫斯基（作曲家）

«Кавказская пленница, или Новые приключения Шурика» (фильм Л.И. Гайдая) 《高加索女俘房/高加索的绑架》（盖代执导电影 作品）

Казаков, Михаил Михайлович (1934 – 2011) – советский актёр и режиссёр театра и кино 米哈伊尔·卡扎科夫（演员、导演）

Казанский собор в Санкт-Петербурге (арх. А.Н. Воронихин) （圣彼得堡）喀山大教堂（设计师沃罗希宁作品）

«Как молоды мы были» (песня А.Н. Пахмутовой на стихи Н.Н. Добронравова) 《我们曾如此年轻》（作曲：巴赫穆托娃，作词：多布朗拉沃夫）

Калатозов, Михаил Константинович (1903 – 1973) – советский кинорежиссёр 米哈伊尔·卡拉托佐夫（电影导演）

«Калина красная» (фильм В.М. Шукшина) 《红梅花》（舒克申执导电影作品）

Калягин, Александр Александрович (1942 – ) – советский актёр театра и кино 亚历山大·卡利亚金（演员）

«Камаринская» (русский народный танец) 《卡马琳舞》（俄罗斯民族舞蹈）

«Каменный гость» (опера А.С. Даргомыжского) 《石客》（达尔戈梅斯基歌剧作品）

«Каменный цветок» (балет С.С. Прокофьева, хореография Л.М. Лавровского и Ю.Н. Григоровича) 《宝石花》（芭蕾作曲：普罗科菲耶夫，编舞：拉夫洛夫斯基和格里戈罗维奇）

Камерный театр – драматический театр в Москве, современное название: Московский драматический театр имени А.С. Пушкина. 电影院 – 莫斯科剧院现名：莫斯科普希金俄罗斯剧院

Кандинский, Василий Васильевич (1866 – 1944) – русский художник, мастер абстрактного искусства 瓦西里·康定斯基（画家，抽象派艺术大师）

Кантемировы – знаменитая советская цирковая династия артистов-наездников (самый известный представитель – Ирбек Алибекович Кантемиров (1928 – 2000) 马术表演坎杰米洛夫家族（最著名代表伊尔别克·坎杰米洛夫）

«Карнавальная ночь» (фильм Э.А. Рязанова) 《狂欢之夜》（梁赞诺夫电影作品）

«Катюша» (песня М.И. Блантера на стихи М.В. Исаковского) 歌曲《喀秋莎》（布兰捷尔作品，改编自诗人伊萨科夫斯基同名诗歌）

Качалов, Василий Иванович (1875 – 1948) – русский и советский актёр 瓦西里·卡恰洛夫（演员）

Качанов, Роман Абелевич (1921 – 1993) – советский режиссёр мультфильмов 罗曼·卡恰诺夫（动画片导演）

Кибальников, Александр Павлович (1912 – 1987) – советский скульптор 亚历山大·基巴利尼科夫（雕塑家）

Кио – знаменитая советская цирковая династия артистов-фокусников (самый известный представитель – Игорь Эмильевич Кио (1944 – 2006) 魔术师基奥家族（最著名代表伊戈尔·基奥）

«Кин-дза-дза» (фильм Г.Н. Данелия) 《外星奇遇》（达涅利亚执导电影作品）

Клодт, Пётр Карлович (1805 – 1867) – русский скульптор 彼得·克洛特（雕塑家）

«Клоп» (комедия по пьесе В.В. Маяковского с музыкой Д.Д. Шостаковича, режиссёр В.Э. Мейерхольд) 《臭虫》（根据诗人马雅可夫斯基剧本编写的一部喜剧，其配乐作品作者为肖斯塔科维奇，导演为梅耶霍德）

«Князь Игорь» (опера А.П. Бородина) 《伊戈尔

王》（作曲家鲍罗廷歌剧作品）

Кобзон, Иосиф Давыдович (1937) – советский и российский певец 约瑟夫·克布松（歌手）

«Когда деревья были большими» (фильм Л.А. Кулиджанова) 《当年树梢高高挂的时候》（库里让诺夫执导电影作品）

Козинцев, Григорий Михайлович (1905 – 1973) – советский кинорежиссёр 格里高利·科津采夫（电影导演）

Козловский, Иван Семёнович (1900 – 1993) – советский оперный певец 伊万·科茨洛夫斯基（歌剧男歌手）

Козловский, Михаил Иванович (1753 – 1802) – русский скульптор 米哈伊尔·科茨洛夫斯基（雕塑家）

Колмановский, Эдуард Савельевич (1923 – 1994) – советский композитор 爱德华·嘉尔曼诺夫斯基（作曲家）

«Колобок» (русская народная сказка) 《小圆面包》（民间童话）

Комиссаржевская, Вера Федоровна (1864 – 1910) – русская актриса 维拉·科米萨尔热夫斯卡娅（女演员）

«Коммунист» (фильм Ю.Я. Райзмана) 《共产党员》（瑞兹曼执导电影作品）

«Конец Санкт-Петербурга» (фильм В.И. Пудовкина) 《圣彼得堡的末日》（普多夫金执导电影作品）

Коренев, Алексей Александрович (1927 – 1995) – советский кинорежиссёр 阿列克谢·科列涅夫（电影导演）

«Косцы» (картина Г.Г. Мясоедова) 画作《收割》（画家米亚索耶多夫作品）

«Кот Леопольд» (мультфильм А.И. Резникова) 《利奥多德猫》（列茨尼科夫执导动画片作品）

Котёночкин, Вячеслав Михайлович (1927 – 2000) – советский режиссёр мультфильмов 维亚切斯拉夫·科捷诺奇金（动画片导演）

«Котовский» (фильм А.М. Файнциммера) 《科托夫斯克》（法因齐梅尔执导电影作品）

Крамской, Иван Николаевич (1837 – 1887) – русский художник, лидер движения передвижников 伊万·克拉姆斯柯依（画家，巡回展览画派成员）

«Красный мак» (балет Р.М. Глиэра) 《红罂粟》（格里埃尔芭蕾舞剧作品）

Кристалинская, Майя Владимировна (1932 – 1985) – советская певица 迈娅·克里斯塔林斯卡娅（女歌手）

«Крокодил Гена» и «Чебурашка» (мультфильмы Р.А. Качанова) 《鳄鱼吉纳》《大耳猴》（卡查诺夫执导动画片作品）

«Крутится, вертится шар голубой» (песня из фильма «Юность Максима» Г.М. Козинцева и Л.З. Трауберга) 《球儿往地上旋，球儿往地上转》（电影《马克辛的青年时代》插曲，科津采夫和特劳别列克执导电影作品）

Крылатов, Евгений Павлович (1934 – ) – советский и российский композитор 叶夫根尼·克雷拉托夫（作曲家）

Куинджи, Архип Иванович (1841 – 1910) – русский художник, мастер пейзажа 阿尔希普·库因芝（画家，风景画大师）

Кукрыниксы – псевдоним творческого коллектива советских художников (Михаил Куприянов, Порфирий Крылов, Николай Соколов) 库克雷尼克斯（苏联画家米哈伊尔·库普利亚诺夫、波尔菲莉·克雷洛夫、尼古拉·索科洛夫联署笔名）

Кулешов, Лев Владимирович (1899 – 1970) – советский кинорежиссёр 列夫·库列绍夫（电影导演）

Кулиджанов, Лев Александрович (1924 – 2002) – советский кинорежиссёр 列夫·库里让诺夫（电影导演）

«Купание красного коня» (картина К.С. Петрова-Водкина) 画作《浴红马》（画家彼得罗夫-沃德金作品）

«Купчиха за чаем» (картина Б.М. Кустодиева) 画作《商人妻在喝茶》（画家库斯托季耶夫作品）

## Список имён авторов и названий произведений искусства, упоминаемых в учебных текстах

Кустодиев, Борис Михайлович (1878 – 1927) – русский художник 鲍里斯·库斯托季耶夫（画家）

«Кутузов» (фильм В.М. Петрова) 《库图佐夫》（彼得罗夫执导电影作品）

Кюи, Цезарь Антонович (1835 – 1918) – русский композитор 凯撒·居伊（作曲家）

### Л

Лавровский, Леонид Михайлович (1905 – 1967) – советский хореограф 列昂尼德·拉夫罗夫斯基（芭蕾舞剧导演）

Ланде, Жан-Батист (? – 1746) – французский хореограф, с 1730-х годов работал в России, основатель русского балета 让·兰德（法国芭蕾舞剧导演，从1730年开始在俄罗斯工作，是俄罗斯芭蕾创始人）

«Лебединое озеро» (балет П.И. Чайковского, хореография М. Петипа и А.А. Горского) 《天鹅湖》（芭蕾舞作曲：柴可夫斯基，编舞：佩京和戈尔斯基）

Левитан, Исаак Ильич (1860 – 1900) – русский художник, мастер пейзажа 伊萨克·列维坦（画家，风景画大师）

Левицкий, Дмитрий Григорьевич (1735 – 1822) – русский художник, мастер портрета 德米特里·列维茨基（画家，肖像画大师）

«Ленин в Октябре», «Ленин в 1918 году» (фильмы М.И. Ромма) 《列宁在十月》《列宁在1918》（罗姆执导电影作品）

«Ленинградская симфония» (симфония №7 Д.Д. Шостаковича) 《列宁格勒交响曲》（作曲家肖斯塔科维奇作品，又称《第七交响曲》）

«Ленком» - драматический театр в Москве. Современное название: Московский государственный театр «Ленком» 《连科姆》莫斯科剧院。现名：莫斯科连科姆剧院。

Ленский, Александр Павлович (1847 – 1908) – русский театральный режиссёр 亚历山大·连斯基（戏剧导演）

Леонов, Евгений Павлович (1926 – 1994) – советский актёр театра и кино 叶甫根尼·列昂诺夫（戏剧和电影演员）

«Летят журавли» (фильм М.К. Калатозова по пьесе В.С. Розова «Вечно живые») 《雁南飞》（卡拉托佐夫执导电影作品，电影改编自罗索夫剧本《永远活着》）

Лещенко, Пётр Константинович (1898 – 1954) – русский певец 彼得·列欣卡（歌手）

Лещенко, Лев Валерьянович (1942 – ) – советский и российский певец 列夫·列欣卡（歌手）

Лиознова, Татьяна Михайловна (1924 – 2011) – советский кинорежиссёр 塔季扬娜·利奥兹诺娃（电影导演）

Лопаткина, Ульяна Вячеславовна (1973) – российская балерина 乌里扬娜·洛帕特金娜（芭蕾舞女演员）

Лосенко, Антон Павлович (1737 – 1773) – русский художник 安东·洛先科（画家）

Луков, Леонид Давидович (1909 – 1963) – советский кинорежиссёр 列昂尼德·卢科夫（电影导演）

Любимов, Юрий Петрович (1917 – 2014) – советский и российский театральный режиссёр 尤里·柳比莫夫（戏剧导演）

Лядов, Анатолий Константинович (1855 – 1914) – русскийк омпозитор 阿纳托利·科亚多夫（作曲家）

### М

Мавзолей В.И. Ленина в Москве (арх. А.В. Щусев) （莫斯科）列宁墓（其设计者为舒谢夫）

Магомаев, Муслим Магометович (1942 – 2008) – советский певец 穆斯林·马戈马耶夫（歌手）

Маковский, Владимир Егорович (1846 – 1920) – русский художник 弗拉基米尔·马科夫斯基（画家）

Максимов, Василий Максимович (1844 – 1911) – русский художник 瓦西里·马克西莫夫（画家）

Максимова, Екатерина Сергеевна (1939 – 2009) – советская балерина 叶卡捷琳娜·马克西莫娃（芭蕾舞女演员）

Малевич, Казимир Северинович (1879 – 1935) – русский художник, мастер абстрактного искусства 卡基米尔·马列维奇（画家，抽象派艺术大师）

Малый театр – старейший драматический театр Москвы 小剧院——莫斯科最悠久的戏剧院

Малютин, Сергей Васильевич (1859 – 1937) – русский художник 谢尔盖·马柳京（画家）

«Мамаев курган» в Волгограде – мемориальный комплекс (группа архитекторов и скульпторов) 马马耶夫高地纪念碑群（为纪念建筑师和雕塑家）

«Март» (картина И.И. Левитана) 画作《三月》（画家列维坦作品）

Мартос, Иван Петрович (1754 – 1835) – русский скульптор 伊万·马尔托斯（雕塑家）

Матвеев, Андрей Матвеевич (1701 – 1739) – русский художник 安德烈·马特维耶夫（肖像画家）

«Мать» (картина Д.А. Шмаринова) 《母亲》（线条画画家什马林诺夫作品）

«Мать» (фильм В.И. Пудовкина по роману Максима Горького) 《母亲》(普多夫金导演电影作品)

«Мать партизана» (картина С.В. Герасимова) 《游击队的母亲》（画家格拉西莫夫作品）

«Маугли» (мультфильм Р.В. Давыдова) 《玛屋格利历险记》（达维多夫执导动画电影）

МГУ, главное здание на Воробьевых горах в Москве (памятник архитектуры, группа архитекторов) 国立莫斯科罗蒙诺索夫大学，主楼位于莫斯科麻雀山上（纪念性建筑群）

«Медный всадник» в Санкт-Петербурге (скульптор Э. Фальконе) （圣彼得堡）青铜骑士雕像（设计者为法尔科内）

Мейерхольд, Всеволод Эмильевич (1874 – 1940) – русский и советский театральный режиссёр 弗谢沃洛德·梅耶霍德（戏剧导演）

Мельников, Виталий Вячеславович (1928 – ) – советский кинорежиссёр 维塔利·梅尔尼科夫（电影导演）

«Меншиков в Березове» (картина В.И. Сурикова) 《穿桦树鞋的纳塔利娅》（苏里科夫画作）

Меньшов, Владимир Валентинович (1939 – ) – советский и российский кинорежиссёр, актёр кино 弗拉基米尔·梅尼绍夫（电影导演、演员）

Мессерер, Асаф Михайлович (1903 – 1992) – советский артист балета 阿萨夫·梅谢列尔（芭蕾舞演员）

«Место встречи изменить нельзя» (телефильм С.С. Говорухина по роману братьев Вайнеров «Эра милосердия») 《无法改变见面地点》（戈沃鲁欣执导影视剧，改编自瓦伊涅尔兄弟长篇小说《善良时代》）

Микешин, Михаил Осипович (1835 – 1896) – русский скульптор 米哈伊尔·米克申（雕塑家）

«Мимино» (фильм Г.Н. Данелия) 《米米诺》（达涅利亚执导电影）

«Минин и Пожарский» (фильм В.И. Лудовкина) 《米宁与波扎尔斯基》(卢多夫金电影)

Министерство иностранных дел России (памятник архитектуры, арх. В.Г. Гельфрейх) 俄罗斯外交部（设计师格尔夫列伊赫作品）

«Мир искусства» – русское художественное объединение 艺术世界（画家联合体）

Миронов, Андрей Александрович (1941 – 1987) – советский актёр театра и кино 安德烈·米罗诺夫（演员）

«Могучая кучка» – объединение русских композиторов 强力集团（作曲家联合体）

Мозжухин, Иван Ильич (1889 – 1939) – русский актёр кино 伊万·莫茹欣（演员）

«Молодая гвардия» (фильм С.А. Герасимова по роману А.А. Фадеева) 《青年近卫军》（电影导演格拉西莫夫根据作家法捷耶夫长篇小说改

Моргунов, Евгений Александрович (1927 – 1999) – советский актёр кино 叶甫盖尼·莫格洛夫（演员）

«Москва слезам не верит» (фильм В.В. Меньшова) 《莫斯科不相信眼泪》（导演梅尼绍夫执导电影）

Москвин, Иван Михайлович (1874 – 1946) – русский и советский актёр 伊万·莫斯克温（演员）

Московский художественный театр (МХТ) – один из старейших русских драматических театров, созданный К.С. Станиславским и В.И. Немировичем-Данченко. В настоящее время разделился на два театра: МХАТ им. А.М. Горького и МХТ им. А.П. Чехова 莫斯科艺术剧院（俄罗斯历史最悠久的戏剧剧院之一，其创建者为斯坦尼斯拉夫斯基和涅米洛维奇-丹钦科。如今已被划分为两座剧院：高尔基莫斯科艺术剧院和契诃夫莫斯科艺术剧院）

Мотыль, Владимир Яковлевич (1927 – 2010) – советский кинорежиссёр 弗拉基米尔·莫季尔（电影导演）

Мочалов, Павел Степанович (1800 – 1848) – русский актёр 保罗·莫恰洛夫（演员）

Мусоргский, Модест Петрович (1839 – 1881) – русский композитор 莫杰斯特·穆索尔斯基（作曲家）

Мухина, Вера Игнатьевна (1889 – 1953) – советский скульптор 薇拉·穆希娜（雕塑家）

Мягков, Андрей Васильевич (1938 – ) – советский актёр театра и кино 安德烈·米亚柯夫（演员）

Мясоедов Григорий Григорьевич (1834 – 1911) – русский художник, автор картин о жизни крестьян 格里高利·米亚索耶多夫（专攻农民生活题材的画家）

## Н

«На войне как на войне» (фильм В.И. Трегубовича по повести В.А. Курочкина) 《战场无情》（特列古博维奇执导电影，改编自库罗奇金同名短篇小说）

«На завтрашней улице» (картина Ю.И. Пименова) 《明天的路》（彼缅诺夫作品）

«На севере диком» (картина И.И. Шишкина) 《在遥远的北方》（风景画画家希什金作品）

«На дне» (спектакль МХТ по пьесе Максима Горького) 《在底层》（莫斯科模范剧院演出剧目，剧本作者为高尔基）

«Над вечным покоем» (картина И.И. Левитана) 画作《在永恒的安定之下》（画家列维坦作品）

«Надежда» (песня А.Н. Пахмутовой на стихи Н.Н. Добронравова) 《希望》（曲作者巴赫穆托娃，词作者多布朗拉沃夫）

«Не ждали» (картина И.Е. Репина) 《意外归来》（列宾作品）

«Не может быть!» (фильм Л.И. Гайдая по рассказам М.М. Зощенко) 《不可能！》（盖代执导电影，根据左琴科小说改编）

«Нежность» (песня А.Н. Пахмутовой на стихи Н.Н. Добронравова) 《柔情》（巴赫穆托娃歌曲作品，根据多布朗拉沃夫的诗改编）

Немирович-Данченко, Владимир Иванович (1858 – 1943) – русский и советский театральный режиссёр, один из создателей МХТ 弗拉基米尔·涅米洛维奇-丹钦科（戏剧导演、莫斯科剧院创始人之一）

«Неподдающиеся» (фильм Ю.С. Чулюкина) 《难缠的人》（楚柳金执导电影）

Нестеров, Михаил Васильевич (1862 – 1942) русский и советский художник 米哈伊尔·涅斯捷罗夫（画家）

Нечаев, Леонид Алексеевич (1939 – 2010) – советский кинорежиссёр, мастер детского кино 列昂尼德·涅恰耶夫（电影导演，儿童电影专家）

Нижинский, Вацлав Фомич (1889 – 1950) – русский артист балета 瓦茨拉夫·尼任斯基（芭蕾演员）

Никитин, Иван Никитич (1690 – 1742) – русский

художник 伊万·尼基京（画家）

Никитин, Николай Васильевич (1907 – 1973) – советский архитектор 尼古拉·尼基京（建筑师）

Никитин, Сергей Яковлевич (1944 – ) – советский поэт и исполнитель авторской песни 谢尔盖·尼基京（诗人，唱作型歌手）

Никулин, Юрий Владимирович (1921 – 1997) – советский артист цирка (клоун) и киноактёр 尤里·尼库林（马戏、电影演员）

«Новая Москва» (картина Ю.И. Пименова) 《新莫斯科》（皮缅诺夫作品）

«Новогодние приключения Маши и Вити» (телефильм И.В. Усова и Г.С. Казанского) 《米沙和维嘉新年奇遇记》（乌索夫和卡赞斯基执导的影视剧作品）

«Ну, погоди!» (мультфильм В.М. Котёночкина) 动画片《你等着吧》（科捷诺奇金执导动画片作品）

## О

«Оборона Севастополя» (картина А.А. Дейнеки) 《塞瓦斯托波尔保卫战》（画家亚历山大·杰伊涅卡作品）

Образцов, Сергей Владимирович (1901 – 1992) – советский режиссёр кукольного театра 谢尔盖·奥布拉兹诺夫（模范中央木偶剧院导演）

Озеров, Юрий Николаевич (1921 – 2001) – советский кинорежиссёр 尤里·奥泽罗夫（电影导演）

«Октябрь» (фильм С.М. Эйзенштейна) 《十月》（爱森斯坦执导电影作品）

Окуджава, Булат Шалвович (1924 – 1997) – советский поэт и исполнитель авторской песни 布拉特·奥库德扎瓦（诗人、唱作型歌手）

«Она защищает Родину» (фильм Ф.М. Эрмлера) 《她在保卫祖国》（埃尔姆列尔执导电影）

Опекушин, Александр Михайлович (1838 – 1923) – русский скульптор 亚历山大·奥佩库申（雕塑家）

«Операция ⟨Ы⟩ и другие приключения Шурика» (фильм Л.И. Гайдая)《Y行动和舒立克的其它冒险》（盖代执导电影）

Орлова, Любовь Петровна (1902 – 1975) – советская актриса кино 柳博芙·奥尔洛娃（芭蕾女演员）

Орловский, Борис Иванович (1793 – 1837) – русский скульптор 鲍里斯·奥尔洛夫斯基（雕塑家）

«Опять двойка» (картина Ф.П. Решетникова) 《又是一个两分》（列舍特尼科夫作品）

«Освобождение» (фильм Ю.Н. Озерова) 《解放》（奥泽罗夫作品）

«Осенний букет» (картина И.Е. Репина) 《秋天的花束》（列宾作品）

«Осенний марафон» (фильм Г.Н. Данелия по пьесе А.М. Володина) 《秋天的马拉松》（达涅利亚执导电影作品，剧本作者为沃洛金）

Останкинская телебашня (арх. Н.В. Никитин) 奥斯坦金诺电视塔（尼基京作品）

Островский, Александр Николаевич (1823 – 1886) – русский писатель-драматург, самый знаменитый автор пьес для Малого театра в Москве 亚历山大·奥斯特洛夫斯基（剧作家，莫斯科小剧院最出色的剧作家）

«Отказ от исповеди» (картина И.Е. Репина) 《拒绝忏悔》（列宾画作）

«Отчий дом» (фильм Л.А. Кулиджанова) 《家园》（列夫·库里让诺夫导演作品）

## П

Павлова, Анна Павловна (1881 – 1931) – русская балерина 安娜·巴甫洛娃（芭蕾舞女演员）

Памятник А.С. Пушкину на Пушкинской площади в Москве (скульптор А.М. Опекушин) 莫斯科普希金广场普希金纪念碑（雕塑家奥佩库申作品）

Памятник А.С. Пушкину перед Русским музеев в Санкт-Петербурге (скульптор М.К. Аникушин) 圣彼得堡俄罗斯博物馆前诗人普希金雕像(阿尼

Список имен авторов и названий произведений искусства, упоминаемых в учебных текстах

库申作品）

Памятник В.В. Маяковскому на площади Маяковского в Москве (скульптор А.П. Кибальников) 莫斯科马雅可夫斯基广场马雅可夫斯基雕像（雕塑家基巴尔尼柯夫作品）

Памятник Минину и Пожарскому на Красной площади в Москве (скульптор И.П. Мартос) 莫斯科红场米宁和波扎尔斯基纪念碑（雕塑家马尔特斯作品）

Памятник П.И. Чайковскому в Москве (скульптор В.И. Мухина) 莫斯科柴可夫斯基雕像（雕塑家穆希娜作品）

Памятник Ю.А. Гагарину на Ленинском проспекте в Москве (скульптор П.И. Бондаренко) 莫斯科列宁大街加加林纪念碑（雕塑家邦达连科作品）

Памятники героям Отечественной войны 1812 году у Казанского собора в Санкт-Петербурге (скульптор Б.И. Орловский) 圣彼得堡喀山大教堂即1812—1814年卫国战争的纪念馆（建筑师沃罗尼欣作品）

«Патриотическая песня» (песня М.И. Глинки) 《爱国歌》（格林卡歌曲作品）

Пахмутова, Александра Николаевна (1929 – ) – советский и российский композитор 阿列克桑德拉·巴赫慕托娃（作曲家）

«Переход Суворова через Альпы» (картина В.И. Сурикова) 《苏沃洛夫越过阿尔卑斯山》（苏里科夫画作）

Перов, Василий Григорьевич (1834 – 1882) – русский художник, мастер портрета и сюжетной живописи 瓦西里·别洛夫（画家，肖像画大师，风景画家）

Перро, Жюль-Жозеф (1810 – 1898) – французский хореограф, в 1851–1859 годах работал в России 朱尔斯·约瑟夫·佩罗(法国芭蕾编舞家)

Петипа, Мариус Иванович (1818 – 1910) – русский хореограф французского происхождения 佩提帕（芭蕾编舞家）

Петров-Водкин, Кузьма Сергеевич (1878 – 1939) – русский художник 库兹马·彼得罗夫-沃德金（画家）

Петропавловский собор в Санкт-Петербурге (арх. Доменико Трезини) 圣彼得堡彼得保罗大教堂（建筑师多梅尼科·特列津尼作品）

Петрушка – деревянная кукла русского народного кукольного театра 彼得鲁什卡（俄罗斯木偶剧院木偶）

«Петрушка» (балет И.Ф. Стравинского) 《彼得鲁什卡》（斯特拉文斯基芭蕾舞作品）

«Петя и волк» (музыкальная сказка С.С. Прокофьева) 《彼得与狼》（普罗科菲耶夫音乐剧作品）

«Пётр Первый» (фильм В.М. Петрова) 《彼得大帝》（彼得洛夫电影作品）

«Пиковая дама» (опера П.И. Чайковского) 《黑桃皇后》（柴可夫斯基歌剧作品）

Пименов, Юрий Иванович (1903 – 1977) – советский художник 尤里·皮缅诺夫（画家）

«Пламя Парижа» (балет Б.В. Асафьева) 《巴黎之火》（阿萨菲耶夫芭蕾舞执导的芭蕾舞作品）

Пластов, Аркадий Александрович (1893 – 1972) – советский художник 阿尔卡基·普拉斯托夫（画家）

Плисецкая, Майя Михайловна (1925 – 2015) – советска ябалерина 玛娅·普丽谢斯卡娅（芭蕾舞蹈家）

Плучек, Валентин Николаевич (1909 – 2002) – советский театральны йрежиссёр 瓦连京·普卢切克（导演）

«Повесть о настоящем человеке» (фильм А.Б. Столпера по повести Б.Н. Полевого) 《真正的人》（根据波列伏依同名小说改编，由斯托勒别尔导演的电影作品）

«Подвиг разведчика» (фильм Б.В. Барнета) 《侦察员的功勋》（巴尔涅特执导电影）

Поддубный, Иван Максимович (1871 – 1949) – русский и советский артист цирка 伊万·波杜布内（戏剧团演员）

«Подмосковные вечера» (песня В.П. Соловьева-Седого на стихи М.Л. Матусовского) 《莫斯

科郊外的晚上》（作曲：瓦西里·索洛维约夫·谢多伊，作词：米哈伊尔·马都索夫斯基）

Поленов, Василий Дмитриевич (1844 – 1927) – русский художник, мастер пейзажа 瓦西里·波列诺夫（画家）

Полунин, Вячеслав Иванович (1950 – ) – российский артист цирка (клоун) 斯拉法·帕拉尼（马戏团演员）

«Покровские ворота» (телефильм М.М. Казакова по пьесе Л.Г. Зорина) 《波克罗夫斯基之门》（科扎科夫导演作品）

«По семейным обстоятельствам» (телефильм А.А. Коренева) 《因家中有事》（科列涅夫电视作品）

Померанцев, Александр Никанорович (1849 – 1918) – русский архитектор 亚历山大·波梅兰采夫（建筑师）

Попов, Олег Константинович (1930 – ) – советский артист цирка (клоун) 奥列格·波波夫（马戏团演员）

«Последний день Помпеи» (картина К.П. Брюллова) 《庞贝城的末日》（画家布留洛夫作品）

«Преступление и наказание» (фильм Л.А. Кулиджанова по роману Ф.М. Достоевского) 《罪与罚》（列夫·库里让诺夫导演作品）

«Приключения Буратино» (телефильм Л.А. Нечаева) 《布拉提诺历险记》（涅察耶夫作品）

«Приключения Петрова и Васечкина» и «Каникулы Петрова и Васечкина» (телефильмы В.М. Аленикова) 《彼得罗夫和瓦谢奇金历险记》和《彼得罗夫和瓦谢奇金的假期》（导演阿列尼科夫影视剧作品）

«Приключения Электроника» (телефильм К.Л. Бромберга по произведения Е.С. Велтистова) 《电车奇遇记》（布罗姆贝尔克执导影视剧作品，改编自作家威尔基斯托夫同名作品）

«Принцесса Турандот» (спектакль по пьесе К. Гоцци, режиссёр Е.Б. Вахтангов) 《杜朗多公主》（戏剧剧本：戈齐，导演：瓦赫坦戈夫）

«Про Красную Шапочку» (телефильм Л.А. Нечаева) 《小红帽的故事》（涅恰耶夫电视剧作品）

Прокофьев, Сергей Сергеевич (1891 – 1953) – советский композитор 谢尔盖·普罗科菲耶夫（作曲家）

Протазанов, Яков Александрович (1881 – 1945) – советский кинорежиссёр 雅科夫·普罗塔扎诺夫（电影导演）

Птушко, Александр Лукич (1900 – 1973) – советский кинорежиссёр, мультипликатор, мастер детского кино 亚历山大·普图什科（电影导演）

Пугачева, Алла Борисовна (1949 – ) – советская и российская певица 阿拉·普加乔娃（女歌手）

Пудовкин, Всеволод Илларионович (1893 – 1953) – советский кинорежиссёр 弗谢沃洛德·普多夫金(电影导演)

«Путёвка в жизнь» (фильм Н.В. Экка) 《生路》（艾克执导作品）

Пьеха, Эдита Станиславовна (1937 – ) – советская певица 艾吉塔·彼叶哈（女歌手）

Пырьев, Иван Александрович (1901 – 1968) – советский кинорежиссёр 伊万·佩里耶夫（电影导演）

Р

«Рабочий и колхозница» в Москве (скульптор В.И. Мухина) 《工人与集体农庄女庄员》（穆希娜雕塑作品）

«Разборчивая невеста» (картина П.А. Федотова) 《挑剔的新娘》（费多托夫画作）

Райзман, Юрий Яковлевич (1903 – 1994) – советский кинорежиссёр 尤里·赖兹曼（电影导演）

Райкин, Аркадий Исаакович (1911 – 1987) – советский актёр и режиссёр 阿尔卡季·赖金（演员、导演）

Растрелли, Карло (1675 – 1744) – итальянский

## Список имен авторов и названий произведений искусства, упоминаемых в учебных текстах

скульптор, с 1716 года работал в России, отец архитектора Франческо Растрелли 卡尔洛·拉斯特雷利（意大利雕塑家）

Растрелли, Франческо (1700 – 1771) – русский архитектор 弗朗切斯科·拉斯特列利（俄罗斯雕塑家）

Рахманинов, Сергей Васильевич (1873 – 1943) – русский композитор и пианист 谢尔盖·拉赫玛尼诺夫（作曲家、钢琴家）

«Ревизор» (спектакль Малого театра по пьесе Н.В. Гоголя)《钦差大臣》（小剧院戏剧据果戈理作品编写）

Резников, Анатолий Израилевич (1940 – ) – советский режиссёр мультфильмов 阿纳托利·列兹尼科夫（电影导演）

Репин, Илья Ефимович (1844 – 1930) – русский художник 伊里亚·列宾（画家）

Рерих, Николай Константинович (1874 – 1947) – русский художник 尼古拉·廖里赫（画家）

«Репка» (русская народная сказка)《大萝卜》（俄罗斯童话）

Решетников, Федор Павлович (1906 – 1988) – советский художник 费奥多尔·列舍特尼科夫（画家）

Римский-Корсаков, Николай Андреевич (1844 – 1908) – русский композитор 尼古拉·里姆斯基—科萨科夫（作曲家）

«Родина-мать зовёт!» (плакат И.М. Тоидзе)《母亲在召唤》（托伊泽画作）

«Родина-Мать» на Мамаевом кургане в Волгограде (скульптор Е.В. Вучетич)《祖国母亲》，位于伏尔加格勒的巴巴耶夫高地上（符切季奇雕塑作品）

Рождественский, Роберт Иванович (1932 – 1994) – советский поэт 罗贝尔·罗日杰斯特文斯基（诗人）

«Рожь» (картина И.И. Шишкина)《黑麦田》（风景画画家希什金作品）

Рокотов, Федор Степанович (1730? – 1808) – русский художник, мастер портрета 费奥多尔·罗科托夫（画家）

«Ромео и Джульетта» (балет С.С. Прокофьева, хореография Л.М. Лавровского)《罗密欧与朱丽叶》（普罗科菲耶夫芭蕾舞作品编舞：拉夫罗夫斯基）

Ромм, Михаил Ильич (1901 – 1971) – советский кинорежиссёр 米哈伊尔·罗姆（电影导演）

Российская государственная библиотека, главное здание (группа архитекторов) 俄罗斯国家图书馆

Ростоцкий, Станислав Иосифович (1922 – 2001) – советский кинорежиссёр 斯坦尼斯拉夫·罗斯托茨基（电影导演）

Ротару, София Михайловна (1947 – ) – советская и российская певица 索菲亚·罗塔鲁（女歌手）

Рошаль, Григорий Львович (1899 – 1983) – советский кинорежиссёр 格里高利·罗沙利（电影导演）

Роу, Александр Артурович (1906 – 1973) – советский кинорежиссёр, мастер детского кино 亚历山大·罗乌（电影导演，儿童电影大师）

«Русалка» (опера А.С. Даргомыжский)《水仙女》（达尔戈梅斯基谱曲的歌剧作品）

«Руслан и Людмила» (опера М.И. Глинки)《鲁斯兰与柳德米拉》（格林卡歌剧作品）

«Русский балет» – группа артистов русского балета, созданная в 1910 году для выступлений в Европе. "俄罗斯芭蕾舞团"（1910年为登上欧洲舞台创立）

Рыбников, Алексей Львович (1945 – ) – советский и российский композитор 阿列克谢·雷布尼科夫（作曲家）

«Рядовой Александр Матросов» (фильм Л.Д. Лукова)《普通一兵——从流浪儿到英雄》（列奥尼德·卢柯夫执导电影作品）（原著书名为《亚历山大·马特洛索夫》）

Рязанов, Эльдар Александрович (1927 – 2015) – советский кинорежиссёр 艾利达尔·梁赞诺夫（电影导演）

# С

Савицкий, Константин Аполлонович (1844 – 1905) – русский художник 康斯坦丁·萨维茨基（画家）

Саврасов, Алексей Кондратьевич (1830 – 1897) – русский художник, мастер пейзажа 阿列克谢·萨符拉索夫（风景画家）

«Садко» (опера Н.А. Римского-Корсакова) 《萨特阔》（里姆斯基–科萨科夫歌剧作品）

«Самсон», скульптура в центре Большого фонтана в Петергофе 参孙像（彼得宫城最大喷泉中心的雕像）

Самойлова, Татьяна Евгеньевна (1934 – 2014) – советская актриса кино 塔吉娅娜·萨莫依洛娃（电影演员）

Свердлин, Лев Наумович (1901 – 1969) – советский актёр 斯维尔德林·列夫（演员）

«Светлый путь» (фильм Г.В. Александрова) 《光明之路》（亚历山大洛夫执导电影作品）

«Свинарка и пастух» (фильм И.А. Пырьева) 《养猪女与牧羊郎》（佩里耶夫执导电影作品）

«Семеро смелых» (фильм С.А. Герасимова) 《七勇士》（格拉西莫夫执导电影作品）

Семёнова, Марина Тимофеевна (1908 – 2010) – советская балерина 玛丽娜·谢苗诺娃（芭蕾舞女演员）

«Семнадцать мгновений весны» (телефильм Т.М. Лиозновой по роману Ю.С. Семёнова) 《春天的十七个瞬间》(利奥兹诺娃执导电影，作品根据根据谢苗诺夫小说改编)

Сен-Леон, Артур (1821 – 1870) – французский хореограф, с конца 1850-х годов работал в России 圣·里昂(法国编舞，自19世纪50年代末工作于俄罗斯)

Сергеев, Константин Михайлович (1910 – 1992) – советский артист балета 康斯坦丁·谢尔盖耶夫 芭蕾舞演员

Серов, Валентин Александрович (1865 – 1911) – русский художник 瓦伦丁·谢洛夫(艺术家)

Серый, Александр Иванович (1927 – 1987) – советский кинорежиссёр 亚历山大·谢雷(电影导演)

Симонов, Николай Константинович (1901 – 1973) – советский актёр и театральный режиссёр 尼古拉·西蒙诺夫(演员、剧院导演)

«Система Станиславского» – учебник актёрского искусства «Моя система» режиссёра К.С. Станиславского "斯坦尼斯拉夫斯基体系"(斯坦尼斯拉夫斯基创立的表演艺术体系)

«Сказка о царе Салтане» (опера Н.А. Римского-Корсакова) 《萨尔坦沙皇的童话》（里姆斯基–科萨科夫歌剧作品）

Скрябин, Александр Николаевич (1872 – 1915) – русский композитор 亚历山大·斯克里亚宾（作曲家）

«Служебный роман» (фильм Э.А. Рязанова) 《办公室的故事》（梁赞诺夫执导电影）

Смоктуновский, Иннокентий Михайлович (1926 – 1994) – советский актёр 因诺肯季·斯莫克图诺夫斯基（演员）

«Снегурочка» (опера Н.А. Римского-Корсакова) 《雪姑娘》（里姆斯基–科萨科夫歌剧作品）

Снежко-Блоцкая, Александра Гавриловна (1909 – 1980) – советский режиссёр мультфильмов 亚历山大·斯涅日科·布罗茨卡娅（动画片导演）

«Снежная королева» (мультфильм Л.К. Атаманова) 动画片《冰雪女王》（阿塔马诺夫执导动画片）

«Современник» – драматический театр в Москве, созданный О.Н. Ефремовым 莫斯科"现代人"剧院（创立者叶弗列莫夫）

«Соловей» (романс А.А. Алябьева) 《夜莺》（作曲家阿里亚比耶夫创作的抒情歌曲）

Соловьев-Седой, Василий Павлович (1907 – 1979) – советский композитор 瓦西里·索洛维约夫–谢多伊（作曲家）

Сомов, Константин Андреевич (1869 – 1939) – русский художник, создатель объединения «Мир искусства» 康斯坦丁·索莫夫（艺术家，《艺

术世界》联合体杂志的创始人）

Софийский собор в Киеве (памятник древнерусского зодчества) 基辅索菲亚大教堂（古罗斯建筑遗产）

Софийский собор в Новгороде (памятник древнерусского зодчества) 诺夫哥罗德圣索菲亚大教堂（古罗斯建筑遗产）

Союзмультфильм – крупнейший центр производства советских мультфильмов 联盟动画电影制片厂（苏联最大的动画制片厂）

«Спящая красавица» (балет П.И. Чайковского) 《睡美人》（柴可夫斯基芭蕾舞剧作品）

Станиславский, Константин Сергеевич (1863 – 1938) – русский и советский театральный режиссёр, актёр, критик, один из создателей МХТ. 康斯坦丁·斯坦尼斯拉夫斯基（剧院导演，演员，批评家，莫斯科艺术剧院的创始人之一）

Старевич, Владислав Александрович (1882 – 1965) – русский мультипликатор, мастер кукольной мультипликации 弗拉迪斯拉夫·斯塔列维奇（动画片制作者，木偶动画片制作者大师）

«Старший сын» (телефильм В.В. Мельникова по пьесе А.В. Вампилова) 《长子》（梅利尼科夫执导电影作品，剧本：万比洛夫）

«Старый Новый год» (фильм О.Н. Ефремова по пьесе М.М. Рощина) 《旧历新年》（叶弗列莫夫执导电影作品，剧本：罗辛）

Стасов, Владимир Васильевич (1824 – 1906) – русский искусствовед, музыкальный и художественный критик, сыграл большую роль в развитии «Товарищества передвижных художественных выставок» и «Могучей кучки» 弗拉基米尔·斯塔索夫（艺术理论家，音乐及艺术评论家，直接指导和推动了巡回展览画派和强力集团的创作）

Столпер, Александр Борисович (1907 – 1979) – советский кинорежиссёр 亚历山大·斯托尔佩尔（导演）

Стравинский, Игорь Фёдорович (1882 – 1971) – русский композитор 伊戈尔·斯特拉文斯基（作曲家）

«Стоять насмерть!» на Мамаевом кургане в Волгограде (скульптор Е.И. Вучетич) 《宁死不屈》，位于伏尔加格勒的巴巴耶夫高地上（符切季奇雕塑作品）

«Судьба человека» (фильм С.Ф. Бондарчука по рассказу М.А. Шолохова) 《一个人的遭遇》（邦达尔丘克执导影片，改编自肖洛霍夫同名长篇小说）

«Суворов» (фильм В.И. Пудовкина) 《苏沃洛夫大元帅》（普多夫金执导电影作品）

«Супрематическая композиция» (картина К.С. Малевича) 《至上主义构图》（马列维奇绘画作品）

Суриков, Василий Иванович (1848 – 1916) – русский художник, автор картин на исторические сюжеты 瓦西里·苏里科夫（艺术家，主题大部分取材于历史事件）

Т

Таривердиев, Микаэл Леонович (1931 – 1996) – советский композитор 迈克尔·塔里维尔季耶夫（作曲家）

Тарковский, Андрей Арсеньевич (1932 – 1986) – советский кинорежиссёр 安德烈·塔尔科夫斯基（电影导演）

Тарханов, Михаил Михайлович (1877 – 1948) – русский и советский актёр 米哈伊尔·塔尔哈诺夫（演员）

Татарский, Александр Михайлович (1950 – 2007) – советский и российский режиссёр мультфильмов 亚历山大·塔塔尔斯基（动画片导演）

Театр Вахтангова – драматический театр на Арбате в Москве. Современное название: Государственный академический театр имени Е.Б. Вахтангова 瓦赫坦戈夫剧院（莫斯科阿尔巴特街上的话剧院，后更名为瓦赫坦戈夫国立模范剧院）

Театр Революции – драматический театр в Москве. Современное название: Московский академический театр имени В.В. Маяковского革命剧院（莫斯科剧院，现名：莫斯科马雅可夫斯基剧院）

Театр имени Моссовета – драматический театр в Москве. Современное название: Государственный академический театр имени Моссовета 莫素维特剧院（莫斯科剧院，现名：国立莫素维特剧院）

Театр кукол Образцова (Центральный театр кукол) – кукольный театр в Москве. Современное название: Государственный академический центральный театр кукол имени С.В. Образцова 奥巴索夫木偶剧院（模范中央木偶剧院）——坐落在莫斯科，现称奥巴索夫国立模范中央木偶剧院

Театр на Малой Бронной – драматический театр в Москве. Современное название: Московский драматический театр на Малой Бронной 马来亚布朗纳亚剧院（莫斯科剧院，现名：莫斯科马来亚布朗纳亚剧院）

Театр на Таганке – драматический театр в Москве. Современное название: Московский театр драмы и комедии на Таганке 坦干卡剧院（莫斯科剧院，现名：莫斯科坦干卡剧院）

Театр сатиры – драматический театр в Москве. Современное название: Московский академический театр сатиры 讽刺剧院（莫斯科剧院，现名：莫斯科讽刺剧院）

«Теремок» (русская народная сказка)《阁楼》(俄罗斯童话)

Тиссэ, Эдуард Казимирович (1897 – 1961) – советский кинооператор 爱德华·德斯（电影摄影师）

«Тихий Дон» (фильм С.А. Герасимова по роману М.А. Шолохова)《静静的顿河》（格拉西莫夫执导电影，根据肖洛霍夫长篇小说改编）

Тихонов, Вячеслав Васильевич (1928 – 2009) – советский актёр кино 维亚切斯拉夫·吉洪诺夫（电影演员）

«Товарищество передвижных художественных выставок» – объединение русских художников второй половины XIX века, членов объединения называли художниками-передвижниками 巡回展览画派，19世纪后半期俄罗斯艺术家组织，成员被称作巡回画派画家

Товстоногов, Георгий Александрович (1915 – 1989) – советский театральный режиссёр 格奥尔吉·托夫斯托诺戈夫（戏剧导演）

Тоидзе, Ираклий Моисеевич (1902 – 1985) – советский художник, мастер плаката 伊利克利·托伊泽（画家，宣传插画大师）

Толкунова, Валентина Васильевна (1946 – 2010) – советская певица 瓦连京娜·托尔库诺娃（歌手）

Толстой, Лев Николаевич (1828 – 1910) – русский писатель 列夫·托尔斯泰（作家）

Томский, Николай Васильевич (1900 – 1984) – советский архитектор 尼古拉·托姆斯基（建筑师）

Топорков, Василий Осипович (1889 – 1970) – советский актёр 瓦西里·托波尔科夫（演员）

Топуридзе, Константин Тихонович (1905 – 1977) – советский архитектор 康斯坦丁·托普里泽（建筑师）

«Трактористы» (фильм И.А. Пырьева)《拖拉机手》（佩里耶夫电影作品）

Трауберг, Леонид Захарович (1902 – 1990) – советский кинорежиссёр 列·特拉乌别尔格（导演）

Третьяков, Павел Михайлович (1832 – 1898) – русский ценитель искусства, создатель самой известной в мире коллекции картин русских художников. Сейчас его коллекция находится в Государственной Третьяковской галерее. 帕维尔·特列季亚科夫（收藏家，创建了闻名世界的俄罗斯艺术家画廊，现在他的收藏品展于国立特列季亚科夫画廊。）

Триумфальная арка в Москве (арх. О.И. Бове) 莫斯科凯旋门（设计师博韦作品）

## Список имен авторов и названий произведений искусства, упоминаемых в учебных текстах

«Трилогия о Максиме» (фильмы «Юность Максима», «Возвращение Максима», «Выборгская сторона» Г.М. Козинцева и Л.З. Трауберга) 《马克辛》三部曲（即电影《马克辛青年时代》《马克辛归来》《革命摇篮维堡区》，导演为格·高近切夫、列·特拉乌别尔格）

«Троица» (икона Андрея Рублёва) 《圣三一像》（安德烈·卢布廖夫）

«Тройка» (картина В.Г. Перова) 《三个人》（别洛夫作品）

Тропинин, Василий Андреевич (1776 – 1857) – русский художник, мастер портрета 瓦西里·特罗皮宁（肖像画家）

Тухманов, Давид Фёдорович (1940 – ) – советский и российский композитор 大卫·图赫马诺夫（作曲家）

«Тысячелетие России», монумент в Новгороде (скульптор М.О. Микешин) （诺夫哥罗德）千年俄罗斯纪念碑（米克申设计作品）

### У

«У омута» (картина И.И. Левитана) 画作《深渊》（画家列维坦作品）

Уланова, Галина Сергеевна (1910 – 1998) – советская балерина 加琳娜·乌兰诺娃（芭蕾舞演员）

«Умирающий лебедь» (танцевальный номер на музыку К. Сен-Санса)

Урбанский, Евгений Яковлевич (1932 – 1965) – советский актёр театра и кино 叶夫根尼·乌尔班斯基（演员）

Урусевский, Сергей Павлович (1908 – 1974) – советский кинооператор 谢尔盖·乌鲁塞维斯基（电影摄影师）

Успенский собор во Владимире (памятник древнерусского зодчества) 弗拉基米尔圣母安息大教堂（古代俄罗斯建筑）

Успенский собор Московского Кремля (памятник древнерусского зодчества) 莫斯科圣母领报大教堂（古代俄罗斯建筑）

Утёсов, Леонид Осипович (1895 – 1982) – советский певец и артист кино 列奥尼德·乌乔索夫（歌手，电影演员）

«Утро в сосновом лесу» (картина И.И. Шишкина) 《松林的早晨》（风景画画家希什金作品）

«Утро стрелецкой казни» (картина В.И. Сурикова) 《近卫军临刑的早晨》（苏里科夫绘画作品）

«Учитель» (фильм С.А. Герасимова) 《教师》（格拉西莫夫执导电影）

### Ф

Фальконе, Этьен (1716 – 1791) – французский скульптор 埃季耶·法利科涅，法国雕塑家

«Фашист пролетел» (картина А.А. Пластова) 《法西斯飞机飞过》（普拉斯托夫画作）

Федотов, Павел Андреевич (1815 – 1852) – русский художник, мастер сюжетной живописи 巴维尔·费多托夫（风俗画家大师）

Филатовы – знаменитая советская цирковая династия артистов-дрессировщиков (самый известный представитель – Валентин Иванович Филатов (1920 – 1979) 菲拉托夫世家，苏联著名杂技世家(最著名的表演家当数瓦伦丁·菲拉托夫).

Фокин, Михаил Михайлович (1880 – 1942) – русский артист балета и хореограф 米哈伊尔·福金，芭蕾舞演员及编舞

Фрейндлих, Алиса Бруновна (1934 – ) – советская актриса театра и кино 阿利萨·弗莱因德利赫（戏剧，电影演员）

### Х

Ханжонков, Александр Алексеевич (1877 – 1945) – русский кинорежиссёр 亚历山大·汉容科夫（电影导演）

Хачатурян, Арам Ильич (1903 – 1978) – советский композитор 阿拉姆·哈恰图良（作曲家）

Хейфиц, Иосиф Ефимович (1905 – 1995) – советский кинорежиссёр 约瑟夫·赫依费茨

（电影导演）

Хиль, Эдуард Анатольевич (1934 – 2013) – советский певец 爱德华·希尔（歌手）

Хитрук, Фёдор Савельевич (1917 – 2012) – советский режиссёр мультфильмов 菲奥多尔·希特里克（动画片导演）

«Хлеб» (картина Т.Н. Яблонской) 《粮食》（女艺术家雅布隆斯卡娅作品）

«Хованщина» (опера М.П. Мусоргского) 《霍万斯基之乱》（穆索尔斯基歌剧作品）

Холодная, Вера Васильевна (1893 – 1919) – русская актриса кино 维拉·霍洛德娜雅（电影演员）

«Хождение по мукам» (фильм Г.Л. Рошаля по роману А.Н. Толстого) 《苦难的历程》（罗沙利执导电影，改编自托尔斯泰同名小说）

Храм Василия Блаженного в Москве (памятник древнерусского зодчества) 莫斯科瓦西里升天大教堂（古代俄罗斯建筑）

Храм Неба в Пекине (памятник китайской архитектуры эпохи Мин) 北京天坛（中国明代建筑）

Храм Спаса-на-Крови в Санкт-Петербурге (арх. А.А. Парланд) 圣彼得堡滴血大教堂（设计者帕尔兰德）

Хренников, Тихон Николаев (1913 – 2007) – советский композитор 吉洪·赫连尼科夫（作曲家）

Хуциев, Марлен Мартынович (1925 – ) – советский кинорежиссёр 马尔连·胡齐耶夫（导演）

## Ц

«Царевна-Лебедь» (картина М.А. Врубеля) 画作《天鹅公主》（画家弗鲁别利作品）

«Царь Николай II» (картина Б.М. Кустодиева) 画作《沙皇尼古拉二世》（画家库斯托季耶夫作品）

«Цветик-семицветик» (мультфильм М.М. Цехановского) 《七色花》（采哈诺夫斯基执导动画片）

Церетели, Зураб Константинович (1934) – современный российский скульптор и архитектор 祖拉布·采列捷利（雕刻家，建筑师）

Церковь Покрова на Нерли (памятник древнерусского зодчества) 涅尔利河圣母代祷教堂（古代俄罗斯建筑）

«Цирк» (фильм Г.В. Александрова) 《杂技》（亚历山德罗夫电影作品）

Цирк на Цветном бульваре (Цирк Никулина) – цирк в Москве, один из старейших цирков России. Современное название: Московский цирк Никулина на Цветном бульваре 花园街马戏团（尼库林马戏团）——坐落在莫斯科，是俄罗斯最古老的马戏团之一，现称莫斯科尼库林马戏团

## Ч

«Чаепитие в Мытищах» (картина В.Г. Перова) 《在梅季希的茶话会》（别洛夫绘画作品）

«Чайка» (спектакль МХТ по пьесе А.П. Чехова, режиссёры К.С. Станиславский и В.И. Немирович-Данченко) 《海鸥》（莫斯科艺术剧院剧目，剧本作者为作家契诃夫，导演为斯坦尼斯拉夫斯基和涅米洛维奇–丹钦科）

«Чайка» (балет Р.К. Щедрина) 《海鸥》（作曲家谢德林创作的芭蕾舞作品）

Чайковский, Пётр Ильич (1840 – 1893) – русский композитор 彼得·柴可夫斯基（作曲家）

«Чапаев» (фильм братьев Васильевых по роману Д.А. Фурманова) 《夏伯阳》（瓦西里耶夫电影作品，根据富尔曼诺夫同名长篇小说改编）

«Чародеи» (фильм К.Л. Бромберга) 《魅力情侣》（布罗姆贝尔克执导电影作品）

Чечулин, Дмитрий Николаевич (1901 – 1981) – советский архитектор 德米特里·切丘林（建筑师）

Черкасов, Николай Константинович (1903 – 1966) – советский актёр театра и кино

Чехов, Антон Павлович (1860 – 1904) – русский писатель, автор пьес для МХТ 安东·契诃夫

## Список имен авторов и названий произведений искусства, упоминаемых в учебных текстах

（作家，莫斯科剧院剧本编写者）

«Чёрный квадрат» (картина К.С. Малевича) 画作《白底上的黑色方块》（画家马列维奇作品）

Чирков, Борис Петрович (1901 – 1982) – советский актёр кино 鲍里斯·契尔柯夫（电影演员）

Чулюкин, Юрий Степанович (1929 – 1987) – советский кинорежиссёр 尤里·楚柳金（电影导演）

Чухрай, Григорий Наумович (1921 – 2001) – советский кинорежиссёр 格里高利·丘赫莱（电影导演）

### Ш

Шадр, Иван Дмитриевич (1887 – 1941) – советский скульптор 伊万·沙德尔（雕塑家）

Шаляпин, Фёдор Иванович (1873 – 1938) – русский оперный певец 夏里亚宾（男低音歌唱家）

Шемякин, Иван Васильевич (1877 – 1953) – русский артист цирка 伊万·舍米亚金（杂技演员）

Шервуд, Владимир Осипович (1832 – 1897) – русский архитектор 弗拉基米尔·舍尔伍德（建筑师）

Шишкин, Иван Иванович (1832 – 1898) – русский художник, мастер пейзажа 伊万·希什金（艺术家，风景画画家）

Шмаринов, Дементий Алексеевич (1907 – 1999) – советский художник-график 杰缅季·什马林诺夫（线条画画家）

Шостакович, Дмитрий Дмитриевич (1906 – 1975) – советский композитор 德米特里·肖斯塔科维奇（作曲家）

Шукшин, Василий Макарович (1929 – 1974) – советский писатель, актёр, кинорежиссёр 瓦西里·舒克申（作家，演员，影视导演）

### Щ

Щедрин, Родион Константинович (1932 – ) – советский и российский композитор, муж М.М. Плисецкой 罗季翁·谢德林（作曲家，其妻子为普里谢斯卡娅——著名芭蕾舞演员）

«Щелкунчик» (балет П.И. Чайковского) 《胡桃夹子》（作曲家柴可夫斯基创作的芭蕾舞作品）

Щуко, Георгий Владимирович (1905 – 1960) – советский архитектор 格奥尔吉·休科（建筑师）

Щусев, Алексей Викторович (1873 – 1949) – советский архитектор 阿列克谢·舒谢夫（建筑师）

### Э

Эйзенштейн, Сергей Михайлович (1898 – 1948) – советский кинорежиссёр 谢尔盖·爱森斯坦（电影导演）

Экк, Николай Владимирович (1902 – 1976) – советский кинорежиссёр 尼古拉·艾克（电影导演）

Эрмитаж – музей мирового искусства в Санкт-Петербурге, оди низ крупнейших музеев мира. Современное название – Государственный Эрмитаж. （圣彼得堡）艾尔米塔什世界艺术博物馆（世界上规模最大的博物馆之一，今名为国立艾尔米塔什博物馆）

Эрмлер, Фридрих Маркович (1898 – 1967) – советский кинорежиссёр 弗里德里希·埃尔姆列尔（电影导演）

Эфрос, Анатолий Васильевич (1925 – 1987) – советский театральный режиссёр 阿纳托利·埃夫罗斯（戏剧导演）

### Ю

Юрский, Сергей Юрьевич (1935) – советский актёр театра и кино 谢尔盖·尤尔斯基（戏剧、电影演员）

### Я

«Я помню чудное мгновенье» (романс М.И. Глинки на слова А.С. Пушкина) 《我记得那美妙的瞬间》（浪漫曲，词作者普希金，曲作者格林卡）

Яблонская, Татьяна Ниловна (1917–2005) – советская художница 塔季扬娜·雅布隆斯卡娅（女艺术家）

«Явление Христа народу» (картина А.А. Иванова) 《基督在众人面前显圣》（画家伊凡诺夫作品）

Яншин, Михаил Михайлович (1902 – 1976) – советский актёр 米哈伊尔·扬申（演员）